비스마르크에서 히틀러까지

VON BISMARCK ZU HITLER
by Sebastian Haffner

비스마르크에서 히틀러까지

제바스티안 하프너 지음 | 안인희 옮김

2016년 10월 4일 초판 1쇄 발행
2023년 12월 5일 초판 5쇄 발행

펴낸이 한철희 | 펴낸곳 돌베개 | 등록 1979년 8월 25일 제406-2003-000018호
주소 (10881) 경기도 파주시 회동길 77-20 (문발동)
전화 (031) 955-5020 | 팩스 (031) 955-5050
홈페이지 www.dolbegae.co.kr | 전자우편 book@dolbegae.co.kr
블로그 blog.naver.com/imdol79 | 트위터 @Dolbegae79 | 페이스북 /dolbegae

주간 김수한 | 편집 권영민
표지디자인 민진기 | 본문디자인 이은정 · 이연경 · 김동신
마케팅 심찬식 · 고운성 · 조원형 | 제작 · 관리 윤국중 · 이수민
인쇄 · 제본 상지사P&B

ISBN 978-89-7199-748-2 (03920)

이 도서의 국립중앙도서관 출판시도서목록(CIP)은 서지정보유통지원시스템 홈페이지
(http://seoji.nl.go.kr)와 국가자료공동목록시스템(http://www.nl.go.kr/kolisnet)에서 이용하실 수
있습니다. (CIP제어번호: CIP2016022442)

책값은 뒤표지에 있습니다.

비스마르크에서 히틀러까지

Von Bismarck zu Hitler: Ein Rückblick

제바스티안 하프너 지음
안인희 옮김

돌베개

일러두기

- 본문 중 ( )로 묶은 것은 저자가, 〔 〕로 묶은 것은 역자가 붙인 부연 설명이나 주석이다. 본문 하단의 각주는 역주이다.
- 부록은 번역본에 새롭게 추가한 것으로, 역자가 집필했다.
- 우리에게 익숙한 '독일'이라는 용어 대신 '도이치' '도이칠란트'라는 용어를 본문에 사용했다. '옮긴이의 말'에 그 이유를 밝혀 놓았다.

차 례

옮긴이의 말

들어가기 전에

책을 읽기 전에 우리 한국어로 말하는 '독일'과 '오스트리아'라는 용어를 짚어보는 것이 좋을 것 같다. 우리나라는 삼면이 바다로 둘러싸인 덕에 국경선이 비교적 분명한 편이다. 우리말로 '나라' 또는 '국가'라는 말은 무엇보다도 뚜렷한 국경선을 연상시키는 개념이다. 우리가 '독일'이라는 나라 이름을 말할 때면 거의 자명하게 국경선이 연상되고, 그것은 물론 오늘날의 독일 국경선을 뜻하게 된다. 그런데 유럽 대륙 한복판에 자리 잡은 독일과 오스트리아의 역사를 논할 때는 무엇보다도 먼저 현재 국경선의 개념으로는 접근하기가 어렵다. 과거 역사상의 국경선은 우리가 상상할 수도 없는 모습이며, 특히 중세로 올라가면 아예 명확한 국경선 없이, 그저 개략적인 경계선, 그것도 시기에 따라 달라지는 경계선만 나타나기 때문이다. 100년이나 150년 전의 유럽 지도를 보면 '독일'과 '오스트리아'의 모습이 오늘날과 너무 달라 깜짝 놀라게 된다. 역사는 오늘날과는 전혀 다른 이런 과거의 모습을 다룬다.

둘째로는 '도이치'라는 용어를 도입할 필요성이다. 오늘날의 '독일'과 '오스트리아'가 모두 '독일어'를 쓴다고 우리는 말한다. 그런데 이는 옛날부터 원래 '독일'이라는 나라가 있었고, '오스트리아'가 그 독일어를 함께 쓴다는 인상을 준다. 현재의 독일이 크고 오스트리아가 아주 작은 나라이니 그런 인상은 더욱 맞는 것처럼 보인다. 이 또한 정확한 역사 이해를 방해하는 표상이다. 독일이라는 익숙한 국가 이름 대신 원래 도이치말 표현을 그대로 가져다가, '독일어' 대신 '도이치말', '독일인' 대신 '도이치 사람'이라는 낯선 말을 넣고 전체 역사를 살펴볼 필요가 있다. 중세 이후로 오랫동안 '도이치 사람들이 사는 곳'인 '도이칠란트' 전체의 황제 직위는 오스트리아 합스부르크 왕가가 쥐고 있었다. 곧 베를린이 아닌 빈Wien이 오랫동안 도이치 사람들과 제국의 중심지 노릇을 했다는 뜻이다. 옛날 빈을 수도로 하던 '도이치 사람들'이 쓰는 말이 '도이치말'이다.

우리 책의 내용은 오늘날의 독일과 오스트리아가 나뉘는 역사의 과정을 일부나마 포함한다. 이 두 나라는 오랫동안 역사를 공유했다. 프로이센과 오스트리아가 소속된 신성로마제국이 1806년에 멸망하면서 두 나라의 역사가 서로 분명히 나뉘기 시작해서 완전히 나뉘는 것은 1871년에 프로이센이 도이치 제국을 세우면서부터다. 그 이전인 1866년에 이미 프로이센-오스트리아 전쟁에서 오스트리아가 패배하면서, 오스트리아는 두 강대국의 도이칠란트 통일 경쟁에서 뒤로 밀려나게 된다. 이렇게 해서 도이치 제국의 성립 과정에서 오스트리아가 배제되었고, 따라서 프로이센이 주도하는 '작은 도이칠란트' 진영이 승리를 거두었다. 도이치 제국이 바로 오늘날 도이칠란트의 모체이다. 하지만 오스트리아를 빼고는 도이칠란트 역사를 논하는 것이 아예 불가능하다.

1차 대전 이후와 2차 대전에서도 이 두 나라는 통합의 가능성을 열어둔 상태로 있었다. 그 통합을 가로막은 것은 두 나라 국민의 의지가 아니라, 유럽의 중앙부에 강력한 국가가 들어서는 것을 견제한 주변국의 의지와 국제 정세에 따른 것이었다. 조금만 과거로 거슬러 올라가면, 두 나라가 같은 언어 같은 민족이라는 공동의 뿌리를 갖고 있음을 알 수 있다. 물론 프로이센과 오스트리아의 기본 성향은 과거나 지금이나 매우 큰 차이가 난다.

매우 번거로운 일이라도 우리 책에서 원래의 정확한 용어인 '도이치'와 '도이칠란트'라는 말을 살려서 사용하기로 한다. 위에서 설명한 대로 '도이치 사람들이 사는 땅'인 '도이칠란트'는 때로는 오늘날 '독일'과 '오스트리아'를 통합하는 상위개념으로서, 굳이 따지면 중세 이후로 중부 유럽에 있었다고 보는 '신성로마제국'을 가리키는 말이기도 하다. 따라서 이 낱말은 과거 아직 통일국가가 성립되기 이전에 유럽 중앙부에 도이치 사람들이 살던 땅이라는 의미로도 사용되고, 동시에 오늘날 '독일'을 가리키는 국가 명칭으로도 사용된다. '도이칠란트'의 영어 표현인 'Germany' 또한 오늘날 국가 이름과 과거 '게르만 사람들의 나라', 또는 '신성로마제국'이라는 이중의 의미를 지닌다.

명철한 눈길로 역사의 복잡한 상황을 하나의 뚜렷한 맥락으로 잡아내 우리 눈앞에 명료하게 펼쳐 보이는 저자 제바스티안 하프너는 『비스마르크에서 히틀러까지』에서 그의 표현대로 '도이치 제국das deutsche Reich의 80년 역사'를 요약한다. 그 역사의 일부는 세계사 전체를 함께 뒤흔들었다. 우리 한국인까지도 분명히 거기서 비롯한 그 후속의 역사 속에 살고 있는, 중요한 사건들이 일어난 시기이기도 하다.

하지만 날카로운 눈길로 책을 읽는 사람이라면 한 가지 분명한 질문이 머리에 떠오를 것 같다. "여기서 말하는 도이치 제국이란 게 대체 뭐냐? 바이마르 공화국은 어디로 갔느냐?" 이 책에서 말하는 80년은 1871년 또는 1867년 도이치 제국의 성립부터 1945년 또는 1948년의 제국 해체까지를 포함한다. 우리가 흔히 '도이치 제국-바이마르 공화국-히틀러 통치 기간'으로 나누는 역사적 시간이다.

이런 용어 사용을 두고 저자는 긴 논의나 근거 제시를 하지 않는다. 하지만 저자의 이런 관점에서 논리적으로 한 가지 사실이 도출된다. 그가 이 기간을 하나의 통일된 맥락에서 바라보고 있다는 것이다. 바이마르 공화국이 비록 혁명을 통해 성립되었다고는 하지만, 실은 도이치 제국의 연속선상에 있었던 것을 우리는 책에서 읽을 수 있다. 공화국이 시작될 때 이미 (장군들의 허락을 받아) 정권을 잡고 있던 좌파 사민당 대표들은 황제 시대의 장군들과 연합하여 혁명 세력을 짓누르면서 그 권력을 지켰고, 그 후로도 늘 장군들과 옛날 귀족들을 깍듯이 예우하고 그들의 도움을 받아 좋게, 또는 그들의 저항으로 힘들게 공화국을 꾸려간 것을 보게 된다. 그리고 공화국의 마지막은 다시 장군들이 배후의 실세로, 또는 아예 무대에 등장하여 활동하는 가운데 히틀러가 정권을 장악한다.

따라서 이 기간을 '도이치 제국'이라는 하나의 열쇳말로 묶어서 읽어낸 논리적인 이유는 비교적 분명해진다. 그래도 남는 질문은 우리말로 '제국'으로 옮겨지는 도이치말 'Reich'라는 게 무슨 뜻이냐, 하는 것이다. 원래 '제국'을 뜻하지만, 그러나 시간이 흐르면서 그냥 '나라'라는 뜻으로도 쓰이는 말이다. 그러므로 우리가 책에서 읽는 'das deutsche Reich'는 '도이치 제국'으로 쓰이는 게 옳지만, '도이치 나라'라는 뜻으로도 읽을 수 있다. 우리 책에서도 '도이치 제국'으로 옮겼으나 '도이치 나라'라는 뜻도 함께 읽는다면, 공화국의 역사가 여기 들어간 이유를 이해하는 데 조금이라도 도움이 될 것 같다.

2016년 9월

안인희

들어가는 말

망원경으로 도이치 제국의 역사를 조금만 관찰해보아도 곧바로 특이한 점들이 눈에 띈다.

첫째로는 이 제국의 수명이 몹시 짧다는 점이다. 행동의 자유를 지닌 국가로서는 1871년부터 1945년까지 겨우 74년을 버텼다. 넉넉하게 쳐서 제국의 전 단계인 북도이치 연방을 여기 덧붙이고 2차 대전에서 승리한 4개 연합국이 도이칠란트를 하나의 통합체로 통치한 짧은 기간까지 덧붙인다 해도, 모두 합쳐 1867년부터 1948년까지의 80년 또는 81년이 전부다. 이건 한 인간의 수명이다. 국가의 생존 기간으로는 형편없이 짧다. 나로서는 이렇게 짧게 생존한 다른 국가의 이름을 거의 내놓을 수가 없을 지경이다.

둘째로 눈에 띄는 점은 이 짧은 생존 기간 동안 도이치 제국은 적어도 두 번, 그러니까 1918년〔1차 대전 패전, 바이마르 공화국 시작〕과 1933년〔히틀러 제국총리 취임〕, 또는 1890년〔빌헬름 2세 황제 시대 시작,

비스마르크 총리 퇴임]까지 더하면 차라리 세 번, 그 내면의 특성과 외교 노선을 완전히 바꾸었다는 사실이다. 그러니까 80년 생존 기간에 완전히 다른 네 시기가 나타난다는 말이다. 굳이 말하자면 도이칠란트가 그때마다 전혀 다른 도이칠란트로 바뀌었다고 할 수 있을 것이다.

셋째로 눈에 띄는 점은 이 짧은 역사가 세 번의 전쟁[대對덴마크 전쟁, 프로이센-오스트리아 전쟁, 프로이센-프랑스 전쟁]으로 시작하여 두 번의 무시무시한 세계대전과 더불어 끝났다는 사실이다. 두 번째 세계대전은 어느 정도는 첫 번째 세계대전의 결과였다. 그렇다면 도이치 제국의 역사는 거의 전쟁의 역사인 셈이니, 도이치 제국을 전쟁 제국이라 부를 수 있을 정도다.

물론 이 모든 게 대체 무엇 때문인가 자문하게 된다. 도이치 사람들이 다른 민족보다 더 전쟁을 좋아했더란 말인가? 나로서는 그렇게 말하고 싶지 않다. 도이칠란트의 전체 역사를 보면, 그러니까 약 1000년 이상의 역사를 살펴보면 비스마르크Otto von Bismarck 시대에 이르기까지 도이치 사람은 전쟁을 많이 하지 않았고, 특히 전쟁을 도발한 적이 거의 없었다. 유럽의 중앙에 자리 잡은 도이칠란트는 근대 초기 이후로 일종의 거대한, 여러 면에서의 완충지대였다. 다른 나라들이 이 안으로 밀고 들어오거나 도이칠란트 내부의 거대한 충돌들이 이 안에서 벌어지기는 했다. 슈말칼덴 전쟁•, 30년 전쟁••, 7년 전쟁•••

• 슈말칼덴(Schmalkalden) 전쟁(1546~1547): 신성로마제국의 개신교 영주 동맹과 가톨릭 황제

등등……. 하지만 내부에서의 이런 전쟁들이 밖을 향한 공격성을 드러내지는 않았다. 그에 반해 도이치 제국은 20세기에 두 번이나 그런 공격성을 드러냈고 또 그로 인해 몰락했던 것이다.

그렇다면 도이치 제국은 대체 무엇 때문에 몰락했는가? 어째서 이 나라는 제국의 건설자인 비스마르크가 의도하지 않았던 것, 곧 밖으로 손길을 뻗치는 공격적인 국가가 된 것인가? 그에 대해서는 여러 이론들이 있다. 그 모든 이론들이 내게는 그다지 설득력이 있어 보이지 않는다.

그중 하나는 모든 것을 프로이센 탓으로 돌린다. 도이치 제국은 잘 알려져 있다시피 프로이센이 세웠다. 건설자가 일종의 거대 프로이센, 또는 도이칠란트 안에서 프로이센의 우위를 생각했던 게 사실이다. 동시에 벌써 첫 번째 도이칠란트 분할이 이루어졌다. 오스트리아가 도이칠란트에서 배제된 것이다. 그렇다면 프로이센이 이 모든 일에 책임이 있는가? 도이칠란트가 1848년에 프랑크푸르트의 파울

군 사이의 종교전쟁. 황제군이 승리했으나, 1555년 아우크스부르크의 제국의회에서 종교의 자유가 부여되었다('부록' 참조).

•• 30년 전쟁(1618~1648): 아우크스부르크 제국의회 이후에도 계속되던 종교전쟁은 1618년 '유럽판 세계전쟁'이라 불러도 무방한 '30년 전쟁'으로 폭발해 도이칠란트 영토를 쑥대밭으로 만들고 인구가 거의 절반으로 줄어드는 참상을 낳는다. 발렌슈타인 장군을 총사령관으로 내세운 황제와 가톨릭 측이 패배하고, 개신교 편을 든 스웨덴과 프랑스가 승리한다('부록' 참조).

••• 7년 전쟁(1756~1763): 오스트리아와 프로이센이 슐레지엔 영유권을 놓고 벌인 전쟁. 7년 전쟁 이후 프로이센은 서서히 강대국으로 일어나고, 오스트리아는 내부에서부터 천천히 몰락한다('부록' 참조).

Paul 교회에서 민주적 기반 위에 세워졌더라면 모든 것이 더 잘되었을까?

특이한 일이지만 그렇지 않다. 프랑크푸르트의 파울 교회에서 열린 프랑크푸르트 국민의회〔1848년 '3월 혁명' 결과 성립된 자유민주주의 의회〕는 외교정책의 측면에서 많은 사람이 믿는 것과는 달리 전혀 평화주의 노선을 선택하지 않았다. 실제로는 파울 교회 의회는 여러 전쟁을 동시에 염두에 두었다. 좌파는 폴란드 해방을 위해 대對 러시아 전쟁을 생각했다. 중도파와 우파는 슐레스비히-홀슈타인을 차지하기 위해 대 덴마크 전쟁을 염두에 두고 있었다. 덴마크 전쟁은 1848년에 프로이센이 일종의 위탁전쟁으로 시작했다가 당시 중단된 상태에 있었다. 이를 넘어 파울 교회의 유명 정치인들, 즉 자유민주주의자들이 극히 허심탄회하게 털어놓은 발언들이 있다. 우리가 도이칠란트를 위해 추구해야 할 가장 중요한 노선은 바로 권력이라는 내용이다.

"도이치 민족은 원칙과 독트린들, 말로만 위대함, 이론적 실존에 넌더리가 나 있다. 도이치 민족이 바라는 것은 권력, 권력, 권력이다. 민족에게 권력을 가져다주는 자에게 민족은 명예를 바칠 것이다. 그 자신이 생각하는 것보다 훨씬 큰 명예를." 이것은 오늘날엔 잊혔지만 당시 유명하던 파울 교회의 큰大 도이칠란트 정치가 율리우스 프뢰벨 Julius Fröbel의 발언이다.

유럽 중앙부에 자리 잡은 채 지난 수백 년 동안 지속된 도이칠란트의 수동적 존재 방식에서 탈피하고 싶다는 소망이야말로 파울 교회 의회의 핵심적인 내용이었다. 그토록 오래 유럽의 〔중앙부에서〕 변두리 세력밖에 되지 못했으니 이제 드디어 〔중앙부에 어울리는〕 권력정책과 팽창정책을 펼쳐보자는 것이다. 비스마르크에게서 그런 소망은 훨씬 덜했다. 1871년 이후로 그는 언제나 거듭 도이치 제국이 욕구를 이미 채운 나라라고 말하곤 했다. 물론 이 발언은 제국에서 프로이센이 욕구를 채웠다고, 아니 그 이상을 이루었다고 말하는 쪽이 더 정확했을 것이다. 프로이센은 남부 도이칠란트에서 제한된 영향력밖에 갖지 못한다는, 실제로 극히 타당한 장애를 이미 넘어섰던 것이다. 비스마르크가 물러난 이후에 비로소 도이칠란트가 전혀 욕구를 채우지 못한〔=아직도 배고픈〕 나라라는 사실이 드러났다. 그것도 큰 프로이센이라는 의미가 줄어들면서 민족국가라는 의미가 커지는 정도에 따라, 더욱 불만족한 나라가 되었던 것이다. 그러니까 도이치 제국의 잘못을 프로이센 탓이라는 식으로 설명할 수는 없는 노릇이다. 잘못을 논하려고 한다면 말이다. 오히려 반대로 프로이센이 제국에서 우세한 힘을 지니고 있는 한, 프로이센은 제국의 팽창정책에 브레이크 노릇을 했으면 했지 엔진으로 작용하지는 않았다.

도이치 제국의 팽창정책과 몰락에 대해서도 많은 설명들이 있다. 예를 들면 매우 짧은 시간 안에 제국을 대륙의 주도적인 경제력으로 부상시킨 산업화에서 그 핵심 이유를 찾을 수 있다는 설명 등이다. 빠른 산업화가 사회의 역동성을 가동시켰고, 그 역동성이 마침내 폭발했다는 것이다.

산업화가 도이칠란트만의 특수한 과정이 아니었다는 간단한 사실이 이 주장을 반박한다. 산업혁명은 19세기에 유럽 대륙 전체를 차례로 사로잡았다. 프랑스의 산업화는 도이칠란트보다 더 빨랐고, 서유럽의 작은 국가들인 네덜란드, 벨기에 등도 마찬가지로 더 빨랐다. 그다음으로 도이칠란트가 산업화하고, 오스트리아는 그보다 약간 뒤에, 러시아는 다시 그보다 더 늦었다. 그러나 어쨌든 산업화는 유럽 전체에 걸쳐 일어난 일이었다. 도이칠란트가 특히 강력하고도 효율적으로 산업화한 것은 사실이지만, 전체적으로 보면 나머지 유럽과 일종의 보조를 맞추었다. 그러므로 도이치 제국에서 발전된 그 무시무시한 역동성과 팽창주의가 산업화 탓이라고 한다면 이런 질문이 나타난다. 왜 하필 도이칠란트만? 오늘날 현대 역사 서술에서 어떤 역사학파는 경제와 정치를 실제 이상으로 밀접하게 결합시키려고 하는 것이 아닐까?

몇몇 해석 모델들을 보면, 이들이 특정한 이데올로기에 따른 정치적 관점에서 출발하여 이 관점을 증명하려는 서술을 한다는 것을 알게 된다. 예를 들어 레닌의 생각처럼 제국주의가 자본주의의 최고형태라고 여긴다면, 당연히 도이치 제국이 제국주의를 표방하다가 결국 그로 인해 무너진 일이 자본주의 탓으로 될 수밖에 없다.

이런 설명은 내게는 전혀 설득력이 없다. 어쩌면 내가 마르크스주의자가 아니기 때문일 것이다. 하지만 설사 마르크스주의 관점에 서려고 애써봐도 한 번도 제국주의 성향을 드러내지 않은 수많은 자본주의 국가들, 예를 들어 극히 자본주의화한 스위스 같은 나라들이 있었다는 사실이 금방 눈에 띈다. 이런 나라들은 어째서 제국주의 쪽으로 기울지 않았던가? 이 질문은 전혀 다른 설명 방식에 도달하는데, 이쪽이 내게는 훨씬 더 설득력이 있어 보인다.

스위스는 작은 나라다. 작은 나라와 큰 나라는 전혀 다른 외교상의 생존 법칙을 따른다. 작은 나라는 의존 또는 중립을 추구한다. 절대로 자신의 권력정책을 통해 자기 운명을 개선하려는 시도를 할 수가 없다. 하지만 큰 나라들에는 이런 시도가 아주 자명한 일이다. 어딘가 비어 있는 공간을 발견하면, 큰 나라의 국가적 생명 원칙인 권력의 확보와 확장을 위해 그쪽으로 진출하려는 경향을 갖는다. 도이치 제국은—그 이전의 크고 작은 수많은 도이치 국가들과는 달리—큰 나라였다. 이 점이 바로 제국이 완전히 새로운 점이었다. 하지만 스스로를 확장하여 뻗어 나갈 빈 공간은 거의 없었다.

미국의 소장 역사학자인 데이비드 칼레오David Calleo는 이렇게 말한 적이 있다. "도이치 제국은 완전히 포위된 상태로 출범했다." 도이치 제국이 처음부터 다른 강대국들에 둘러싸였다는 말은 매우 맞는 말이다. 서쪽으로는 프랑스와 영국, 남쪽과 남동쪽에는 당시 아직 강대국이던 오스트리아-헝가리 이중국가, 동쪽에는 강력한 러시아 제국이 있었다.

그러므로 도이치 제국은 지리적 관점에서 매우 열악한 상황에 있었다. 어디로도 진출할 빈 공간이 없었다. 영국과 프랑스, 심지어 벨기에, 네덜란드, 스페인, 포르투갈 등도 바다 너머로 진출했고, 러시아는 동쪽 아시아로 뻗어 나갔다. 그와는 달리 도이치 제국은 이제야 비로소 큰 나라가 되었고, 당연히 더 커져야겠다는 큰 나라의 본능도 함께 생겨났다. 이 본능은 말하자면 강대국으로 자라나는 요람 안에 이미 들어 있었던 셈이다. 여기에 두 번째 사정이 덧붙여진다. 제국은 어중간한 크기와 힘을 지녔다. 제국 성립 과정의 여러 전쟁에서 드러난 사실인데, 도이치 제국은 유럽의 다른 어떤 강대국보다 군사적으로는 아마도 더욱 강력했다. 하지만 제국을 둘러싼 강대국들의 그 어떤 연합보다도 당연히 더 약했다. 바로 이런 이유에서 제국이 언제나 연합을 두려워한 것은 당연한 일이었다. 예컨대 프랑스가, 예컨대 오스트리아가, 예컨대 이탈리아가, 어쩌면 심지어 〔거대한〕 러시아조차도, 스스로 도이치 제국보다 힘이 약하다고 느꼈기 때문에 이 나라들은 동맹을 찾고 연합을 맺으려는 경향을 지녔다. 그리고 다시금 이 나라들이 그런 경향을 지녔기 때문에 도이치 제국은 언제나 이런 연합을 방해하려고, 할 수만 있다면 그중 하나를 떼어내려고, 꼭 필요하다면 전쟁을 동원해서라도 떼어내려고 노력했다. 여기서 우리가 잊어서는 안 되는 요소가 있다. 당시만 해도 모든 강대국에게, 전쟁이란 궁극적 이성理性의 일, 곧 가장 진지한 최종 정책 수단이었다는 점이다. 이런 상황으로 인해 도이치 사람들이—여기서 한 번 더 이 말을 하고, 뒤에서 더욱 상세히 그것을 입증할 생각인데—제국을 세운 비스마르크의 의지와는 반대로 이 제국의 시작을 아직 미완의 사업으로 여기려는 경향을 보였던 것이다. 그러니까 제국을 민족 역사의 종결이 아니라 아직 한 번도 명확하게 정의된 적은 없지만, 어쨌든 확장을 위한 발판으로 여겼다는 말이다.

1871년에 베르사유에서 출범한 도이치 민족국가를 어째서 단순히 '도이칠란트'Deutschland라 명명하지 않고 '도이치 제국'das deutsche Reich이라 명명했던가? 그것은 아마도 처음부터 이 나라가 민족국가 '도이칠란트' 이상의 것이자 그 이하의 것이었기 때문일 것이다. 이하라는 것은 제국이 수많은 도이치 사람들을 빼놓았기 때문이다. 제국은 '작은 도이칠란트'로서, 제국을 설립한 프로이센의 세력권 안에 있던, 따라서 프로이센의 주도권에 동의하는 한에서만 민족국가였다. 그러니까 말하자면 프로이센의 도이치 제국이었다.

'도이치 제국'이라는 칭호는 이 부족한 부분을 감추어주는 대신, 그것을 넘어선 부분도 암시했다. 즉 중세에 생긴 '도이치 민족의 신성로마제국'이라는, 민족을 초월한 유럽 전역의 제국이라는 함의였다.

'도이치 제국', 이는 두 가지 의미를 지녔다. 먼저 프로이센이 통치할 수 있는 만큼의 도이칠란트, 또는 도이칠란트가 지배할 수 있는 만큼의 유럽 및 세계라는 두 가지 의미였다. 앞의 것이 비스마르크의 생각이고, 뒤의 것이 히틀러의 생각이었다. 비스마르크에서 히틀러에 이르는 길은 도이치 제국의 역사이며 동시에 그 몰락의 역사이다.

도이치 제국이 거의 처음부터 스스로의 파괴를 추구한 것처럼 보인다는 점이 바로 이 역사에서 무시무시한 요소다. 점점 커지면서 점점 더 예측할 수 없게 되는 제국의 권력 행사와 더불어, 제국은 스스로 적들을 창조했다. 제국은 이 적들에 부딪쳐 부서졌고, 적들 사이에서 둘로 나뉘었다. 하지만 제국이 분할되자마자 마치 마법처럼 적들은 적이기를 중단했다. 1949년부터 옛날 비스마르크 제국 자리에 두 개의 도이칠란트가 나타났는데, 그러면서 연방공화국〔=서독, BRD〕은 서방에 적이 없고, 민주공화국〔=동독, DDR〕은 동방에 적이 없어졌다. 그리고 오늘날 우리는 민주공화국이 차츰 연방공화국의 지속적 존재를 받아들이고, 연방공화국도 DDR에 대해 긍정적인 관심을 가진 듯이 보이는 시대에 살고 있다.〔이 책은 1987년에 나왔고, 그로부터 3년 뒤인 1990년 10월 3일에 도이칠란트 통일이 이루어졌다.〕 거의 40년이나 지속되어온 이 두 도이칠란트의 종말은 현재로서는 짐작할 길이 없다. 바로 그런 덕분에 우리는 이전에는 가능하지 않았던 일, 곧 저 도이치 제국 시대를 멀리서 망원경을 통해 관찰할 수가 있다.

도이치 제국의 성립

도이치 제국이 1870~1871년 겨울에 세워졌다고들 사람들은 말한다. 하지만 이것은 오해를 불러일으키는 생각이다. 도이치 제국은 마른하늘에서 날벼락 떨어지듯 그렇게 갑자기 '세워진' 것이 아니라 상당히 오랫동안, 즉 1848년부터 1871년까지 20년 이상에 걸친 생성의 역사를 지닌다.

프로이센의 도이치 정책과 도이치 민족주의 진영 사이에 맺어진 〔매끈하지 않은〕 일그러진 연합에서 도이치 제국이 생겨났다. 이것이 일그러진 연합이었다는 것은, 비스마르크가 프로이센 쪽에 지나치게 무게중심을 두었다는 의미만이 아니다. 적대적 세력들 사이에 맺어진, 처음부터 예측할 수 없는 매우 역설적인 연합이었기 때문이기도 하다.

프로이센과 도이치 민족주의 진영—이 둘은 모두 도이치 역사에서 비교적 최근에 생겨난 현상이었다. 프로이센은 1701년에 처음으로 국가로 등장하여, 1756~1763년에 벌어진 7년 전쟁 이후로 강대국의 반열에 올랐고, 1815년 빈Wien 회의 이후 비로소 도이치 강대국이 되었다. 그 이전까지 프로이센은 언제나 강력하게 폴란드를 지향했으며, 1796~1806년 10년 동안은 절반 도이치, 절반 폴란드의 두 민족binational 국가였다. 바르샤바는 당시 프로이센에 속했다.

1815년에야 비로소 프로이센은 이른바 서방으로 방향을 돌려 도이칠란트에 편입되었다. 빈 회의에서 프로이센은 폴란드 영토를 대부분(완전히는 아니고) 잃고, 대신 동부 프로이센 본토와는 전혀 연결되지 않은 서부 도이치 영토를 왕창 얻었다. 곧 라인 주〔Rheinprovinz=서부 프로이센〕였다. 그로써 프로이센은 지리적으로〔두 부분으로 나뉜〕 불완전한 나라가 되었으니, 도이칠란트 안에서 어떻게든 이 두 영토를 연결하려는 노력을 하지 않을 수 없게 되었다. 동시에 프로이센은 오스트리아에 뒤이어 두 번째로 큰 도이치 국가가 되었다. 이상하게 들리겠지만, 프로이센은 1815년에야 비로소, 19세기의 도이치 정책을 수행한 바로 그 프로이센이 된 것이다.

도이치 민족주의 운동도 그보다 아주 많이 오래된 것은 아니다. 나폴레옹 시대에 생겨난 것이기 때문이다. 하나의 도이치 민족국가라는 생각은 19세기 이전에는 한 번도 존재한 적이 없었다. 이 점만은 분명히 기억해두어야 한다. 오래 묵은 신성로마제국은 민족국가였던 적이 없다. 13세기부터 신성로마제국은 점점 더 해체되어 난립한 수많은 나라들의 연합체였다. 그렇다고 당시의 도이치 사람들이 이런 나라를 특별히 부자연스럽다고 느꼈던 것도 아니다. 그래서 예를 들면 빌란트Christoph Martin Wieland는 18세기 말에도 여전히 실러Friedrich Schiller의 『30년 전쟁의 역사』를 위한 머리글에서 다음과 같이 주장할 수가 있었다. "이런 분열 상황에서 전체적으로 우리가 얻는 이점은 그 불리한 점을 압도적으로 능가한다. 아니면 오히려 그런 불리한 점들 덕에 우리가 이런 이점들을 얻는다고 말해야 할 것이다." 그랬으니 도이칠란트가 응집된 권력체, 즉 하나의 국가가 되어야 한다는, 그것도 프랑스 같은 하나의 민족국가가 되어야 한다는 생각은 아예 거론조차 될 수 없었다.

그러므로 민족주의 운동과 위압적인 도이치 강대국 프로이센은 19세기 초에야 도이치 역사에 등장한 것이다. 게다가 처음에 이 둘은 동맹을 맺기는커녕 적대 세력으로 등장했다. 이런 적대감에는 충분한 이유 두 가지가 있었다. 첫째로, 오늘날의 일반적인 정치 개념을 동원해서 단순하게 표현하자면, 프로이센은 '우파'다. 토지는 깨뜨릴 길이 없는 귀족 지배를 받고, 현대적인 절대주의 관료제로 무장한, 아직도 널리 봉건제의 흔적을 지닌 농업국가였다. 귀족 지배와 절대주의 관료제는 오늘날 우리가 분명히 '우파'로 분류하는 특성이다.

그에 비해 도이치 민족주의 운동은 '좌파' 운동이었다. 그것은 처음부터 혁명 프랑스를 모방했다. 덕분에 도이치 민족주의 운동은 처음부터 자유민주주의 운동과 결속하였다. 하지만 민족주의 운동은 나폴레옹을 통해 비로소 강력해졌다. 나폴레옹은 도이치 사람들에게—처음에는 정치인과 지식인에게, 이어서 점차 더욱 광범위한 대중에게—상이한 두 가지 반응을 만들어냈다. "다시는 이런 일이 또 일어나선 안 돼!" 하는 반응과, "언젠가 우리도 저렇게 하고야 말겠어!"라는 전혀 다른 두 가지 반응이었다. 나폴레옹이 통치하던 프랑스는 도이치 민족주의 운동의 모범이었고, 나폴레옹은 민족주의 운동의 양아버지였던 것이다.

동시에 도이치 민족주의 운동은 반反프랑스 운동이기도 했다. 프랑스 사람들은 모범적인 현대인으로 보였을 뿐만 아니라, 정복자, 약탈자, 착취자로도 도이칠란트로 왔다. 특히 군사적인 착취자였다. 나폴레옹 전쟁에서 도이치 사람들은 많은 피를 흘렸고, 아주 많은 사람이 강제로 나폴레옹의 편에서 싸워야만 했다.

그랬으니 극히 상반되는 감정들이 한데 뒤섞였다. 한편에는 프랑스에 대한 아주 분명한 미움("다시는 이런 일이 또 일어나선 안 돼!")—그러나 다른 한편에는 프랑스인들과 똑같이 하고 싶다는 경탄하는 소망("언젠가 우리도 저렇게 하고야 말겠어!")이 생겨난 것이다. 나폴레옹이 성취한 일들은 분명히 혁명기의 프랑스를 민족주의화하고 철저히 정치화한 덕분에 가능했다. 나폴레옹은 프랑스 혁명을 물려받아 〔황제가 되고서도〕 전혀 철회하지 않았다. 나폴레옹이 등장하기 이전에도 벌써 많은 도이치 지역에서 사람들은 새로운 프랑스와 똑같은 자유와 평등, 민족주의적 민주주의를 꿈꾸었다. 〔1813~1814년 나폴레옹과 프랑스 점령군을 몰아낸〕 해방전쟁에 참여한 프로이센 군인들의 생각도 크게 다르지 않았다. 〔프로이센의 가장 중요한 군사 개혁가들인〕 샤른호르스트Gerhard von Scharnhorst와 그나이제나우August von Gneisenau를 생각해보라! 여기서 이런 생각이 울려 나왔다. "프랑스로부터 배워야 한다. 프랑스인이 먼저 실천한 것을 우리도 모방해야 한다. 그들에게 똑같은 방식으로 보복하기 위해서라도." 이렇듯 증오와 경탄이 한데 뒤섞였다.

사람들은 도이치 민족주의 운동을 기꺼이 약간 이상화하곤 하는데, 오늘날에도 마찬가지다. 초기의 도이치 민족주의자들, 특히 가장 중요한 민족주의자인 슈타인Lorenz von Stein 남작은 아직도 여전히 모범적인 도이치 정치인으로 꼽힌다. 하지만 여기서 조심할 필요가 있다. 민족주의 운동에 대한 괴테Johann Wolfgang von Goethe의 거부감을 눈앞에 그려본다면, 토마스 만Thomas Mann이 『바이마르의 로테』라는 작품에서 묘사한 이런 거부감을 자세히 들여다본다면, 정말로 깊은 의혹에 잠기게 된다. 초기 민족주의 운동에는 이미 뒷날 나치즘의 전조가 되는 울림들이 전혀 부족하지 않기 때문이다. 예를 들어 끔찍한 자만심과 자기 숭배가 나타난다. '근원민족'Urvolk인 도이치 사람, 현실적이고 참된 유럽 최고의 민족이라는 생각, 그리고 동시에 예를 들면 클라이스트Heinrich von Kleist 같은 작가에게서도 나타나는 저 끔찍한 미움을 볼 수 있다.

"놈들을 때려죽여라! 세계 법정은

너희에게 그 원인을 묻지 않으리."

〔작가이자 역사가인〕 에른스트 모리츠 아른트Ernst Moritz Arndt에게서도 우리는 이런 프랑스 모방 및 프랑스인 잡아먹기가 수상쩍게 혼합된 것을 볼 수 있고, 철학자 피히테Johann Gottlieb Fichte에게서는 훨씬 더 합리적으로 설명되어 있어 더욱 고약한 것을 볼 수 있다.

민족주의 운동에서 이런 흐름은 매우 중요한 의미를 갖는다. 프로이센과 민족주의의 동맹의 결과로 도이치 제국이 탄생했거니와, 시간이 흐르면서 민족주의 운동이 둘 중 더 강한 세력이었음이 드러나기 때문이다. 처음에는 비스마르크가 그와는 반대로 보이는 것을 이루어내기는 했지만〔=비스마르크 시절에는 민족주의 운동보다 프로이센이 더 강해 보였다〕, 결국은 프로이센 요소보다 민족주의 운동이 훨씬 더 많이 도이치 민족주의와 팽창정책을 우세하게 만들었고, 이 두 방향성은 히틀러 치하에서 마침내 절정에 도달하게 된다. 물론 '우'와 '좌'의 대립은 프로이센과 민족주의 운동 사이에 존재하는 적대감의 두 가지 이유 중 하나일 뿐이다. 두 번째 이유는 오스트리아와 프로이센 사이의 대립과 관련된다. 민족주의 진영은 큰도이치 운동, 프로이센의 도이치 정책은 기껏 작은도이치 운동에 지나지 않았다. 그나마 이것은 1848년 이후에 불거져 나온 것이었다.

1815~1848년 사이에 프로이센과 오스트리아는 서로 손을 잡았는데, 그것도 도이치 민족주의 운동을 억누르려고 손을 잡았다. 그리

고 그들의 공통된 도구가 바로 도이치 연방der Deutsche Bund이었다.

1815년의 빈 회의에서 도이치 민족국가라는 혁명적인 이념은 분명하게 거부되었고, 1806년에 해체된 옛날 신성로마제국의 부활도 마찬가지로 거부되었다. 옛날 제국을 대신하여 도이치 연방이 등장했는데, 이는 38개의 국가와 도시국가들로 이루어진 매우 느슨한 연합체였다. 이것은 처음부터 중부 유럽에서 권력이 집중된 하나의 민족국가가 일어서는 것을 막으려는 목적에서 나온 것이었다.

도이치 연방은 매우 불평등한 연합체였다. 오스트리아와 프로이센이라는 두 개의 강대국, 바이에른Bayern, 뷔르템베르크Württemberg, 작센Sachsen, 하노버Hannover 등 중간급의 4개 왕국, 나머지는 작은 국가들과 자유도시들로 이루어졌다. 오늘날 유엔UN에서 큰 규모로 등장하는 권력 분할의 양상을 작은 규모로 생각해보면, 당시 도이칠란트[=도이치 연방] 내부의 권력 분할을 이해할 수 있다. 유엔의 정신적 지도자인 미국의 루스벨트Franklin Delano Roosevelt 대통령은, 유엔의 기능이 언제까지나 미국과 소련이라는 두 강대국 사이의 사전 협의에 바탕을 둘 것이라 믿어 의심치 않았다. 그렇듯이 도이치 연방의 아버지인 오스트리아의 재상 메테르니히Klemens von Metternich는, 의장국 오스트리아가 또 다른 강대국 프로이센과 사려 깊게 협조할 경우에만 도이치 연방이 기능할 것이라고 확신했다. 덕분에 예를 들면 1819년에 악명 높은 '정치 선동가 박해'를 도입한 '카를스바트 결의'Karlsbader Beschlüsse가 나왔다. 이는 오스트리아와 프로이센이 카를스

바트[=(체코) 카를로비바리]에서 결의하고, 프랑크푸르트에서 도이치 연방에 의해 발효되었다. 그 생각은 오스트리아에서 나온 것이었으나, 그 실행의 측면에서는 프로이센이 단연 두드러졌다.

이런 억압 조치들은 주로 대학과 문학계 및 언론계를 공격하였으나, 내용적으로는 1815~1848년 사이에는 그냥 자기들의 '매체'(오늘날 용어로 표현하자면) 안에서만 살아 있던 민족주의 운동을 겨냥한 것이었다. 그러므로 1848년의 혁명은 이런 억압과 박해에 대한 반응이었을 뿐만 아니라, 동시에 민족주의 혁명이기도 했다. 곧 1815년의 도이칠란트 규정을 철회하고, 도이치 연방 대신 도이치 제국을, 그것도 큰도이치 제국을 시작하려는 혁명이었던 것이다.

이 최초의 도이치 제국은 1848년 여름부터 1849년 봄까지 실질적으로 겨우 1년을 버텼다. 프랑크푸르트의 파울 교회에 자리 잡은 국민의회[=프랑크푸르트 국민의회]가 바로 하나의 국가원수, 하나의 행정 부처部處, 하나의 의회였다. 이 나라는 심지어 미합중국의 승인까지 얻었다. 다만 아무런 실질적인 권력 기반도 없었다.

1848년 [프랑스의 2월 혁명에 뒤이어] 도이치 나라들에서 일어난 3월 혁명이 이 최초의 도이치 제국의 유일한 권력 기반이었는데, 이 혁명의 호흡이 도무지 길지 않았기 때문이다. 그해 여름에 이미 혁명은 피로감을 느끼기 시작했다. 가을에는 벌써 두 강대국에서 진압되고 말았다. 진압 과정에서 오스트리아는 피를 흘리고, 프로이센은 피를 흘리지 않았다. 그러자 파울 교회의 국민의회는, 국가의 구성 요소인 군대와 행정부가 자기들에게 결여되어 있다는 사실을 깨닫기 시작했다. 어떻게든 그 두 가지를 만들어내야 했다. 하지만 어떻게? 이 문제를 곰곰 생각한 끝에 나온 특이한 결론은 이 두 가지를 말하자면 빌려오겠다는 것이었다. 그것도 프로이센에서.

1848년에 성립된 새로운 도이치 제국이 슐레스비히-홀슈타인 영토를 두고 덴마크와 한판 전쟁을 벌이기로 결의했을 때, 제국은 프로이센 군대에 그 임무를 맡겼다. 처음에는 성공적이었다(아직은 1848년 초여름이었고, 프로이센에도 혁명정부가 들어서 있었으니까). 그런 다음 9월에 열강들의 개입을 피하려고 프로이센이 이 전쟁에서 빠지면서 프랑크푸르트에 불안이 생겨났을 때도, 의회는 다시 프로이센 군대에 도움을 요청했다. 그리고 마지막으로 1849년 초에 파울 교회 국민의회는 겨우 절반 넘긴 찬성으로 프로이센 왕을 세습 도이치 황제로 선출했는데, 프로이센 왕이 그것을 거절하자, 이 의회의 제국 건설 사업은 끝장나고 말았다.

파울 교회의 의원들에게는 경악할 일이었다. 하지만 그보다 훨씬 더 놀라운 일은 (처음에는 그들 자신조차도 놀란 일은) 의회가 프로이센 왕에게 도이치 황제관冠을 제안했다는 사실이었다. 도이치 민족주의 운동은 언제나 큰도이치 운동이었고 프랑크푸르트 국민의회도 압도적으로 큰도이치 방향이었다. 그들이 뽑은 제국 대표는 오스트리아 합스부르크 대공이었다. 제국 정부에서 오스트리아 사람들이 강력한 활동을 펼쳤고 투표도 함께 했다. 그렇다면 대체 어떻게 해서 갑자기 프로이센으로 황제 자리가 돌아가게 되었단 말인가? 그것이야말로 긴급 해결책이었다. 처음에 기대한 것처럼 오스트리아 제국이 쪼개지지는 않고, 오히려 전력을 다해 이전 제국[=신성로마제국]의 회복에 열중하면서 도이치 사람들을 방금 태어난 큰도이치 제국 편에 넘겨줄 생각을 아예 하지 않았기에•, 이런 현실에 굴복하여 한발 뒤로 물러난 해결책이었다. 그러니까 위기에 몰려 프로이센이 지휘하는 작은 도이칠란트 쪽으로 돌아선 것이다. 민족주의 혁명가들의 편에서 보자면 이는 현실 정치를 위한 일말의 고통스런 희생이었건만, 그나마 거절당하고 만 것이다. 이것은 대리 방안이긴 했으나 어쨌든 도이치 민족주의 운동이 처음으로 프로이센-작은도이치 해결책으로 발길을 들여놓은 일이었다. 도이치 민족주의 운동은 비스마르크가 등장하기 오래전에 벌써 한 번 이런 [프로이센과의] 긴급 동맹을 염두에 둔 적이 있었던 것이다.

이와 같은 프로이센-도이치 민족주의 연합은 비스마르크 이전에

• 오스트리아는 1806년까지 존속된 신성로마제국을 이끈 황제 국가였다. 합스부르크 왕가가 다스리던 오스트리아 제국은 당시 도이치 사람들 말고도 헝가리, 폴란드, 체코, 슬로바키아, 베네치아 등 다른 민족이 다수 포함된 다민족국가였다. 파울 교회 의원들의 생각으로 도이치 제국은 민족국가를 지향하고 있었으므로, 황제 국가 오스트리아가 해체되어 도이치 사람들만 도이치 제국에 편입되고 오스트리아 황제가 도이치 제국의 수장이 되는 것이 옳았다. 이것이 큰도이치 해결책이다. 이 방안에는 두 강대국 오스트리아, 프로이센을 비롯하여 도이치 연방에 들어 있던 38개 국가가 모조리 포함된다. 다만 합스부르크 왕가로서는 왕가에 소속된 도이칠란트 바깥의 영토를 포기하고 싶지가 않았다. 프로이센이 주도하던 작은도이치 운동은 골치 아픈 다민족국가 오스트리아를 배제하고 도이치 민족국가를 세우자는 것이었다. 여기에는 물론 프로이센이 도이치 제국의 수장이 되려는 야망이 숨어 있었다.

한 번 더, 두 번째로 잠깐 동안 현실이 되었다. 그것도 1848년 직후에. 이번에는 프로이센이 주도한 방안이었다. 프로이센은 혁명 세력이 제안한 도이치 황제관을 거부하기는 했지만, 프로이센이 주도하는 작은도이치 통일이라는 생각이 베를린[=프로이센의 수도]에서 아무 반향도 못 얻은 것은 아니었다. 영주연방Fürstenbund을 생각해보라. 비록 느슨하기는 해도 이는 의회까지 갖춘 연방국가 형태의 생각이었다. 물론 혁명 없이 말이다. 프로이센은 그런 생각으로 1849년 프리드리히 빌헬름 4세 치하에서 도이치 유니온Deutsche Union을 창설했다. 이는 28개 도이치 국가들의 유니온으로서, 물론 뒷날 도이치 제국의 전체 범위를 포괄하지는 못했다. 바이에른과 뷔르템베르크 왕국들은 처음부터 동참하지 않았고, 나중에는 하노버와 작센 왕국도 여기서 도로 떨어져 나갔다.

다만 프랑크푸르트 국민의회의 몸통이 고타Gotha에 모여 도이치 유니온을 함께 창설하기로 결의했다는 점에 주목해야 한다. 프랑크푸르트에서 달성하고자 했던 '목적'—불가피할 경우 작은도이치 방향이라도 좋으니 어쨌든 도이치 통일국가를 건설하는 것—이 그 형식보다 더욱 중요하다고 선포한 셈이었다. 그러므로 도이치 유니온은 민주주의 민족주의자들 때문에 실패한 것이 아니었다. 외교정책의 실패가 원인이었다. 러시아의 지원을 받는 오스트리아가 마지막에는 전쟁의 위협까지 동원해 유니온에 반대하고, 옛날 도이치 연방의 회복을 요구했던 것이다. 그러자 프로이센이 이에 굴복했는데, 그 과정에서 비스마르크가 프로이센 의회에서 결정적인 연설을 했다. 비스마르크는 당시 아직 도이치 민족주의와의 연합에 반대하고 옛날 도이치 연방의 회복에 찬성하면서, 또한 프로이센과 오스트리아의 좋은 관계를 회복하는 것에도 찬성하였다. 그리고 바로 그 덕분에 그는 1851년 7월에, 재건된 도이치 연방의 프로이센 대표 자격으로 프랑크푸르트에 파견되었다. 그는 그곳에 1859년 3월 초까지 머물렀다. 이 기간에야 비로소 비스마르크의 마음에서, 프로이센은 〔오스트리아가 아닌〕 도이치 민족주의 진영과 동맹을 맺어야 한다는 결심이 서서히 생겨났다.

이제부터는 비스마르크 이야기를 많이 하지 않을 수가 없다. 하지만 비스마르크의 역사로 관심을 돌리기에 앞서, 1866년과 1870년에 성과를 거두게 되는, 프로이센과 도이치 민족주의 진영의 역설적인 결속이 잠깐이나마 비스마르크 이전에 이미 완성된 적이 있었다는 사실을 분명히 해두는 것이 좋겠다.

1849~1850년의 도이치 유니온은 그 의도만 따지면 1870~1871년의 도이치 제국과 같은 것이고, 현실적으로는 1867년 비스마르크의 북도이치 연방과 비슷한 것이었다. 즉 전체 도이칠란트는 아니지만 북도이칠란트만이라도 결속하여 오스트리아를 빼버린 채 프로이센이 주도하는 영주연방〔=도이치 유니온〕이란, 도이치 민족주의자와 의회주의자들의 명백한 동의와 협조 아래 나온 것이었다. 프로이센과 민족주의 혁명가 사이의 이런 결속에서 어느 쪽이 말馬이고 어느 쪽이 기수가 될 것인가 하는 문제도 완전히 뒷날 비스마르크의 생각처

럼 결정되어 있었다. 1848~1849년에 혁명은 아직 프로이센을 이용하려고 했지만 거부당했다. 1849~1850년에는 프로이센이 자신의 도이치 정책을 위해 혁명을 이용했고, 고타에서의 결속은 대략 그렇게 받아들여졌다. 이 모든 것은 외교적 보장이 결핍되고, 전쟁의 각오가 결핍된 탓에 실패로 돌아갔다. 1866년과 1870년에 뒤늦게 비스마르크가 이 두 가지를 제공했다. 바로 이 점에, 그리고 근본적으로 따지면 오로지 이 점에만 제국 건설에서 그의 기여분이 있다. 전체 개념이 그보다 먼저 있었고, 그는 오직 뒤늦게 마음을 돌려 이편으로 합류했던 것뿐이다.

그리고 비스마르크가 마음을 돌린 일은 그가 프랑크푸르트에 머물던 시기, 1850년대에 이루어졌다. 그가 마음을 돌린 계기는 재건된 도이치 연방에서 오스트리아의 정책을 경험한 일이었다. 1855년에 그는 베를린으로 보낸 보고서에 이렇게 적었다.

"4년 전에 이곳으로 왔을 때 나는 오스트리아에 대한 원칙적인 적대자는 아니었다. 하지만 현재 오스트리아의 권력자들이 이해하는 방식의 오스트리아에 대해 그냥 평범한 호의만이라도 유지하려 한다면, 나는 프로이센의 피를 마지막 한 방울까지 부인하지 않으면 안 될 것이다."

이것만 기억해보자. 1815~1848년의 도이치 연방은 항상 오스트리아와 프로이센의 공동 지배를 받았다. 오스트리아는 의심의 여지없이 도이치 연방의 강력한 세력이었으며, 언제나 의장 국가였다. 하지만 또 다른 강대국 프로이센이 있었다. 1815년 메테르니히 재상 치하의 오스트리아는 이 다른 강대국과 협조하기로 결심했었다. 1848년 이후로는 더 이상 그렇지가 않았다. 도이치 연방의 재건 자체가 이미 프로이센의 의지에 맞서 오스트리아가 강제한 것이었다. 두 나라는 새로운 연방에서 경쟁국이자 라이벌, 적대국으로 등장했다. 이 경쟁에서 처음에는 오스트리아가 우세했다.

1848년까지 도이치 민족주의 운동은 억압을 받았다. 1848년 이후로 민족주의는 더는 완전히 억압할 수 없게 되었다. 도이치 사람들이 그 사이 역사적인 일순간이나마 도이치 제국의 실현 가능성을 경험했기 때문이다. 그들은 이 경험을 잊지 않았다. 도이치 민족주의 운동은 이제 전혀 힘이 없는데도 이미 항상 고려해야 할 정치적 인자가 되어 있었다. 그렇기 때문에 오스트리아든 프로이센이든 민족주의를 자기편으로 끌어들이지 않을 수 없었다. 1848년까지는 존재하지 않던 것이 1848~1849년에는 이미 존재하고 있었다. 곧 도이치 문제 해결책에 관한 질문이었다.

그리고 오스트리아와 프로이센은 바로 이 문제에서 경쟁자였다. 비스마르크는 프로이센을 대표하는 의원으로서 프랑크푸르트에 머무는 동안 바로 이것을 깨달았던 것이다.

프로이센만이 아니라 오스트리아도 1848년 이후로 도이칠란트 정책을 발전시켰다. 물론 자기 방식으로. 프로이센은 도이칠란트 정책을 통해 언제나 '작은 도이칠란트', 심지어는 단순히 북도이칠란트로 되돌아가곤 했다. 그에 비해 오스트리아는 다민족국가로 남아 있으면서 동시에 통일 도이칠란트의 지배 세력도 되기를 바랐으니, 일종의 슈퍼 도이칠란트를 겨냥하지 않을 수 없었다. 그러니까 오스트리아의 비스마르크인 슈바르첸베르크 영주Felix Prinz zu Schwarzenberg가 1850년에 실제로 추진했던 (당시) '7,000만 제국'을 겨냥하는 길이었다. 슈바르첸베르크는 1852년에 갑작스럽게 죽었지만, 그의 사고방식은 그와 함께 사라지지 않았다. 적어도 앞으로 도이칠란트를 놓고 벌어질 싸움에서 프로이센을 격퇴해야 할, 가능하기만 하다면 파괴해야 할 경쟁자로 간주하려는 그의 경향만은 죽지 않았다. 자극에 매우 민감한 사람이던 비스마르크는 그 사실을 아주 강하게 느꼈다. 그가 프랑크푸르트에 머물던 시절, 오스트리아의 도이칠란트 정책은 직접적인 공격성을 덜 취하고 있었음에도 그랬다. 다음은 '장대한 보고서'Prachtbericht라는 이름으로 유명해진 1856년 비스마르크의 진정서에서 인용한 것이다.

"빈의 정책으로 보면 도이칠란트는 우리 두 나라에는 너무 비좁다. 도이칠란트에서 각자의 영향력에 대한 정직한 조정이 이루어지고 실천되지 않는 한, 두 나라는 분쟁 중의 영토를 동시에 경작하는 셈이 된다. 그럴 경우 우리가 맞서서 항구적으로 패배하거나 아니면 승리를 쟁취해야 할 유일한 상대 국가가 오스트리아이다." 동일한 '보고서'의 또 다른 자리에서 다음과 같은 가능성이 이미 표현되어 있다. "머지않은 장래에 우리의 생존을 위해 오스트리아와 맞붙어 싸워야 하는데, 그것을 피하는 일은 우리 손에 들어 있지 않다. 도이칠란트에서 사태의 전개 과정에는 다른 어떤 출구도 없기 때문이다."

비스마르크의 신념 변경 과정이라 부를 만한 것, 그리고 많은 도이치 역사의 기원이기도 한 것에서 으뜸은 오스트리아를 향한 적대감이었다. 도이치 민족주의 혁명 세력과의 결탁이라는 생각은 나중에 나왔다. 물론 이것은 새로운 프로이센-오스트리아 적대감에서 피할 수 없이 나온 것이기도 하다. 1858년의 긴 '진정서'에서 (당시 베를린 정가에서 조롱조로 '비스마르크 씨의 작은 책'이라고 불리던) 다음 구절을 읽을 수가 있다. "프로이센의 이해는 오스트리아를 뺀 대부분의 연방국들의 이해와 완전히 일치한다. 하지만 연방 정부들의 이해와는 일치하지 않는다. 올바르게 이해된 프로이센의 개별적 이익의 전개보다 더욱 중대한 도이치 해결책은 없다." 이 말이 약간 이해하기 어렵게 들린다면 1년 뒤에 비스마르크는 아주 분명하게 이렇게 말했다. "프로이센이 동맹을 맺어야 할, 유일하게 믿을 수 있는 지속적인 동맹자는 도이치 민족이다." 또 1년 뒤인 1860년에는 "연방이든, 관세동맹 의회든, 어떤 것이든 민족을 대표한다는 이념에 놀라 뒤로 물러날 이유"는 더 이상 없다고 여겼다. (10년 전에만 해도 그는 "민주주의와는 그 어떤 치욕스런 연합도 멀리하는 것이 프로이센의 명예"라고 보았었다.) 1863년에 도이치 연방의회에서 프로이센 대표는 직접·비밀·평등 선거로 선출된 민족의회에 찬성한다는 원칙의 선언을 낭독했다. 당시 3개월 전부터 비스마르크가 프로이센의 총리 겸 외무장관이 되어 있었다.

그는 프로이센의 극적인 헌법 분쟁의 역사 덕분에 총리 겸 외무장관에 임명되었는데, 이 역사에 대해 여기서 상세히 논할 필요는 없을 것 같다.• 다만 프로이센에도 매우 강력한 자유주의-민족주의 운동이 있었다는 사실만은 기억해두자. 비스마르크는 처음에 분쟁 장관으로서의 정책으로 인해 자유주의-민족주의 진영에서 체면을 구겼다. 하지만 그래도 속으로는 여전히, 앞으로 언젠가는 프로이센의 자유주의자들 및 프로이센 바깥의 자유주의자들과 협력하고 화해할 것이라는, 해야 한다는, 할 수 있다는 생각을 지니고 있었고, 그것도 그들의 민족주의 소망들을 이루어줌으로써 그렇게 할 것이라는 생각을 지녔다. 총리가 된 다음 행한, 유명한 첫 번째 연설에서 그는 이렇게 말했다. "도이칠란트는 프로이센의 자유주의가 아닌 프로이센의 힘을 보고 있다." 그리고 "이 시대의 거대한 문제들은 연설과 다수결이 아닌 철과 피〔=전쟁〕를 통해 결정될 것이다." 실제로도 그렇게 되었다.

사람들은 언제나 이 연설에서 '철과 피'鐵血라는 도발적인 표현에만 주목했다. 그러면서 여기에 이미 자유주의 진영을 향한 평화 제안이 강력하게 암시되어 있다는 사실을 놓쳤다. 총리는 의원들에게 이

• 군대를 강력하게 만드는 문제를 놓고, 왕과 자유주의 의회 사이에 벌어진 분쟁을 뜻한다. 1862년 3월 갈등의 절정에서 왕이 의회를 해산하고 새로운 정부를 소집하지만, 갈등은 지속된다. 이 문제를 해결하기 위해 1862년 9월 23일 총리 겸 외무장관으로 임명된 비스마르크는 당대 수많은 지식인을 적으로 만들면서 왕의 뜻을 끝내 관철시킨다('부록' 참조).

렇게 말했던 것이다. 의원들이 추구하는 것, 곧 도이치 민족국가를 힘으로 이루어내기 위해 정부는 그들의 의지에 반하여 더 큰 군대가 필요하다고 말이다. 프로이센과 연합한, 프로이센이 주도하는, 물론 작은도이치 민족국가, 혹은 그냥 북도이치 민족국가를 이루기 위해서 말이다. 이것이 처음부터 비스마르크의 이념이었다. 비스마르크가 1862년에 프로이센의 총리 겸 외무장관이 되었을 때, 1866년의 〔대對오스트리아〕 전쟁과 그 뒤에 이어진 평화가 그의 머릿속에서 이미 무르익어 있었다고 말한다면 거의 과장이 아니다. 물론 약간은 과장이다. 총리직에서 물러난 직후 1890년에 어떤 인터뷰에서 그는 자신에 대한 진실을 말했다. "정치인은 숲속의 방랑자와 비슷하다. 자기가 나아갈 방향은 알지만 숲에서 벗어날 정확한 지점은 모른다…… 전쟁 없이 프로이센이 더 커지고 도이칠란트 통일을 이룩할 평화적 해결책이 있었다면 나는 그 무엇이라도 붙잡았을 것이다. 내 목적지로 가는 여러 길들이 보였다. 나는 차례차례 그 길들로 접어들어 보았고, 맨 마지막으로 가장 위험한 길을 잡아야 했다. 한결같은 형식이 내 관심사는 아니었다."

어쨌든 목적은 확고했다. 프로이센의 거대화, 그리고 그와 결합될 수 있는 한의 도이칠란트 통일이었다. 오로지 오스트리아의 의지에 맞서서만 이 목적을 이룰 수 있다는 것, 그리고 결국은 목적지를 향한 가장 위험한 길, 곧 전쟁의 길로 가지 않을 수 없으리라는 것도 처음부터 상당히 확실했다. 이런 점에서 1866년의 전쟁은 비스마르크의 다른 두 전쟁과 차이가 난다. 시기적으로 앞섰던 1864년의 전쟁과도 달랐다. 슐레스비히-홀슈타인을 두고 오스트리아와 힘을 합쳐 덴마크에 맞서 싸운 1864년의 전쟁은, 도이칠란트를 두고 벌어진 프로이센-오스트리아 분쟁이 결국 전쟁으로 치닫는 여러 우회로들 중 하나였을 뿐이다. 이 우회로는 처음에는 두 나라가 공동으로, 나중에는 분리해서 슐레스비히-홀슈타인의 행정을 맡으면서 두 도이치 강대국 사이에서 새로운 전쟁의 씨앗이 되었다. 그 밖에도 덴마크 전쟁은 즉흥적인 것이었다. 그 계기는 미리 예측할 수 없었고, 슐레스비히-홀슈타인 문제는 갑자기 악화되기 전에는 비스마르크의 관심을 거의 끌지도 못했다.

좀 놀랍게 들리겠지만 비스마르크의 마지막 전쟁이자 가장 큰 전쟁인 1870~1871년 프로이센-프랑스 전쟁에 대해서도 같은 말을 할 수 있다. 이 전쟁의 결과 도이치 제국이 나왔고, 비스마르크의 뒷날의 명성과 죽은 다음 도이칠란트에서의 인기는 두 도이치 국가[=프로이센과 오스트리아]의 '형제 전쟁'보다는 대對프랑스 전쟁에 근거한 것이었다.

하지만 지금은 1870~1871년 전쟁보다 도이치 상황을 훨씬 더 혁명적으로 만든 이 형제 전쟁에 잠깐 더 머물러보자. 그 결과는 비스마르크가 그토록 수많은 방법으로 오랫동안 추구한 목적에 아주 정확하게—뒷날의 프로이센-프랑스 전쟁보다 훨씬 더 정확하게—일치하는 것이었다. 프로이센-오스트리아 전쟁의 결과는 네 가지였다.

첫째로 프로이센이 엄청나게 커졌다. 하나의 왕국, 곧 하노버 왕국, 그것 말고도 슐레스비히-홀슈타인, 선제후選帝侯[신성로마제국에서 황제 선거권을 가졌던 일곱 제후]령 헤센, 나싸우Nassau 등지가 프로이센의 주州로 편입되고, 그때까지 도이치 연방의 수도이던 옛날의 제국 자유도시 프랑크푸르트가 프로이센의 지방 도시로 편입되었다. 프로이센은 이런 최종적인 가장 큰 확장을 이루면서 동시에 역사상 처음으로 완벽하게 연결된 도이치 영토를 갖게 되었다. 프로이센의 정치가인 비스마르크에게는 이것이 가장 중요한 결과였다고 말해도 틀린 말은 아니다.

둘째로는 북도이치 연방을 새로 창설한 일이다. 해롭지 않게 들리는 이 이름 아래 실제로는 뒷날 도이치 제국의 배아胚芽가 될 수 있는—어쩌면 되어야 할—최초의 도이치 연방국가가 들어 있었다. 그리고 4년 뒤에는 정말로 그렇게 되었다. 북도이치 연방 23개국 각각의 무게는 전혀 같지가 않았다. 1866년 합병 이후로 프로이센만 따져서 인구가 2,400만 명, 나머지 22개 북도이치 연방의 인구는 모두 합쳐서 600만 명이었다. 그런데도 북도이치 연방에는 보통·평등선거를 거쳐 선출된 '제국의회'와, 한명의 '제국총리'가 있었다. 그리고 프로이센 군대가 훨씬 크기는 해도 어쨌든 그 일부를 이룬 연방 군대도 있었다. 비스마르크의 눈으로 보자면 북도이치 연방은, 민주주의-의회주의 노력을 포함하는 도이치 민족주의 진영에 내놓은 일종의 할부 지불이었다. 물론 비스마르크가 이번의 할부 지불 이상을 지불할 생각이 있었는지는 확실하지 않다.

셋째로는 완전히 자유롭고 독립적인 남도이치 국가들 넷이 역사상 처음으로 군사동맹과 관세동맹을 통해 프로이센과 동맹을 맺었다는 점이다. 곧 바이에른, 뷔르템베르크, 바덴, 헤센-다름슈타트 등의 나라들이었다. 1870~1871년 전쟁이 도이칠란트 내부에 가져온 유일한 변화는 이들 국가가 북도이치 연방에 합류한 것이었는데, 이는 실은 그리 대단한 일이 아니었다. 그런데도 도이치 민족 감정에는 대프랑스 전쟁이야말로 진짜 제국 건설이라고 생각되었다. 어쨌든 이 전쟁은 북도이치 연방을 '도이치 제국'으로, 프로이센이 맡은 연방 의장직을 '도이치 황제'로 바꾸는 것을 가능하게 했다.

넷째로 1000년 역사에서 처음으로 나머지 도이칠란트와 아무런 국가 동맹도 맺지 않은 오스트리아는, 이를 통해 스스로도 엄청난 내부 변화를 겪게 되었다는 점이다. 헝가리와 '대등화'하지 않을 수 없음을 깨닫고, 오스트리아 제국은 오스트리아-헝가리 이중국가가 되었다. 그 사이 프로이센이 오스트리아와 맺은 평화 회담은, 영토 양도나 전쟁배상금 지급 따위의 불필요한 모욕을 일절 피했고, 이로써 장래의 동맹 가능성을 열어두었다.

비스마르크 프로이센의 눈으로 보자면, 이 모든 것을 합쳐 이것은 이상적인 상태였다. 그러나 도이치 민족주의자, 설사 작은도이치 민족주의자의 눈에도, 이것은 그냥 중간 상태에 지나지 않았다. 하지만 실제 정책을 만든 것은 도이치 민족주의자들이 아니라 비스마르크였다. 이제 이 자리에서 물어야 한다. 1867년에서 1870년까지 비스마르크는 정말로 민족국가의 완성을 전쟁의 목표로 삼았던가? 회고록에서 자신의 전설을 위해 작업하던 1890년대의 비스마르크는 그런 인상을 만들어낼 수가 있었다. 하지만 1866~1870년 사이에 나온 진짜 비스마르크의 발언들을 읽어보면, 특히 이것을 1866년 이전의 발언들과 비교해보면, 전혀 다른 인상을 받는다. 그 대립은 극히 뚜렷하다. 1866년 이전에는 극단적인 것도 꺼리지 않는 아주 분명한 목표 지향성이 있었다. 반대로 [1866년 이후로] 1870년까지는 기다리는, 동시에 진정시키는 또는 위로하는 요소가 나타난다. 이 시기의 비스마르크는 도이치 민족주의 진영과 동맹을 맺고는 있어도, 1866년 이전보다 훨씬 강하게 유보 조항을 두고 있음을 알게 된다.

1866년의 위기에서 그것이 가장 분명하게 드러난다. 쾨니히그래츠Königgrätz 전투[프로이센이 오스트리아에 결정적인 승리를 거둔 역사적 전투]가 끝나고, 니콜스부르크Nikolsburg의 평화조약을 맺기 이전인 7월에 비스마르크는 파리 주재 프로이센 대사에게 다음과 같이 지시했다.

"우리 프로이센의 요구는 어떤 형식으로든 북도이칠란트 세력들의 처리 방안에 국한한다…… 나는 북도이치 연방이라는 말을 주저 없이 내뱉고 있는데, 이 연방이 꼭 필요한 견고함을 얻는다면, 남도이치-가톨릭-바이에른 요소를 여기 덧붙이기란 불가능한 일이라고 보기 때문이다. 뒤의 요소는 장기적으로는 베를린으로부터의 호의적인 통치를 받으려 하지 않을 것이다." 이 시기에 프로이센의 마인Main 군대 총사령부에 보낸 전보에서, 1851년까지는 그가 자주 사용했지만 1866년의 비스마르크로서는 허용되지 않던 '민족주의 〔진영의〕 망상'이란 가혹한 낱말이 한 번 더 나왔다.

이 낱말은 그 이후로는 등장하지 않는다. 북도이치 연방 총리〔=비스마르크〕는 자신의 민족주의 성향에 대한 그 어떤 의혹도 피하려고 조심했다. 동시에 민족주의에 대한 그 어떤 약속도 없었다. 예를 들면 (1867년 3월에 다시 파리 대사에게): "그들은 마인 선線을 우리와 남도이칠란트 사이의 장벽으로 세우려 했고, 우리도 그것을 받아들였다. 그것이 우리의 요구 및 이익과 일치했기 때문이다. 그렇다 해도 이것이 진짜 장벽이 아닌…… 민족주의 물결이 자유롭게 넘나들 수 있는 격자 울타리라는 사실을 잊어서야 되겠는가?" 또는 1868년에 이보다 더욱 달래는 어조가 나온다.

"우리 모두가 민족 통일의 염원을 가슴에 지니고 있지만, 냉정하게 계산하는 정치가에게는 필수가 먼저고, 소망은 나중에 온다. 그러니까 먼저 집을 세우고 나서 집을 확장해야 한다. 도이칠란트가 그 민족주의 목적을 19세기에 성취한다면, 그야말로 매우 위대한 일이 될 것이다. 혹시라도 10년이나 심지어 5년 안에 이룩한다면 그거야말로 매우 특별한 일, 바라지도 않는데 신이 내려주신 은총의 선물이라 할 것이다."

1869년 2월 26일에 뮌헨에 주재하는 북도이치 대사에게 보낸 글에는, 자주 인용되는 도이치 민족주의 진영을 향한 비스마르크의 경고가 들어 있다.

"나도 도이치 통일이 폭력적인 사건들을 통해 촉진될 가능성이 매우 높다고 본다. 하지만 폭력적 파국을 불러들일 임무, 곧 현시점에서의 선택에 대한 책임은 전혀 다른 문제다. 주관적인 이유에 따라 역사의 전개에 멋대로 개입하는 일은 설익은 열매를 나무에서 잘라내는 결과만을 만들어낸다. 내 생각에는 지금 이 순간 도이치 통일이 잘 익은 열매가 아니라는 것이 분명히 눈에 보인다."

이런 증언들은 내게는, 비스마르크가 도이치 통일을 완성하여 북도이치 연방을 도이치 제국으로 만들려고, 1866년의 〔프로이센-오스트리아〕 전쟁처럼 1870년의 〔프로이센-프랑스〕 전쟁도 의도적으로 추진했다는 관점을 무력하게 만드는 것으로 보인다. 비록 이런 관점이 오랜 기간 도이칠란트에서 널리 통용되어왔고, 비스마르크 자신도 나중에 이런 생각에 힘을 실어주긴 했어도 그렇다. 비스마르크는 '집의 확장'을 그리 서두르지 않았다. 1870년의 7월 위기에서 겨우 며칠 만에 전쟁이 일어나는데, 그 자신도 이 위기를 보고 깜짝 놀랐다. 그의 유명한 '엠스Ems 급보急報'가 프랑스를 자극하여 프랑스의 선전포고를 유발했지만, 이 급보는 〔프로이센 왕가인〕 호엔촐레른Hohenzollern 가문의 방계傍系 혈통을 스페인 왕위 계승자로 내정한—그나마 이미 거부된—일을 두고 프랑스가 과잉 반응한 것에 대한 답변이었다. 물론 비스마르크가 주도한 일이지만, 그는 정말로 프랑스와의 전쟁을 도발하려고 그랬던 것일까? 그것은 어쩌면 비스마르크의 당시 표현을 빌리자면 일종의 '평화의 숨구멍' 테스트가 아니었을까? 1866~1870년 사이에 프랑스와 프로이센 사이에 악의의 기운이 있었다면, 그것은 프로이센보다는 프랑스 쪽에 있었다. 프랑스는 1866년 전쟁의 결과를 통해, 프랑스가 손해를 보았다고, 심지어 속았다고 느끼고 있었다.

비스마르크는 1866년에만 해도 나폴레옹 3세 치하의 프랑스와 철저히 협력 관계에 있었다. 나폴레옹 3세는 자기 쪽에서 당시 유럽의 모든 민족주의 운동들과 동맹을 맺었다. 먼저 이탈리아, 이어서 도이칠란트, 그 밖에도 성과는 없었지만 폴란드의 민족주의 진영과도. 물론 이 모든 것이 이른바 프랑스의 지휘 아래 움직여야 하고, 또 그런 정책에 대해 파리는 영토로 보상받기를 원했다. 이 보상 문제가 1866~1870년의 4년 동안 프랑스와 북도이치 연방 사이의 진짜 쟁점이었다. 이탈리아는 프랑스의 통일 협력에 대해 (물론 프로이센-도이치 경우보다 훨씬 더 멀리까지 협력했는데) 니차Nizza와 사부아Savoy를 양도함으로써 넉넉히 보상해주었다. 비스마르크도 프랑스 측에 어떤 형태로든 보상의 희망을 심어주었다. 1867년 룩셈부르크Luxemburg 위기•에서 이미 소박한 보상의 각오를 보여주고는 재빨리 도로 물러났다. 그런 탓에 프랑스에서는 불신감이 퍼지고 '쾨니히

• 당시 대공작령이던 룩셈부르크의 소유를 놓고 프랑스, 영국, 오스트리아, 프로이센, 러시아 등의 강대국들 사이에 조성되었던 갈등과 긴장 상황('부록' 참조).

그래츠를 위한[=오스트리아를 위한] 복수'라는 구호가 나돌면서 일종의 전쟁 지지파가 생겨났다. 비스마르크의 계책에 따라 프로이센 왕가의 친척이 스페인의 왕위 후보로 등장했다면, 그것은 도발하는, 또는 관심을 다른 데로 돌려 긴장을 완화시키려는 의미 정도였으리라. 하지만 비스마르크가 가장 깊은 내면에서 어떤 효과를 의도했는지 우리로서는 절대로 알 수 없을 것이다. 다만 한 가지는 확실하다. 1870년의 전쟁을 유발한 프랑스-도이치 사이의 명예 문제는 도이치 민족주의 문제와는 전혀 관계가 없었다는 점이다.

그런데도 대프랑스 전쟁이 최초의 진짜 도이치 민족 전쟁이 되었다. 그리고 민족주의 의식에서는 이 전쟁의 결과 나타난 북도이치 연방의 확장이야말로 진짜 '제국 건설'인 것이다. 1870년에 도이치 민족주의 운동은 나폴레옹 시대 원래의 기원과 결합되었다. 다시 프랑스에 맞서고, 다시 나폴레옹 황제에 맞서게 되었으니, 프로이센, 북도이칠란트, 심지어는 남도이칠란트의 민족주의자들조차 1870년의 프랑스 전쟁을 19세기 처음 10년 동안 나폴레옹이 행한 정복 전쟁에 대한 복수라고 느꼈던 것이다. 19세기 초의 민족적 자부심과 프랑스 증오가 갑작스럽게 모조리 다시 나타났다. 그리고 이번에는 도이치 사람들이 강자였다! 그것은 경이로운 일이었으니, 이대로 계속되어야 한다. 도이칠란트는 이제 국가로서 두 발로 서서 견고하게 되어야 한다. 당시의 목소리는 그렇게 들렸고, 비스마르크도 여기 굴복했다.

특이하게도 완전히 굴복한 것은 아니었다. 1866년 이전에 북도이치 국가들을 가차 없이 합병하여 그 군주들을 하야시키고, 북도이치 연방의 작은 국가들에 엄격하게 재갈을 물렸던 이 사내는 갑자기 메테르니히 시대의 정치가처럼 행동했다. 〔새로 편입된〕 바이에른 왕, 뷔르템베르크 왕, 바덴 대공, 헤센-다름슈타트 공작과 끈질기고도 지루한 협상을 벌이고, 그들에게 중대한 양보를 해주었다. 모두들 어느 정도 독자적인 주권을 유지하고, 바이에른은 심지어 진짜 독립국의 지위까지 누렸다. 즉 매우 광범위하게 독립된 세제稅制, 독립된 우체국, 독립된 철도, 독립된 군대(오직 전시에만 도이치 황제의 명령에 복종하는), 그리고 듣도 보도 못한 일이지만 독자적인 대사, 곧 외교관을 외국에 주재시킬 권리 등을 얻은 것이다! 영국 역사가 테일러A. J. P. Taylor는 이따금 비스마르크를 제국 건설자가 아닌 '제국 훼방꾼'이라 부르고 있다. 꼭 필요한 만큼만 민족 통일을 허용한 사람이라는 것이다. 실제로도 비스마르크가 이끄는 도이치 제국은 북도이치 연방 시절보다 훨씬 더, 연방국가라기보다는 오히려 국가연합의 성격을 지녔다.

비스마르크는 '제국 건설'에서 민족주의 진영과 협력하고 그들의 감정적 욕구를 채워줄 각오는 되어 있었어도, 그들의 목적을 추구한 적이 없었기 때문이다. 곧 도이칠란트를 유럽의 주도적이고 지배적인 강대국으로 만들겠다는 목적을 갖지 않았다. 새로 건설된 도이치 제국에서 그의 통치 기간에 이것을 아주 분명하게 볼 수 있다. 그에게는 아직도 프로이센이 도이칠란트의 지배 세력이 된다는 것이 중요했다. 그리고 그것은 북도이치 연방에서처럼 아주 당연한 일은 아니었다.

오히려 반대였다. 모든 작은도이치 소망들이 충족되고 나면 가장 먼저 나타날 자연스런 민족주의 진영의 목표는 큰 도이칠란트였다.

도이치 제국의 역사가 그렇게 흘러갔다는 것, 그 마지막 가장 성큼성큼 걷던 시대에 오스트리아 사람이〔=히틀러〕 총리로 재임했다는 것, 이 마지막 제국총리가 비스마르크의 작은 도이칠란트를 곧바로 큰 도이칠란트로 만들고, 이 큰 도이칠란트는 곧바로 비스마르크가 철저히 반대한 공격적인 확장 정책을 추진했다는 것, 그리고 이 모든 것이 비스마르크의 작은 도이칠란트에서는 한 번도, 심지어 1870년에도 맛보지 못한 열광적인 분위기에서 이루어졌다는 점을 잘 생각해본다면—거의 이렇게 말하고 싶어진다. 비스마르크의 최고 승리가 자신의 실패의 뿌리를 포함하고 있었다고, 도이치 제국의 건설은 이미 그 붕괴의 씨앗을 포함하고 있었다고 말이다.

비스마르크 시대

1870~1871년의 전쟁과 제1차 세계대전 사이의 43년은 겉으로 보면 통일된 시대이다. 이 시기에 도이치 국경선이나 헌법이 바뀐 것이 없고 전쟁도 혁명도 없었으니, 도이치 제국의 역사에서 이 43년은 가장 길고도 안정된 시기였다. 하지만 좀 더 자세히 살펴보면 이 43년은 분명히 구분되는 두 시기로 나뉜다. 1890년까지의 비스마르크 시대와 1890년 이후의 빌헬름 〔2세〕 시대, 또는 황제 시대이다. 거칠게 설명하자면, 처음의 비스마르크 시대에 국내 정치는 가장 불행하게 분열되어 있었고, 외교적으로는 매우 신중하고 평화로웠다. 그리고 빌헬름 시대는 정확하게 그 반대였다. 황제 시대는 국내적으로는 통일에 뒤따르는 통합의 시기, 외교적으로는 결국 파국에 이르는 모험적인 노선을 헤쳐 나가던 시기였다. 물론 빌헬름 시대의 외교정책은 민족주의 진영의 그야말로 크나큰 찬성을 얻었다는 점을 인정해야겠지만.

비스마르크 시대는 처음에 승리의 환호와 〔프랑스가 지불한 전쟁배상금 덕에 현금 유동성이 엄청나게 커지고, 수많은 회사들이 세워지던] 회사 창설기의 환호가 지나고 나서는 분위기로 보나 실질적으로 보나 불운한 시대였다. 그에 비해 빌헬름 시대는 1차 대전이 일어나기까지 행복한 시대였다. 부분적으로는 그냥 경제적인 이유 때문이었다. 1873년의 주가 폭락 사태• 이후로, 심지어는 비스마르크 시대를 넘어 1895년까지 유럽 전역에 걸쳐, 그리고 도이칠란트에도 경제 정체 또는 불경기가 지배했다. 그에 비해 1895~1914년은 거의 꾸준한 호황의 시기였다. 오늘날에도 우리는 한 나라의 정치 분위기가 정치보다는 경제에 더 많이 좌우되는 것을 경험한다. 사회주의 국가가 아닌 나라들에서는 정치가 경제를 지배하지 않는데도 그렇다. 하지만 비스마르크는 통치 기간 거의 전부가 경제 침체기에 들어 있는 불운을 감당해야 했다. 그에 비해 빌헬름 2세는 전쟁 전까지 그리고 어떤 의미에서는 전쟁 중에도 호황기를 누리는 행운을 지녔다. 그 밖에 또 다른 것도 이것과 연관된다. 비스마르크 시대에는 서쪽으로의 이동이 있었다. 옛날 프로이센 농업 지역에서 서방 산업 지역으로 꾸준히 이민을

• 도이치 제국은 출발과 동시에 프랑스의 전쟁배상금 유입으로 1871~1873년에 엄청난 호황을 누렸다. 프로이센에서만, 1790~1870년의 80년 동안 300개 회사가 설립되었던 데 비해, 1871~1872년에만 780개의 새로운 회사가 설립되었다. 영토가 늘어난 덕분에 확대된 시장, 싼 이자의 신용 대출, 정부 정책을 통해 너무 빨리 부채가 상각되면서 나타난 거대한 유동성 등으로 인해 사납고 거친 영업 전략이 등장했다. 사람들은 당시 유행하던 다윈(Charles Darwin)의 『종의 기원』을 멋대로 해석하여 제각기 약육강식의 이점을 취하려 했다. 결국 1873년에 전체 주식시장의 붕괴와 더불어 수많은 회사들이 도산하면서 지속적인 불경기가 시작되어 1884년에는 주식법을 개정해야만 했다.

나가는 행렬이었다. 비스마르크가 통치하던 20년 동안에 100만 명 이상의 도이치 사람들이 아메리카로 이민을 갔다. 그가 총리에서 물러난 다음 도이치 이민 행렬은 줄어들다가 마침내 완전히 멈추었다. 이제야 도이치 사람들은 고국에서도 완전고용을 경험하게 되었고, 그들의 노동은 더 나은 임금으로 보상받았다.

하지만 여기 속하는, 그래서 언급되어야 할 이 모든 현상들이 나의 원래 주제는 아닌 것 같다. (역사가 아르투어 로젠베르크Arthur Rosenberg가 언젠가 말한 것처럼, 탄생의 순간부터 죽을병에 걸려 있었던) 도이치 제국은 이런 경제 상황과 주변 상황, 국내 정책으로 인해 몰락할 처지도 되지 못했다. 그냥 지정학적인 위치와 외교정책으로 인해 몰락했던 것이다.

그럼에도 불구하고 이 자리에서 비스마르크 시대의 국내 정책에 대해 몇 마디 말을 해야만 한다. 이미 말했듯이 수많은 불운을 초래한 정책이었다. 비스마르크는 국내에서 보수주의 진영과 민족주의-자유주의 진영 사이의 타협에 기반하여 제국을 건설했다. 그는 프로이센의 '위기 장관'으로서, 정부와 자유주의자들 사이의 심각한 갈등[프로이센 헌법 분쟁]을 다루는 일로 업무를 시작했다. 하지만 비스마르크는 처음부터 마음속으로 적들과 합의를 보고 있었고, 그들과 더불어 정직한 평화에 도달할 수 있으리라 믿었다. 이는 두 가지 근거를 가진 것으로, 첫째로 자기가 자유주의자들의 민족주의 열망을 만족시키고, 둘째로는 화해를 한 다음 그들을 제국의 국내 정치에 참여시킨다는 생각에 근거했다. 비스마르크는 개인적으로 보수적인 군주제 신봉자였다. 하지만 그의 제국이 기반을 두고 있는 헌법의 타협점은 절반 입헌군주제를 지향했고, 그가 제국 건설에서 지향한 정치적 타협은 보수주의자와 민족주의자들의 지속적인 연합정권이었다. 1867~1879년에 '철혈 총리'는, 전체적으로 보아 보수주의를 기반으로 하되 자유주의자들과 함께 자유주의 정책을 추진하였다. 마지막에는 이 정책을 아주 멀리 추진해서 자유주의자의 한 사람인 하노버의 베니히센Karl von Bennigsen을 프로이센 정부에 받아들이려고까지 했다. 그것도 부총리 자리를 내주려 했으나 실패로 돌아갔다. 그럼에도 불구하고 비스마르크는 이 시기에 정직한 태도로 자유주의를 유지했다. 그가 미리 예측하지 못했던 것은, 1871년 이후로 민족주의 자유주의자들과의 타협이 더는 내부의 만족에 도달할 수 없으리라는 사실이었다.

제국 건설 즈음에 비스마르크는 갑작스럽게 전혀 새로운 두 개의 정당과 마주하게 되었다. 그로서는 이들에 맞서 근절 전쟁을 벌이는 것 말고 더 나은 방법을 알지 못했지만, 이 전쟁에서 그는 패배했다. 바로 중앙당das Zentrum과 사회민주당SPD이었다. 이 두 정당은 제국의 건설과 거의 동시에 창설되었다. 그리고 진짜 제국의 특성에 걸맞는 정당들이었다. 비스마르크는 그들을 제국의 적이라 불렀으나 이는 맞지 않는 말이었다.

그는 이 정당들의 국제적 결속을 두고 이들이 제국의 적이라는 이론을 세웠다. 중앙당은 도이치 가톨릭당이다. 가톨릭교회는 예나 지금이나 부정할 길이 없이 민족을 넘어선 단체다. 중앙당은 당시 강력하게 로마를 지향했다. 그래서 사람들은 이 정당이 이른바 알프스 산맥 너머 로마를 바라보기 때문에, '산맥너머ultramontan 당'이라고 욕했다. 하지만 중앙당에서 지속적으로 가장 흥미로운 요소는 전혀 다른 점이었다. 다른 모든 도이치 정당들은 계급정당들이었다. 보수당은 귀족의 정당이고, 자유당은 당시 강력하게 대두하던 시민계급[부르주아지]의 정당이었고, 방금 등장한 사회민주당은 처음에는 순수한 노동자 정당이었다. 그에 비해 중앙당만은 그 어떤 계급과도 결속되지 않은 채, 모든 계급을 포괄했다. 가톨릭 귀족과 심지어 고위 귀족도 있었다. 강력한 가톨릭 시민계급과 물론 가톨릭 노동자도 있었다. 중앙당은 이들 모든 계급을 포괄하고 내부적으로 그 갈등을 조정하려고 했다. 그것은 새로운 것이었다. 중앙당은 그때까지 도이칠란트와 유럽에 존재하지 않던 유형의 정당으로, 하나의 국민정당이었다. 오늘날에는 거의 오로지 이런 종류의 정당들만이 존재하기 때문에 이것이 흥미롭다. 특히 중앙당은 오늘날 기독교 연합정당의 역사적 선배이기도 하다.

중앙당의 이런 특성, 즉 계급을 넘어서는 그 구조가 비스마르크에게는 으스스했다. 그는 계급들을 다룰 줄을 알고, 자신의 소속 계급, 곧 프로이센 융커Junker[프로이센 특유의 세습 토지 귀족]를 강력하게 의식하고 있었다. 다른 계급, 다른 계급정당들과 타협하는 일은 그에게는 이상한 일이 아니었다. 하지만 계급을 대표하지 않는 정당은 그에게는 국가 속의 국가로, 그래서 '제국의 적'으로 생각되었다. 그래서 그는 1870년대에 중앙당을—이전 1860년대 자유주의자들과는 달리—전투를 통해 평화로 이끌어 가려고 한 것이 아니라, 그냥 박멸하여 찢어 없애려고 했다.

그는 이 일에 절대로 성공하지 못했다. 중앙당은 처음부터 강력한 정당이었고, 1870년대 이른바 문화전쟁(비스마르크는 중앙당 박멸을 위한 전쟁을 이런 이름으로 불렀기에) 시기에 더욱 강력해졌다.

사회민주당〔=사민당〕원들에게는 이런 관점이 없었다. 사민당은 계급정당이었고, 비스마르크는 제4 계급인 노동자계급도 정치적 조직을 이루어 토론하고 자기들의 이익을 지키고자 한다는 것을 철저히 이해했다. 그는 1870년대에 사민당 창설자의 한 사람인 라살레Ferdinand Lassalle와 친밀한 교류를 가졌고, 심지어는 일정한 정치적 계획들을 세우기도 했으나, 물론 실제 성과는 전혀 없었다. 비스마르크가 사민당에게 화를 낸 것은 그 계급적 성격 때문이 아니었다. 첫째로는 사민당의 국제적인 태도, 둘째로는 그보다 더욱 중요한 것으로 당시 아직도 사민당이 갖고 있던 혁명적인 태도 때문이었다.

사민당은 당의 창립 시기에 혁명정당으로서, '대단한 혼란'이라는 말로 사람들 입에 오르내렸고, 이 정당이 전혀 다른 사회, 전혀 다른 국가를 지향한다는 것을 공공연히 밝혔다. 그 때문에 제국의 적이라는 것은 아니었다. 사민당원들은 철저히 도이치 제국의 틀 안에서 혁명을 기획했다. 하지만 비스마르크는 1848년 이후로 평생 동안 혁명에 대해 깊은 거부감을 지녔다. 그는 자신의 계급이—자유주의 시민계급과의 타협을 통해—주도하는 계급사회를 원했다. 또는 경우에 따라 노동자계급과도 국가에 중대한 타협을 할 각오가 되어 있었다. 하지만 혁명만은 두려워하고 싫어했다.

그래서 비스마르크는 1878년부터 사민당에 맞서 가차 없는 전쟁을 펼쳤다. '공안을 해칠 우려가 있는 사민당 성향들을 막을 법'은 끔찍한 일들을 계획했다. 곧 정당 지도자들의 추방—도이칠란트에서가 아니라 그들이 어디 살든 그 거주지에서 추방—그리고 사회민주주의 단체, 집회, 인쇄된 문서, 신문의 금지 등이었다. 사민당은 비스마르크 시대의 후반부에는 고작 절반만 합법이었으니, 진짜로 박해를 받았다. 사민당은 의회에서 자리를 차지하려 노력할 수 있고, 선거운동을 하고, 실제로 의회에 대표자를 내보낼 수도 있었다. 비스마르크는 이런 헌법상의 권리를 건드리지 않았다. 그 밖에 나머지 모든 일이 금지되었다. 그런데도 이런 박해의 시대에 사민당은 특이할 정도로 꾸준하게 선거를 치를 때마다 세력이 강화되었다. 그것은 비스마르크 시대를 뒤덮은 무거운 정치적 먹구름의 하나였다. 비스마르크는 사민당을 완전히 없애지 못했지만 사민당과의 싸움을 절대로 멈추지 않았으며, 마지막에는 사민당의 완전한 금지와 당 지도자들을 제국에서 추방하는 정도까지 확대하려고 했다. 그런데도 아무 소용이 없었다.

물론 그는 건설적인 수단도 동원해서 사민당과 싸우려고 했다. 사민당 박해 시대인 1880년대에 사회보장 정책이 시작되었다. 1883

년에 의료보험, 1884년에 사고보험, 1889년에 장애인보험 등이 도입되었다. 이것은 당시로서는 놀랄 정도로 대담한 새로운 정책이었다. 도이칠란트 바깥 그 어디에도 이와 같은 것이 없었다. 그렇기 때문에 사람들은 비스마르크가 현대 도이칠란트 복지국가의 아버지라고 찬양했다. 실제로 도이치 제국은 마지막까지 전 기간에 걸쳐 복지정책이라는 면에서—오늘날에도 여전히—다른 나라들을 앞섰다. 비스마르크는 복지정책을 사민당에 대한 싸움의 일환으로 여겼다. 그는 국가의 편에서 노동자의 사회적 상황을 개선함으로써 노동자들을 사민당에서 떼어놓으려 했다. 물론 성공하지 못했다. 노동자들은 복지 혜택을 받아들이면서도 그런 뇌물에 넘어가지 않고 사민당원으로 남았다.

여기에 또 다른 요소도 덧붙일 수 있다. 비스마르크는 통치 기간의 후반부, 곧 1879년부터는 여러 계급의 경제적 이해에 직접 호소하려고 했다. 1879년에 농민계급과 대기업의 결속인 '생산 계층의 카르텔'을 설립했다. 보호관세를 도입해서 이 두 계층에게 이익을 주었다. 그가—거의 약간 마르크스 방식으로—제국을 단순히 정치적으로만이 아니라 복지정책을 통해 '계급상의' 통일을 이루려 했다고 말할 수 있을 정도다.

제국은 비스마르크 시대 후기에 이미 오늘날까지도 연방공화국에서 계속 작동하는 국내 정치의 이중성을 지니게 된다. 정당들과 나란히 온갖 협회들이 등장한 것이다. 물론 농업 협회는 비스마르크가 물러난 다음인 1893년에야 주로 엘베 강 동쪽 농민들의 협회가 처음으로 생겨났다. 국내 대지주와 소작농 사이의 내부 결속이다. 하지만 도이치 산업 중앙협회, 중공업 연맹 등은 이미 생겨나 있었다. 금융업종이 동참한 경공업 수출 한자Hansa연합도 있었다. 마지막으로 사민당과는 완전히 독립적으로 경제 영역에서 노동자의 처지를 직접 개선하려고 하는 노동조합들도 생겨났다. 이들 노동조합은 정치혁명을 통하지 않고, 더 나은 노동 및 생활 조건을 얻기 위해, 특히 더 나은 임금을 위해 힘을 합쳐 공동으로 투쟁했다. 이런 모든 것 또한 비스마르크가 국내 정치에 미친 영향에 속한다.

이런 모든 일에도 불구하고 비스마르크 시대 전체에 걸쳐 국내 정치의 분위기는 불행하고도 흥분한 상태였고, 그것은 경제적 불경기 때문만이 아니라 비스마르크의 정책 탓이기도 했다. 아마도 주로 비스마르크 정책의 방식 때문이었던 것 같다. 비스마르크는 결코 유화적인, 외교적이고 유연한 종류의 정치가가 아니었다. 그는 사랑스러운 태도를 통해 승리한 경우가 거의 없었고, 생애 마지막에 총리직에서 물러난 다음에는 완전히 쓰라린 불만을 지니게 되었지만, 가장 큰 승리의 순간인 1871년 1월에도 그런 태도가 역력했다. ("나는 스스로 폭탄이 되어 터져서 이 모든 건축물을 폐허로 만들어버리고 싶다는 욕구를 여러 번이나 느꼈다."고 그는 베르사유에서의 제국 선포 사흘 만에 아내에게 보낸 편지에 적었다.) 비스마르크가 당시 벌써 자기가 1867년에 성취한 원래의 목적 너머로 너무 멀리까지 민족주의와의 동맹에 끌려오는 바람에, 기능할 수도 없고 장기적으로는 아마 생존할 수도 없는 어떤 것을 만들어냈다는 느낌을 가졌던 것 같다고 추론하고 싶어진다. 제국 건설 이후에 비스마르크가 자신의 과제를 바라보면서 느낀 그 깊은 비관주의를 분명히 알아볼 수 있으며, 그것은 제국 내부의 상황과 외부의 상황에 모조리 연관되어 있었다.

국내 정치에서는 정당들과의 지속적인 싸움, 의회와의 싸움이 그를 힘들게 했다. 1867년에 그는 (당시 아직은 북도이치 연방) 의회에서 꽤 오만한 태도로 이렇게 말했다. "말하자면 도이칠란트를 안장에 앉혀줍시다! 말이야 탈 줄 알 테지요." 1883년에 그는 슬픈 어조로 자신의 말을 인용하면서 그 말을 명백하게 취소했다. "이 민족은 말도 탈 줄 모른다! ……비꼬는 마음 없이 아주 조용히 말하겠는데, 도이칠란트의 미래가 암담한 것이 보인다(론Albrecht von Roon에게 보낸 편지)." 이 편지 구절은 외교 분야가 아닌 국내 정치에 관련된 것이다. 하지만 밖을 향해서는 줄곧 "수백만 총검이 전체적으로 그 뾰쪽한 끝을 유럽의 중앙부로 향하고 있다는 것, 우리가 유럽의 중앙부에 위치하는데, 우리의 지리적 위치로 인해, 그 밖에도 전체 유럽의 역사로 인해 특별히 우리가 다른 강대국들의 연합에 노출되어 있다"는 '연합의 악몽'을 간직했다(1882년 의회 연설). 누군가가 그에게 "당신은 연합의 악몽을 가졌군요." 하고 말하자 그는 이렇게 대답했다. "이런 종류의 악몽은 도이칠란트 장관에게는 앞으로도 오랫동안, 어쩌면 영원히 매우 타당한 악몽으로 남아 있을 거요."

하지만 적들의 연합에 대한 비스마르크의 타당한 두려움이 정말로 오로지 지리적·역사적 이유만을 가진 것인지는 의문이다. 오히려 대외 정책상의 이유였다. 비스마르크가 1870~1871년 제국 건설과 더불어 가져온, 그리고 뒷날 영국의 총리 디즈레일리Benjamin Disraeli가 당시 벌써 '도이치 혁명'이라 불렀던 거대한 변화가 무엇인지 분명히 해보자. 그때까지 도이치 사람들이 거주해온 유럽 중앙부는 언제나 서로 (그리고 유럽의 다른 나라들과도) 느슨하게 연결된, 수많은 중소 국가들과 두 개의 거대 국가가 결합된 지역[1806년까지 신성로마제국, 그 뒤로 도이치 연방]이었다. 이웃 나라들은 이런 많은 수의 나라들을 두려워할 이유가 전혀 없었다. 1815년부터 1866년까지 반세기 동안 지속된 도이치 연방이, 유럽 열강들이 결속하는 막강한 연합의 위험을 겪었다고 말할 수는 없다. 하지만 지금은 도이치 연방 대신 갑자기 단단히 결속된, 거대하고도 강력한, 매우 군사적인 통일국가가 나타났다. 외부의 여러 힘들에 맞서 중부 유럽에서 충격을 흡수하던 거대한 스펀지, 또는 아주 다양하고 거대한 인공 소재의 덩어리 대신 시멘트 건축물이 등장한 것이다. 두려움을 불러일으키는 이 시멘트 건축물에서는 매우 많은 대포들이 밖을 향해 튀어나와 있었다. 이런 변화는—도이치 민족주의자들로서는 열광할 일이지만 나머지 유럽에는 걱정스러운 변화—하나의 전쟁에서 완성되었다. 이 전쟁에서 새로운 강대국 도이칠란트는 막강한 힘과 사나운 강경함을 만천하에 분명히 드러냈다. 1870~1871년 프로이센-프랑스 전쟁은 1866년의 프로이센-오스트리아 전쟁처럼 그냥 사태 자체에만 국한되어 치러지고 끝난 것이 아니었다. 특히 알자스-로렌 지방의 병합으로 비스마르크는 새로운 도이치 제국을 향한 프랑스의 '적대감'을 만들어냈다. 비스마르크 자신이 아주 일찌감치 이에 대해 매우 기억할 만한 발언을 했는데, 이것은 별로 알려지지 않았다. 1871년 8월에 벌써 그는 당시 베를린 주재 프랑스 대리대사에게 이렇게 털어놓았고, 대사는 곧바로 파리에 이 사실을 문서로 보고했다. "지속적인 평화를 생각한다면, 당신네 알자스-로렌 지방을 빼앗은 일은 우리가 실수한 겁니다. 우리에게 이 주州는 당혹스런 것이오, 프랑스를 배후에 둔 폴란드지요." 그러니까 그는 자기가 무슨 짓을 한 것인지 알고 있었다. 그렇다면 그는 어째서 그렇게 했을까? 그 수수께끼는 오늘날에도 역사가들이 풀고 있는 중이다. 약 200년 전에 프랑스에 합병된 옛날 도이치 땅 알자스 지방을 '다시 제국 안으로 끌어들이려는' 민족주의 진영의 소망을 비스마르크의 동기라고 보기는 어렵다. 비스마르크는 절대로 자신의 새로운 도이치 제국을, 프로이센이 중심부가 아니던 옛날 제국과 동일시하지 않았기 때문이다.

군사적 이유가 더 강했다. 스트라스부르와 메츠 요새들은, 군대가 도이치 제국의 새로운 영역인 남도이치 지역으로 가는 열쇠였다. 비스마르크는 보통은 군사적 이유들에 따른 양보를 하지 않았다. 여기서 처음으로 그렇게 했다면, 아마도 그가 프랑스의 복수전쟁을 어떻게든 예측했기 때문이었을 것이다. "그들은 절대로 우리를 용서하지 않을 것이고, 그것이 우리의 승리다."라고 1871년에 그는 여러 번이나 말했다. 그리고 전쟁을 예측하는 관점에서라면, 군사적 고려가 그에게도 무게를 가졌을 것이다. 1871년 이후 처음 몇 해 동안 비스마르크의 악몽은 강대국들의 연합보다는 오히려 위협적인 프랑스의 복수였다고 할 수 있을 것이다. 이것은 비스마르크 제국 최초의 외교정책 위기에서 드러났다. 패전과 전쟁배상금에서 재빨리 회복한 프랑스는 1875년에 상당한 정도로 병사 수를 늘렸다. 그러자 도이치 제국은 처음에는 비공식적으로 재빨리 위협에 맞서는 자세를 취했다. 베를린 신문 하나는 "전쟁이 다가오는가?"라는 헤드라인을 달았다.

비스마르크는 다시 일어선 프랑스에 맞선 두 번째 예방전쟁을 의도한 적이 없다고 거듭 말했다. 완전히 믿을 만한 말이다. 그보다는 오히려 프랑스 측의 두려운 복수전쟁에 대한 예방, 곧 위압적인 몸짓이 더욱 중요했다. 하지만 그 순간 무언가 예상치 못한 일이 일어났다. 1870년의 전쟁에 전혀 개입하지 않았던 영국과 러시아가—러시아는 당시 프로이센과 신생 도이치 제국에 대해 선의의 중립 정책을 취하기까지 했는데—이번에는 베를린의 노선에 개입한 것이다. 그들은 프랑스의 약화를 더 이상 바라보고 있지만은 않겠노라고 선언했다. 처음으로 1차 대전의 그림자 비슷한 것이 나타났다. 프랑스-영국-러시아 연합인데, 이것은 도이치 제국이 아무리 강력하다 해도 인간의 척도로는 대적할 수가 없는 연합이고, 또한 도이치 제국이 1871년에 이룩한 것을 넘어서는 순간 부딪치게 될 연합이기도 했다.

비스마르크는 깊은 모욕감을 느꼈다. 자신이 취한 위협의 몸짓이 어디까지나 방어용이지 공격용이 아니라고 생각했기 때문인데, 그래서 당시 정권을 잡고 있던 영국과 러시아의 정치가들에게, 특히 러시아 총리인 고르차코프Alexander Gorchakov에게 깊은 개인적인 실망감을 드러냈다. 또 다른 점이 더욱 중요했다. 1875년의 이런 '전쟁 코앞까지 가는 위기' 이후로는, 연합의 '악몽'이 프랑스의 복수라는 '악몽'을 대신하게 된 것이다. 그리고 바로 이 순간부터 비스마르크가 활발한 평화 정책을 펼쳤다고 말할 수가 있다. 유럽 강대국들 사이의 전쟁 방지가 곧 도이치 제국의 이익이라고 보는 정책이다. 오늘날 비스마르크의 명성을 만들어낸 것은 바로 이 평화 정책이다. 하지만 그가 도이치 제국이 위험한 상황에 연루되는 일들을 막는 것에 실제로도 성공했는가는 의문의 여지가 있다.

비스마르크는 1877년에 나온 저 유명한 '키싱엔 문서'Kissinger Diktat에서 자신의 평화 정책의 원칙을 적었는데, 그 핵심은 다음과 같다. "내 눈앞에 보이는 모습은 그 어떤 나라를 우리 편으로 하자는 원칙이 아니다. 유럽에서 프랑스를 제외한 모든 강대국이 우리를 원하도록 하며, 그들 상호간의 관계를 통해 우리 나라에 맞선 그 어떤 연합의 가능성도 아예 막아버리는 정치 상황을 만든다는 원칙이다." 처음에는 여기에 하나의 각주가 붙었다. '프랑스를 제외한'이라는 부분에 붙은 각주였다. 1860년에 비스마르크는 당시 자신의 멘토이던 레오폴트 폰 게를라흐Leopold von Gerlach에게 이렇게 써 보냈다. 모든 의혹에도 불구하고, "총 64개 자리 중 16개가 처음부터 금지되어 있다면 장기를 둘 수 없기 때문"에 자기로서는 프랑스와 함께할 가능성도 열어두는 수밖에 없다는 내용이었다. 이제 그는 이런 제한을 피할 수 없는 것으로 받아들인 것이다. 곰곰이 생각해본다면 그야말로 두려운 핸디캡이다.

그 밖에도 비스마르크의 정책은 많은 것을 엄격하게 단념한다는 뜻이었다. 그 정책은 다음의 다섯 가지 핵심으로 요약된다.

1. 유럽에서의 영토 확장을 단념
2. 같은 맥락에서 도이칠란트는 모든 팽창 노력, 특히 '큰도이치' 노력을 중지함
3. 제국 건설에서 배제된 '구제받지 못한' 도이치 사람들, 특히 오스트리아와 발트 도이치 사람들의 합병 소망을 지속적으로 거부함
4. 나머지 유럽 열강들의 해외 식민지 정책에 동참하지 않음. 이는 강대국들의 관심을 밖으로, 곧 '주변으로' 돌림으로써 유럽 중앙부에 맞선 연합을 막도록 해준다.
5. 필요하다면 설사 도이치 제국이 직접 참가하지 않거나 무관한 전쟁이라도, 유럽 내부에서 전쟁이 일어나는 것을 적극적으로 막는다. 도이치 제국은 '유럽이라는 오뚝이의 무게추'가 되어야 한다. 유럽의 전쟁에는 퍼져 나가려는 타고난 성향이 과거나 지금이나 존재하고 있음을 깨닫고 그렇게 해야 한다.

전체적으로 보아 극히 존중할 만한 평화 정책이었지만, 비스마르크 이후 도이치 제국이 단 한 번도 따르지 않은 정책이기도 했다. 그것 말고도 이런 정책이 당시 도이칠란트에서 인기가 있었다고 말할 수도 없다. 이와는 달리 빌헬름 〔2세〕 황제 시대 도이칠란트의 '세계정책'의 역동성, 바이마르 공화국의 국경 수정주의•, 히틀러의 정복 정책 등은 언제나 엄청난 열광을 만들어냈다. 진짜로 특이한 일은, 비스마르크 자신이 최고의 선의와 가장 위대한 정치적 능력에도 불구하고, 도이치 제국이 위험에 연루되는 것을 막지 못했다는 사실이다. 이런 의미에서 비스마르크 시대 역사는, 그의 제국이 본래부터 불운한, 어쩌면 구제할 길 없는 방식으로 성립되었다는 생각을 불러일으킨다. 비스마르크의 모든 후계자들에게서 분명히 피할 수 있었을 잘못들을 입증할 수 있다. 하지만 도이치 제국을 유지하고 견고하게 만들어 이웃 나라들이 이 나라를 확고한 유럽 국가 제도의 분명한 일부로 받아들이도록, 또는 없어서는 안 되는 구성 요소로 여기도록 만들려고 한다면, 1871년 이후의 비스마르크보다 더 나은 사람은 없었을 것이다. 그런 그마저 실패했다면—어쩌면 잘못은 사태 자체에 들어 있었던 것이 아닐까?

위에서 상세히 설명한 대외 프로그램의 처음 세 개를 비스마르크는 수많은 불평과 반대에도 불구하고 철통같이 지켰다. 1884~1885

• 국경 수정주의란, 실지(失地) 회복이나 영토의 확장 등 현재 국경선의 변경을 지향한다는 뜻.

년에 일시적으로 네 번째 원칙인 식민지 금지 조항을 어겼다. 하지만 그것은 1878년 베를린 국제회의에서 이룩한 다섯 번째 강령의 가장 위대한 승리, 곧 위기관리를 통한 유럽의 전쟁 방지만큼 그렇게 큰 재앙을 초래하지는 않았다. 이제 돌아보면 분명히 보이는 일이지만, 바로 이 베를린 회의와 더불어 1차 대전에 이르는 도이치 제국의 길이 시작되었다.

먼저 자신의 강령을 위반한 비스마르크의 식민지 정책부터 시작하자. 시기적으로는 훨씬 더 나중에 오지만, 더 빨리 정리할 수 있기 때문이다. 이는 입증할 만한 장기적 성과도 없는 이상한 에피소드다.

1884년과 1885년에 비스마르크는 도이치 무역 업체들의 민간 식민지들이 자리 잡은 네 개의 거대한 아프리카 지역을 공식적인 도이치 제국의 보호령으로 선포했다. 토고, 카메룬, 도이치령 동아프리카, 도이치령 서남아프리카 등이었다. 그 사실 자체는 확실하다. 다만 비스마르크가 이렇게 행동한 이유를 두고 역사가들은 아직도 합의를 보지 못하고 있다. 이 문제에 대해 가장 포괄적인 연구서를 내놓은 한스 울리히 벨러Hans Ulrich Wehler는 이것을 '사회제국주의'Sozialimperialismus라는 열쇳말로 묶었다. 여기서 그는 비스마르크가 런던 주재 도이치 대사에게(이 새로운 식민지 정책이 유발한 도이치-영국의 갈등으로 인해 이 문제에는 전혀 적합한 사람이 아니던) 1885년 1월에 써 보낸 말을 그대로 인용했다. 비스마르크에 따르면 식민지 문제는 '국내 정치의 이유에서' 생사生死가 달린 문제가 되었다는 것이다. 하지만 이것은 그냥 이 수수께끼를 저 수수께끼로 대신한 것일 뿐이다. 여기서 '국내 정치의 이유'란 게 대체 무엇인가? 벨러는 가능한 국내의 동기들을 한 무더기나 내놓았다. 1882년부터 특히 심해진 경제 침체, 공공 여론이 탈출구로 여기던 '식민지 망상', 분할되지 않은 아프리카 지역이 차츰 줄어들면서 생겨난 마감 시간 공포, 1884년의 선거전, 당시 새로운 종류의 사회보장 정책과 동시에 나타난 식민지 정책, 그리고 특히 벌써 10년도 더 전에 이루어진 제국 창설의 승리감이 퇴색함에 따라 새로운 국내 통합 인자를 만들어낼 필요성 등등을 거론한 것이다.

하지만 벨러가 그냥 '부수적인 요소'라고 치부한 다른 원인이 내게는 더욱 설득력을 갖는다. 그에 따르면 갑작스런 식민지 정책이 야기한 영국과의 갈등은, 1884~1885년에 비스마르크가 의도적으로 만들어낸 것이다. 그것도 분명히 국내적인, 거의 개인적인 이유에서였다. 〔미래의 황제인〕 프리드리히 3세 황제 치하에서 위협적인 〔도이치판〕 자유주의 '글래드스턴• 내각'이 등장하리라는 예측에 따른 포석이었던 것이다. 뒷날 제국총리가 된 뷜로Bernhard von Bülow의 증언에 따르면, 비스마르크의 아들 헤르베르트Herbert von Bismarck가 뷜로에게 이렇게 털어놓았다고 한다. "우리가 식민지 정책을 시작했을 때 황

• 윌리엄 글래드스턴(William E. Gladstone, 1809~1898): 영국의 정치가. 자유당 당수로서 1868년 이후 네 차례 수상을 지냈다.

태자는 아직 병들기 전이었고, 우리는 그의 긴 통치 기간을 준비할 수 밖에 없었다. 그것도 영국의 영향력이 지배하는 긴 통치 기간을. 이것을 막으려면, 언제라도 영국과의 갈등을 만들어낼 수가 있는 식민지 정책이 도입되어야 했다."• 이런 맥락에서 비스마르크 자신의 더 분명하고 덜 직접적인 발언도 있다. 이런 설명이 맞다면, 비스마르크가 갑자기 식민지 정책으로 전환한 '국내 정치의 이유'는 아주 분명해진다. 비스마르크는 이런 방향 전환을 통해 자신의 총리직을 지키려고 사전 투쟁을 벌이고 있었던 것이다. 그런 그를 비난하기 전에 먼저, 그가 영국과의 식민지 갈등을 통제 가능한 것으로 여기고, 자기 자신은 대체 불가능하다고 여겼다는 사실을 생각해야 한다. 이런 그의 생각은 아주 틀린 것만도 아니었다.

비스마르크가 단 한 번도 독재자가 아니었으며, 헌법에 따른 통치자가 아니었다는 사실을 잊어서는 안 된다. 그는 언제나 해임이 가능한 프로이센의 총리이자 도이치 제국총리였다. 제국의 처음에 거의 20년에 걸친 '비스마르크 시대'가 있었다는 것이 헌법적으로는 오

• 프리드리히 3세는 1888년 3월 빌헬름 1세가 서거하면서 56세의 나이로 도이치 제국의 황제가 되었다. 하지만 당시 그는 이미 후두암에 걸린 상태였고, 99일 만인 6월에 사망하면서 그의 아들 빌헬름 2세가 29세로 제위에 오르게 된다. 후두암에 걸리기 전의 황태자 시절 프리드리히 3세는 군사적인 색채가 강한 프로이센의 정치체제를 영국식 의회 중심 체제로 변경시켜야 한다는 생각을 가지고 있었고 그것을 실현하는 데 필요한 방안도 구상하고 있었다. 그는 처가인 영국 왕가와 좋은 관계를 유지했고, 그의 아내는 비스마르크와의 사이가 불편했다고 한다. 그러나 이미 중환자로 제위에 오른 프리드리히 3세는 자기의 재임 기간이 길지 않을 것을 예상하고 국정에 개입하지 않은 채 비스마르크에게 그대로 국정을 맡겨두었다.

히려 비정상으로서, 이것은 오로지 빌헬름 1세 황제가 예상 밖으로 장수했다는 사실로만 설명된다. 비스마르크의 총리직은 언제나, 황제가 자발적으로든 아니면 압력을 받아서든 자기편이 되어준다는 사실에만 의존했던 것이다. 빌헬름 2세가 즉위한 직후에 아주 분명하게 드러난 사실이기도 했다. 그러니까 1884년에 빌헬름 1세 황제는 이미 나이가 아주 많았으니, 언제라도 그의 자연사에 대비해야 할 상황이었다. 뒤를 이어 황제가 될 황태자 프리드리히는 자유주의자로서 영국 공주와 혼인했다. 그는 아내의 영향을 안 받는 사람이 아니었고, 자기가 국내에서 더욱 자유주의 노선을 취할 것이며, 대외적으로는 영국에 의존하는 정책을 펼칠 것임을 공공연히 선언한 상태였다. 그것을 방지하기 위해, 황제가 비스마르크 대신 전혀 다른 생각을 가진 제국총리를 임명하는 것을 어렵게 만들려고 비스마르크는 국내의 반反영국 정서가 필요했고, 또한 내 생각으로는 식민지 정책을 통해 의도적으로 그런 정서에 불을 붙였던 것이다. 1880년대 후반에 비스마르크가 식민지 정책을 뜨거운 감자처럼 떨어뜨려 버렸다는 사실이 이런 해석에 힘을 실어준다. 그때는 늙은 황제가 예상 밖으로 거의 92세까지 살고 있는데, 황태자는 중병에 걸려 있었다. 이로써 도이치판 '글래드스턴 내각'의 위협은 사라지고, 비스마르크의 지위는 확실해졌으며, 식민지에 대한 그의 관심은 불타오를 때만큼이나 급격하게 꺼졌다. 식민지 정책에 대한 비스마르크의 유명한 발언은 1888년에 나왔다. 이때 그는 자기를 찾아와 거대한 아프리카 지도를 펼쳐놓고,

여기에 얼마나 많은 자원이 있는지를 설명한 열렬한 식민주의자에게 이렇게 말했다. "당신의 아프리카 지도는 매우 아름다운 것이오. 하지만 나의 아프리카 지도는 유럽에 있소. 여기 러시아가, 여기 프랑스가 있고, 우리는 그 가운데에 있소. 이것이 내 아프리카 지도요."

도이칠란트에서 '사회[주의]제국주의' 세계 강대국 소망은 계속 살아남아 있다가, 비스마르크가 물러난 다음 완전히 효력을 발휘했다. 비스마르크는 1884~1885년에 잠깐 빠져들긴 했지만, 전체적으로 보면 식민지에서 물러선 사람이었다고 말할 수 있을 것이다. 그는 거듭 이렇게 강조했다. 식민지를 두고 경쟁하는 것, 세계 강대국이 되려고 경쟁하는 것은 도이칠란트에 주어진 일이 아니다. 우리는 그런 일을 벌일 여력이 없다. 도이칠란트는 유럽 내부의 지위를 유지하고 확보할 수 있다면 만족해야 한다.

그럼에도 불구하고 비스마르크의 도이칠란트는 1877년의 키싱엔 문서 직후에 벌써 유럽 안에서 위기에 빠졌다. 그것도 19세기 내내 유럽의 위기들을 야기한 유럽 동남부 가장자리에서의 지속적인 사건, 곧 오스만 제국이 서서히 해체되면서 나타나는 발칸 반도의 기독교도, 특히 대다수 슬라브 주민들의 독립 열망을 통해서였다.

러시아는 발칸 주민들의 이런 반反터키 해방운동을 두 가지 관점에서 받아들였다. 첫째로 러시아에서의 이데올로기, 즉 범凡슬라브 운동의 관점에서, 둘째로는 힘의 정책의 관점에서, 곧 지중해로의 진출이라는 관점에서 받아들였다. 어느 쪽이든 러시아의 목표는 어떤 형태로든 터키 해협의 통제권을 갖게 되어 러시아 함대가 지중해로 들어가고, 동시에 당시 지중해를 지배하던 영국 함대가 흑해로 들어오는 것을 막는 것이었다.

이데올로기와 힘의 정책이 힘을 합쳐서 1877~1878년의 러시아-터키 전쟁이 일어났고, 이 전쟁에서 러시아는 터키의 유럽 영토 대부분에서 터키인들을 몰아내고 마지막에는 콘스탄티노플(=이스탄불)의 문 앞에 이르렀다. 그것이 유럽에 위기를 불러들였다. 터키의 뒤를 이어 발칸 반도를 지배하는 문제를 두고 항상 러시아와 경쟁 관계에 있던 오스트리아와, 러시아가 지중해로 들어오기를 원치 않던 영국이 러시아-터키 전쟁의 결과를 무효로 만들려고 했다. 그러자 비스마르크와 도이치 제국은 당혹스런 처지에 빠졌다. 키싱엔 문서에서 이미 제국총리는 도이치 제국이 유럽이라는 오뚝이의 무게추가 되어야 한다고 말한 바가 있었다. 그것은 상당한 제국의 영향력을 발휘하여, 그 자체로 도이칠란트의 문제가 아닌 유럽의 위기에는 끌려 들어가지 않고, 가능한 한 새로운 전쟁에 휘말려서는 안 된다는 뜻이었다. 이제 비스마르크는 도이칠란트의 이익과 유럽의 평화—그가 하나로 묶어서 바라보던—를 위해 개입할 필요성을 느꼈다. 러시아가 한편에, 영국과 오스트리아가 다른 한편에 서서 벌이는, 점차 다가오는 거대한 전쟁을 막아야 한다고 느꼈던 것이다.

이런 맥락에서 비스마르크는 '정직한 중재인'이라는 유명한 말을 했다. 전체적으로 인용하자면, 전략적인 자제심과 가벼운 거부감을 품고 비스마르크는 유럽의 평화 조정자 역할을 떠맡았다. 1878년 의회 연설에서 그는 이렇게 말했다. "나는 평화의 중재라는 것을, 서로 나뉜 관점들을 두고 우리가 판관 노릇을 하고, 도이치 제국의 힘을 배후에 보이면서 '이래야 옳다'라고 말하는 것이라고 생각하지는 않는다. 그보다는 더욱 겸손하게, 정말로 일을 성사시키려는 정직한 중재인의 역할을 하는 것이라고 생각한다. 오스트리아와 러시아가 서로 합의에 이를 수 없다면, 오스트리아와 러시아 사이에서 우리가 할 수 있는 좋은 친구의 역할을, 영국과 러시아 사이에서도 상황에 따라 할 수 있다고 믿는다."

이것은 매우 위험한 임무에 접근하는 매우 조심스러운 방법이었다. 비스마르크가 도이치 제국의 지정학적 위치와 더욱 커진 힘으로 인해 거의 강제로 주어진 이런 중재자 노릇을, 자신의 의지에 반해 억지로 떠맡아야 한다고 느꼈던 것을 볼 수 있다. 그리고 정말로 이런 역할은 치명적인 결과를 불러왔다. 1878년 베를린 국제회의는 처음에는 위협적인 전쟁을 막고 보편적인 규칙을 만들어내서, 모든 당사국이 어느 정도 불만스러워하면서도 어느 정도는 만족했고 다음 몇십 년 동안 유럽에 축복으로 작용했지만, 도이칠란트-러시아 관계에 두려운 영향을 남겼다. 잠깐만 더 여기 머물러 생각해보아야 한다. 폴란드 분할 이후로, 실제로는 나폴레옹에 맞선 해방전쟁 이후로 프로이센은 러시아에 대해서, 오늘날 동독이 소련에 대해 갖는 것과 비슷한 관계를 가졌다. 러시아와 밀접한 동맹을 맺은, 러시아의 우정에 상당

부분 의존하는 국가, 덩치도 훨씬 작고 힘으로도 러시아보다 훨씬 덜 중요하지만 그러면서도 러시아에 쓸모가 있는 나라였다. 러시아와 프로이센 사이의 지난 백 년 동안의 밀접한 정치적 동맹 관계는 그런 모습이었다. 그러다가 1866년과 1870년의 전쟁이 있었다. 러시아는 당시 비스마르크의 프로이센에 배후 지원을 제공했다. 프로이센은 오스트리아와의 전쟁, 뒷날 프랑스와의 전쟁을 감행하고, 프로이센 주도의 도이칠란트로 통일하는 데 러시아의 지원이 필요했다.

러시아는 이 과정에서 두 가지 믿음을 지녔다. 첫째로 옛날 프로이센의 우정과 종속적인 관계가 계속될 것이고, 도이치 제국이 프로이센의 지휘를 받는다는 사실로 보면 이는 당연히 러시아에 유리한 일이 될 것이라고 믿었다. 둘째로는 1866년과 1870년 러시아의 중립적 태도를 통해, 도이치 제국의 간접적인 감사, 곧 보상에 대한 권리를 획득했다고 믿었다.

그런데 비스마르크는 보답은커녕, 1866년과 1870년에도—적잖이 러시아의 도움으로—그토록 힘들게 피했던 일, 곧 양대 전선戰線 전쟁을 유럽 국제회의의 의제로 만든 것이었다. 그리고 이 회의에서 러시아의 이익이 현저히 줄어들었다.

비스마르크는 뒷날, 베를린 회의에서 자기가 러시아의 추가 대표 노릇을 했노라고 주장했다. 물론 이 회의가 러시아에 가져온 엄청난 실망을 가능한 한 완화하는 일이 그에게는 매우 중요한 일이었을 것이다. 그렇다 해도 그가 회의 자체를 통해서나 회의 규정들을 통해 러시아를 방해했다는 사실이 변하지는 않는다. 비스마르크는 승리한 러시아에서 그 승리의 열매 일부를 없앤 것이다. 거기 덧붙여서 전쟁도 하지 않은, 발칸에서 러시아의 경쟁자인 오스트리아가 아무런 공로도 없이 보상을 받도록, 곧 보스니아와 헤르체고비나를 점령할 권리를 갖도록 만들었다. 러시아가 깊이 실망하고 분노했다는 것, 그리고 당시 러시아 언론과 외교가에서, 심지어는 왕가王家들의 관계에도, 1878년과 1879년에 강력한 반反도이치, 반비스마르크 분위기가 나타난 것을 이해할 수가 있다. 이에 화가 난 비스마르크는 1879년에 오스트리아-헝가리 이중국가와 동맹을 맺는 것으로 그에 대응했다.

그야말로 깊은 균열이었다! 1867년의 정책이 뒤집어졌다고 말할 수 있을 정도다. 당시 비스마르크는 러시아의 비호를 받아 오스트리아를 도이칠란트에서 몰아냈다. 이번에는 오스트리아가 러시아에 맞서 비스마르크의 도이칠란트와 동맹을 맺은 것이다.

도이치-오스트리아 동맹은 비스마르크의 관점에서는 어쩌면 지속적인 방향으로 생각된 것이 아니었을지도 모른다. 하지만 지속적인 방향이 되었다. 시간이 흐르면서 도이치-오스트리아 동맹은 러시아-프랑스 동맹을 초래했다. 우리는 1979년 조지 케넌•의 대형 연구서가 나온 뒤로 모든 것을 알게 되었다. 러시아-프랑스 동맹은 1890

• 조지 케넌(Goerge F. Kennan, 1904~2005): 미국의 역사가. 여기서 말하는 저술은 *The Decline of Bismarck's European Order: Franco-Russian Relations, 1875~1890*(1979).

년대의 임기응변이 아니었다. 그것은 1879년 도이치-오스트리아 동맹 이후로 꾸준히 생성되었다. 바로 도이치-오스트리아 동맹에 그 뿌리를 둔 것이다. 물론 이 두 동맹의 상황은 늘 약간씩 삐걱댔다. 러시아는 도이칠란트와 직접적인 갈등을 겪지 않았고, 프랑스는 오스트리아와 직접적인 갈등이 없었다. 하지만 도이칠란트와 오스트리아는 이제 동맹국이었다. 그로 인해 러시아와 프랑스에서는 도이치-오스트리아 동맹에 대응하려는 경향이 점점 더 강해졌다.

비스마르크는 자신의 통치 기간 중에 대단한 기술로 그런 경향을 뒤로 밀어냈다. 하지만 그런 기술은 결국은 곡예에 지나지 않았다. 1881년에 그는 페테르부르크와 베를린 사이의 깊은 불쾌감, 그리고 페테르부르크와 빈 사이의 지속적인 적대감에도 불구하고 이 세 나라〔도이치-오스트리아-러시아〕 사이에 일종의 동맹을 맺는 데 성공했다. 곧 삼〔황〕제동맹이었다. 엄청난 노력을 기울여 억지스런 이유들을 달고 나온 동맹이었다. 자유민주주의 서방에 대항하여 낡은 군주국들 사이의 연대감을 들먹인 것인데, 거의 좀약 상자에서 꺼내 온 것이나 다를 바가 없었다. 그나마 삼제동맹은 겨우 6년간 지속되었다. 너무 억지스러웠고, 자연적인 흐름에 너무 어긋났다. 1880년대 비스마르크의 동맹 정책은 매우 대가大家적 의지와 거의 뻔뻔스러운 요소를 지녔다.

1882년에 비스마르크는 그보다 못하지 않게 부자연스런 또 다른 동맹을 성사시켰다. 곧 도이치-오스트리아-이탈리아 삼국동맹이었다. 이번에도 도이칠란트의 중재 아래 두 적대국을 인위적인 동맹국으로 만든 경우였다. 오스트리아와 이탈리아는, 당시 오스트리아에 속했지만 이탈리아로서는 떼어낼 수 없는 이탈리아 영토인 트렌티노Trentino와 트리에스테Trieste 지역 문제의 갈등으로 인해 극히 자연스러운 적대 관계에 있었다. 오스트리아와 러시아는 발칸 반도 지배권을 두고 아직도 적대 관계였다.

1886년에 삼제동맹이 깨졌을 때 비스마르크는 허용되지 않는 행동을 했다. 동맹국 오스트리아의 뒤에서 몰래 도이치-오스트리아 동맹에 정면으로 위배되는 일, 곧 러시아와의 비밀 계약을 맺은 것이다. 이른바 배후 안전 계약이다. '배후 안전 계약'은 러시아에게 불가리아에서의 패권을 인정하고, 심지어 러시아가 콘스탄티노플을 점령하려 할 경우 호의적인 중립을 약속하는 것이었다. 이 동맹은 1879년의 오스트리아와의 동맹을 속이는 것일뿐더러 심지어는 베를린 국제회의에서 비스마르크가 맡은 '정직한 중재인' 노릇조차 기만하는 행위였다. 비스마르크를 변명하기 위해 다음과 같은 말들이 나왔다. 그가 1880년대의 여러 동맹을 맺은 것은 보통 동맹이 목표로 하는 것, 곧 미래의 전쟁을 예비하기 위해서가 아니라, 이 시기 곡예 비슷한 온갖 모순된 동맹 정책을 통해 미래 전쟁을 막으려 한 것이라고 말이다.

그 점은 인정해줄 수 있을 것이다. 1880년대 후반 도이칠란트와 오스트리아의 참모부가 부지런히 러시아에 맞선 예방전쟁의 계획을 만지작거리고 있을 때, 그는 군사 내각의 수장에게 이렇게 써 보냈다.

"우리의 정책은 가능한 한 전쟁을 미루고자 하는 것이 아니라 완전히 막으려는 것이다. 나는 다른 정책에는 동참할 수 없다."

비스마르크가 당시 도이치 제국의 이해를 정말로 유럽 평화의 이해와 동일시했다는 것을 입증해줄 1880년대 후반의 수많은 비스마르크의 발언들을 인용할 수가 있다. 이들은 내부 업무용으로 작성된 것이니 만큼 더욱 신뢰할 수 있는 발언들이다. 그의 뒤를 이은 후계자들 중에 아무도 그토록 확고하게 그런 생각을 갖지 않았고, 따라서 비스마르크가 깊은 비관론의 태도를 지녔던 것도 비난할 수만은 없는 일이다. (그는 1886년 전쟁부 장관에게 보낸 편지에서 이렇게 말했다. "우리가 신의 뜻에 따라 다음번 전쟁에서 패배하는 일이라도 생긴다면, 승리한 적들은 모든 수단을 동원하여 우리가 다시는, 또는 다음 한 세대 동안이라도 다시는 두 발로 설 수 없게 만들 것이라는 사실을 나는 의심하지 않는다. 승리한 세력들이 원래의 도이칠란트가 얼마나 강한지를 이미 보았기 때문이다…… 전쟁에서 불운을 겪게 된다면 현재의 제국을 유지하는 일도 기대할 수 없을 것이다.") 제국 건설 이후 비스마르크의 정책은, 그가 총리로 남아 있는 동안 도이치 제국이 유지한, 중단 없는 평화 정책이었다.

그런데도 비스마르크는 정치가로서의 유능함과 최고의 정직한 의도를 지녔음에도 불구하고, 자기가 이루고자 했던 것을 자기 시대에 완전히 이루지 못했다. 그 자신이 제국 건설 과정에서 강대국 프랑스와의 갈등을 통해 도이치 제국에 지속적인 적, '불구대천 원수'를 만들어냈다. 그리고 베를린 국제회의와 그 이후의 정책을 통해 프랑스와 영국이 동맹을 맺을 길을 닦아놓았다. 동시에 그가 막아보려고 노력하기는 했어도 분명히 눈에 보이는 갈등을 속에 지닌 채로, 비스마르크는 오스트리아와 친밀한 관계를 맺었다. 비스마르크의 도이칠란트와는 반대로 오스트리아는 만족한 나라가 아니었기 때문이다. 오스트리아는 러시아와 마찬가지로 당시 유럽의 [광대한] 터키 영토를 물려받으려고 했다. 그를 통해 오스트리아와 러시아 사이에는 장래의 갈등이 마련되어 있었다. 비스마르크가 통치하던 도이칠란트는 그의 가장 깊은 의도와는 반대로, 1878~1879년에 이미 이 갈등에 연루되어 다시는 빠져나오지 못했다. 잘 알려져 있다시피 러시아-오스트리아 갈등은 1914년에 1차 대전을 만들어낸 직접 원인이 된다. 하지만 1차 대전의 배후에는 (1884~1885년의 반反영국 정책에도 불구하고) 비스마르크가 만들어내지 않은 또 다른 갈등이 있었다. 바로 도이치 제국과 영국 사이의 갈등이었다. 이는 비스마르크 시대 이후, 빌헬름 황제의 '세계정책'의 결과였다.

황제 시대

1890년 비스마르크의 퇴임은 직접적인 결과 두 가지를 불러왔다. 사회주의자 〔박해〕법〔61쪽 참조〕이 연장되지 않았고, 외교적으로는 러시아와의 배후 안전 계약이 연장되지 않았다. 이 두 가지는 장기적인 영향을 남겼다. 즉시 러시아와의 깊은 불화가 나타났다는 것이 아니며, 사민당의 사정이 즉시 달라졌다는 것도 아니다. 하지만 사민당 이야기부터 하자면, 그렇기에 장기적으로는 더욱 많이 변했다. 이어지는 기간에 사민당은 차츰 혁명정당이기를 중지하고 개혁정당이 되었다.

이와 더불어 먼저 빌헬름 〔2세〕 황제 제국의 국내 정책부터 다루기로 하자. 비스마르크의 퇴임 직후에 벌써 거대한 분위기 변화가 나타나서는 1914년 전쟁이 발발할 때까지 점점 더 분명해졌다. 앞서 이미 말했듯이 비스마르크 시대 제국은 국내 정치만 보면 행복한 나라가 아니었다. 전체적으로 도이칠란트의 거의 모든 정치 세력에게 억압과 불만의 시기였다. 게다가 항구적인 불황의 시대였고, 이런 불황은 비스마르크가 물러난 뒤로도 몇 해 더 계속되었다. 1895년에 경제적 활황과 호황이 나타났다. 이해에 등장한 호황기는 1차 대전까지 거의 꾸준히 지속되었다. 1901년과 1908년에만 작은 불경기가 등장했고, 전체적으로 황제 시대는 경제적 호황과 노동계급까지 포괄하는 번영의 시기였다. 그 이유가 무엇이었느냐에 대해서는 오늘날까지도 수수께끼가 완전히 풀리지 않았다. 이 또한 그리 놀랄 일은 아닌데, 장기적인 경제 예측이란 오늘날에도 힘들기 때문이다.

그렇다고는 해도 여기서 확인하기 좋은 명쾌한 이론이 존재하기는 한다. 경제의 호황은 대규모 기술혁신과 연결된다는 슘페터·콘드라티예프Schumpeter & Kondratjew 장기파동가설이 그것이다. 기술상의 또는 학술적인 혁신이 없으면, 경제는 정체 또는 상황에 따라 후퇴하기 시작한다. 비스마르크 시대 전체가 그랬다. 산업혁명은 그 이전에 있었다. 곧 증기기관 기계와 철도의 시대, 강철의 시대였다. 옛날의 공장제 수공업은 19세기 중간에 기계화된 공장들로 바뀌었고, 이어서 오랫동안 1870년대와 1880년대에 새로운 것이 나타나지 않았다. 물론 이미 존재하던 것은 계속되었다. 철도가 계속 건설되고, 기존의 산업체에서 노동자들이 계속 일했고, 산업체들은 엄청나게 확장되었다. 그런데도 전체적으로는 그 어떤 경제적 추진력도 없는 시대였다. 그런 시기가 1873년부터 1895년까지 이어졌다. 1890년대에 여러 혁신들이 한꺼번에 나타났다. 무엇보다도 전반적인 전기화가 이루어졌고, 자동차와 무선전신이 시작되었다. 이런 혁신이 낡은 것에 새로운 활기를 불어넣었다.

이런 경제의 발전 과정은 맨 먼저 사회적으로 작용했고, 이어서 정치에도 작용하면서 계급투쟁이 전반적으로 차츰 날카로움을 잃었다. 당시는 노동자가 단순한 비용費用인자일 뿐만 아니라 소비자이기도 하다는 것, 따라서 노동조합과 어느 정도의 투쟁을 거친 다음 계속 임금을 올리기로 합의하는 것이 기업에도 이익이라는 뒷날의 큰 발견들이 아직 이루어지기 전이었다. 그렇긴 해도 노동력이 점점 부족해졌고, 노동조합들이 어느 정도 역할을 하기 시작했으며, 고용주는 가능한 한 낮은 임금을 지불한다는 옛날의 '완고한 임금법'에서 차츰 스스로 벗어나거나 아니면 억지로라도 물러나게 되었다. 이것은 사회의 평화를 의미했고, 사회의 평화는 정치에도 영향을 미쳤다. 특히 사민당의 발전에 영향을 미쳤다.

도이치 사민당은 처음 창설 시기에는 사회를 완전히 바꾸려는 혁명정당이었다. 제1차 인터내셔널 이후로 이런 경향은 더욱 강해졌다. 사민당은 세계혁명의 정당이 된 것이다. 물론 이론적으로만 그랬다. 혁명이란 언제나 어느 정도 미래의 것이니까. 하지만 1890년대 중반까지도 혁명은 사민당의 강령으로 남아 있었다. 그러다가 사민당 안에서 '수정주의'라는 이름으로 알려진 방향이 차츰 발전되어 나왔다. 수정주의자들의 주장은 이랬다. 우리는 혁명이 필요하지 않다. 우리는 현재 있는 그대로의 사회 속으로, 국가 속으로 천천히 들어가서 어느 날인가 국가를 접수할 수 있어야 한다.

이런 발전은 처음에 당에서 공식적으로 관철되지는 않았다. 당대회의 영원한 수정주의 논쟁에서 수정주의자들은 정기적으로 패배했다. 하지만 그런데도 모르는 사이에 점점 강해졌다. 그것은 1914년에 사민당이 전쟁에 동참하고, 나아가 1918년의 패전 이후에 당수인 프리드리히 에버트Friedrich Ebert가 표현한 것처럼 '돌파구를 찾아낼' 각오가 되었을 때 아주 분명히 드러났다. 물론 그 모든 것은 미래의 발전들이긴 하다. 1914년과 1918년의 사건들을 보면서 우리는, 비록 강령으로 선포되지는 않았을지라도 황제 시대에 이미 국내 정치의 분위기가 얼마나 긴장이 완화되었는지를 알 수가 있다. 황제 시대에는 프로이센 헌법 갈등이나 문화투쟁, 사회주의 박해 같은 것이 없었다. 여러 정당들이 어울린 의회는 국내 정치에서 통치를 위해 점점 더 중요해졌는데, 정부는 의회에서 새로운 법률안을 계속 통과시켜야 했기 때문이다. (황제 시대는 위대한 법전 편찬의 시대였다. 무엇보다 1900년의 시민법전은 엄밀한 의미에서 세기의 작품이었으니, 가족법만 제외하고는 오늘날에도 여전히 연방공화국[=서독]에서 효력을 지닌다.) 하지만 그 밖에도 이 시기에, 민주화라고까지 말하고 싶지는 않지만—그러면 과장이 될 테니까—장래 민주화의 조용한 사전事前 정지 작업이라 할 수 있는 대중 정치화가 이루어졌다.

나는 이로써 도이치 역사 편찬의 방향에서 아직도 여전히 강력한 노선에 대립하는 입장을 밝히고자 한다. 이 학파는 빌헬름 시대 도이치 제국의 대외 팽창정책이 국내 정치에 의해 결정되었다고 주장한다. 국내의 긴장을 외부로 돌리기 위해 심지어는 그런 팽창정책이 필요하기까지 했다는 것. 이는 내게는 맞지 않는 말로 생각된다. 1890년부터 1914년까지 24년 동안 도이치 제국에서 국내의 사회·정치의 긴장은 강해진 것이 아니라 줄어들었다. 다른 나라들과 비교해보아도 이 이론은 맞지 않는 것으로 생각된다. 이 기간 대부분의 다른 나라에서 국내 정치의 긴장은 도이치 제국보다 훨씬 더 강했다. 프랑스는 드레퓌스 사건으로, 영국은 당시에도 이미 내전의 위험성을 지닌 아일랜드 문제로, 러시아는 1905년의 혁명으로, 오스트리아는 소수민족 문제로 골머리를 앓고 있었다. 이 모든 것에 대해 당시 도이치 제국에는 비슷한 사건이 없었다.

빌헬름 시대는 오히려 국내 정치로 보면 건강한 시대였고, 심지어 행복한 시대였다. 도이치 제국의 짧은 생존 기간 동안 가장 행복한 시대였다. 그러므로 국내 정치의 불운과 국내 정치의 위험이 이 시기 도이치 제국을 자극해서 새로운—그리고 장차 드러나지만 매우 위험한—대외 정책 노선을 찾아내도록 한 것이 아니었다. 그와는 반대로 오히려 이 시기에 발전된 넘치는 힘의 느낌, 조화의 느낌이 그렇게 했다. 당시 모든 계층의 형편이 꾸준히 나아지고 있었다. 이와 더불어 도이치 사람들의 성격 변화가 나타났다. 더 나은 쪽으로 변했다고 말할 수는 없다. 1848년 이전까지, 그리고 비스마르크 시대까지도 도이치 사람들은 근본적으로 소박하고 겸손한 민족이었다. 가장 큰 목적이래야 통일해서 한 지붕 아래 살자는 것이었고, 그 목적은 이루어졌다.

하지만 비스마르크가 물러난 다음에 일종의 '대국大國 감정' 같은 것이 생겨났다. 빌헬름 황제 시대에 매우 많은 도이치 사람들이, 그것도 가능한 모든 계층 출신 사람들이 갑자기 원대한 민족적 전망, 민족적 목적을 눈앞에 그렸다. "우리는 세계적 강대국이 된다, 우리는 전 세계로 퍼져 나간다, 도이칠란트가 전 세계의 앞장에 선다!"는 전망이었다. 동시에 그들의 애국심은 이전과는 다른 성격이 되었다. 이 시기 도이치 사람들을 고무한 '민족주의'는 이제 스스로 아주 특별한 존재, 미래의 강대국이라는 느낌이라기보다는 오히려 의식이었다.

이런 변화는 기술 산업의 발전을 통한 외적 생활의 개선과 보조를 맞추었다. 이제는 전화를 할 수 있고, 전기 스위치를 켤 수가 있고, 아주 진보적일 경우에는 일종의 무선방송을 할 수 있었다. 사람들은 모르는 사이에 새로운 파동에 휩쓸려 들어갔는데, 그것도 도이치 사람이라는 의식을 지닌 채였다. 당시 도이치 사람들은 많은 영역에서 유럽의 선두에 서 있었다. 영국이 아직 느린 속도로, 프랑스는 더욱 느린 속도로 산업화가 계속되었고, 러시아는 이제 겨우 산업화의 초기에 들어서고 있는데, 도이칠란트는 기술-산업 측면에서 놀라운 속도로 현대화되었고, 또한 그에 대한 엄청난 자부심을 지녔다. 유감스럽게도 그 모든 것이 자주 허풍스러운, 지나치게 자의식을 내세운 자기만족의 태도로 바뀌어서, 오늘날 당시의 발언들을 읽다 보면 어느 정도 신경에 거슬릴 정도다.

물론 도이치 제국은 당시 다른 모든 유럽 국가들과 마찬가지로,

계급사회이며 계급국가였다. 상류계급에서는 1879년 비스마르크가 타협안을 내어 보호관세를 도입하고 또 '생산계급들의 카르텔'을 설립한 이후로, 대규모 농업과 대규모 산업 사이에 일종의 평준화가 이루어져 있었다. 여기서 농민은 실제 재산 능력 이상의 발언권을 얻었다. 물론 그것이 어느 정도 시대에 뒤진 요소라고 할 수도 있다.

하지만 황제 시대에 대지주와 대규모 산업 사이의 동맹은 그 성격이 변했다. 이 카르텔 안에서 농업계의 주도적인 힘이 차츰 줄어들면서 산업계의 힘이 점차 커졌다. 비스마르크 재임 중에 이미 도이칠란트는 농업국가에서 광범위하게 산업국가로 넘어가 있었다. 하지만 빌헬름 시대에 비로소 산업계는 미국을 뺀 다른 어떤 나라보다 발전했다. 그리고 산업계는 수단을 확보하자 서슴없이 팽창주의 정책, 제국주의 정책을 요구했다. 도이치 외교정책과 산업계 및 무역업계의 팽창주의가 어느 정도 한데 얽혀 있음을 분명히 볼 수 있다. 그런데도 외교정책이 전환된 진짜 이유들을 여기서 찾을 수는 없다고 나는 생각한다. 점차 커지는 힘의 느낌이 함께 작용하면서, 유럽 강국들의 미래 발전에 대한 달라진 평가에—오늘날에는 분명 잘못된 평가라고 말해야 하는데—오히려 진짜 이유가 들어 있었다.

앞의 장에서 인용했지만, 비스마르크는 1888년에 이렇게 말했다. "나의 아프리카 지도는 유럽에 있소. 여기 러시아가, 여기 프랑스가 있고, 우리는 그 가운데에 있소. 이것이 내 아프리카 지도요." 이로써 그가 말하고자 했던 것은, 도이칠란트는 유럽 문제만으로도 충분히 바쁘고 충분히 제한되어 있으니, 다른 대륙에서의 모험을 포기해야 하고 또 포기할 수 있다는 뜻이었다. 이런 의견은 비스마르크 시대에도 이미 전체의 의견이 아니었거니와 이제는 근본적으로 사정이 달라졌다.

19세기 말과 20세기 초는 유럽의 식민 제국주의 시대였다. 모든 큰 국가들이 유럽을 넘어 유럽 밖으로 확장하려는 '세계정책'을 추구하고, '세계 강대국'이 되려고 했다. 이런 측면에서 영국이 가장 먼저, 그리고 가장 멀리까지 나아갔다. 당시 대영제국은 적어도 겉으로 보기에는 무서울 정도로 강력한 세계 강대국이었다. 프랑스도 아시아에서 거대한 식민 제국을 경영했고, 아프리카에서는 더했다. 러시아는 거대하게 동쪽으로 뻗어 나갔다. 심지어는 네덜란드나 벨기에처럼 작은 국가들도, 나중에는 이탈리아까지도 약간은 식민지 제국을 경영했고, 스페인과 포르투갈은 옛날부터 식민지 제국을 지녀왔다. 당시 유럽 전체에 저항할 길 없는 설득력을 가진 다음과 같은 생각이 나타났다. 단순히 유럽에서의 권력 체제와 세력 균형의 시기는 지나고, 이제 바야흐로 세계 권력 체제가 들어서고 있다. 이 체제에서는 예나 지금이나 세계 패권을 요구해온 유럽의 국가들이 대규모 식민지 제국을 건설하고, 유럽의 세력 균형이 유럽 중심의 세계 세력 균형으로 넘어갈 것이다.

이렇게 생각한다면—그리고 이제 도이칠란트에서도 수많은 주도적 인사들이 이런 생각을 갖게 되었는데—도이치 제국은 산업의 힘에 비해 매우 후진 나라였다. 물론 비스마르크가 한 번 아프리카 식민지 몇 군데를 만들긴 했지만(그런 다음 곧바로 도로 소홀히 한) 그래도 도이치 세계 제국이라고 말할 수는 없었다. 도이칠란트는 여전히 유럽의 강대국일 뿐 세계 강대국은 아니었다. 하지만 이제는 세계 강대국이 되고자 했다. 막스 베버Max Weber는 1895년에, 빌헬름 시대의 모토가 다음과 같은 것이었다고 전했다. "우리는 도이칠란트 통일을 그냥 청소년기의 장난쯤으로 여겨야 한다. 도이치 세계 제국으로 일어서기 위한 것이 아니라면, 민족이 지난날 저지른, 비용을 고려하면 차라리 없었던 편이 더 나은 장난 말이다."〔=세계 제국이 될 것도 아니라면 무엇하러 힘들게 통일했어?〕

이런 세계정책으로 도이치 제국은, 이미 세계 제국인 영국과의 마찰을 피할 수 없게 되었다. 도이치 사람들은 대영제국을 파괴하려던 게 아니었다. 그들은 당시—그리고 뒷날에도—그렇게까지 멀리 나간 적이 없었다. 영국이 주도하는 유럽의 세력 균형이 세계 세력 균형으로 대체되는 판인데, 새로운 판에서 도이칠란트도 이전의 식민지 강대국들과 나란히 하나의 세계 강대국으로 올라서는 한편, 영국은 다른 나라들과 나란히 세계 강대국의 하나라는 지위로 내려와야 마땅하다는 생각이 그들의 눈앞에 떠돌았다. 뒷날의 제국총리 뷜로는 이것을 다음과 같은 공식으로 요약했다. "우리는 그 누구도 그늘로 밀어넣으려는 게 아니다. 그냥 우리도 양지로 들어가자는 것뿐이다."

특이한 것은 빌헬름 시대 도이치 제국이 해외 식민지를 그리 많이 얻지 못했다는 것이다. 1890년대에 제국은 아주 멀리 떨어진 중국에서 자오저우 조차〔=임대〕 계약•(원래 1987년 올해로 만료되는 계약)을 맺었는데, 그것은 대단히 선수를 친 일이었다. 유럽 강대국들 사이에서 장래 중국 분할의 문제가 꾸준히 논의되고 있었으니 말이다. 잘 알려져 있듯이 중국 분할은 실현되지 않았다. 그것 말고는 남태평양에 섬 몇 개를 얻었으나, 이 또한 너무 멀리 떨어져 있어서 진짜로 심각한 문제가 발생하면 유지하기가 몹시 어려운 것이었다. 그 밖에는 이렇다 할 도이치 식민 제국의 영토 확장은 없었고, 뒷날에도 없었다. 언제나 미래의 음악일 뿐이었다.

하지만 도이치 사람들은 자기들의 체계적인 방식에 따라 이렇게 말했다. 도이치 함대의 건설, 곧 '해상 세력'의 건설과 더불어 도이치 세계 강대국의 지위가 시작되어야 한다고 말이다. 뭐, 논리적으로 보이는 일이었다. 세계 강대국이 되려면, 그러니까 식민지 경쟁에 동참하여 전진하고자 한다면, 해외 식민지의 확보를 가능하게 해주고 또 유지하게 해줄 도구, 곧 상당한 함대가 먼저 필요했으니까. 하지만 이런 함대 정책을 통해 영국과 피할 수 없이 새로운 적대 관계로 들어간

• 이른바 교주만(膠州灣) 보호령(das Pachtgebiet von Kiautschaou). 1897년 도이치 선교사 두 명이 중국 산둥 성에서 살해되자 도이치 제국이 군대를 파견하여 오늘날 칭다오를 포함하는 자오저우만을 강제 점령했다. 캬오차오우(Kiautschaou)는 자오저우를 당시 발음대로 적은 것. 원래 99년 동안 조차하기로 계약했으나, 도이칠란트가 1차 대전에 패배하면서 이 땅을 관리할 수 없게 되자, 일본의 손으로 넘어갔다가 1922년 해방되었다. 우리나라에도 널리 알려진 칭다오 맥주는 이때 도이치 사람들이 만든 양조장에서 생산된다.

다는 것도 못지않게 논리적인 사실이었다. 영국은 경쟁력이 있는 거대한 도이치 함대의 건설을 통해 직접 도발을 받았다고 느끼지 않을 수 없을 테니까. 대륙에서 이미 프랑스-러시아 동맹에 마주 서 있는 판이라, 유럽에서 어떤 전쟁이든 도이칠란트에는 필연적으로 양대 전선 전쟁이 된다는 사실을 감안하면, 이는 두 배나 힘든 일이었다. 이런 상황에서는 영국과 가까워지는 일이 중요했고, 당시는 그것이 완전히 불가능한 상황이 아니었다.

비스마르크에서 빌헬름 시대로 넘어가는 과정이 외교정책으로는 상당히 매끈했다는 사실을 앞서 이미 슬쩍 언급했다. 함대 정책은 1898년에 결정되고 시작되었다. 그 사이에 놓인 8년 동안 도이칠란트는, 영국과의 동맹 또는 협약Entente—당시 아직 이런 표현은 없었지만—을 통해서, 오스트리아-헝가리 및 이탈리아와의 삼국동맹을 확장하여 확고하게 만들려는 노력을 할 수가 있었다. 이런 가능성은 비스마르크 시대 마지막 몇 해 동안의 분위기에 드러나 있었다. 당시 영국과 러시아 사이에는, 충돌의 가능성을 포함하는 지속적인 적대감이 존재했다. 1878년 베를린 국제회의가 이미 무엇보다도 영국-러시아 전쟁을 막으려는 비스마르크의 노력이었다. 1887년에 이런 적대감이 다시 강력하게 불거지면서, 이른바 지중해 연합이 결성되었다. 이는 오스트리아-이탈리아-영국의 연합으로, 러시아가 다시 콘스탄티노플 방향으로 행군할 경우, 공동으로 러시아를 막으려는 연합이었다.

도이칠란트가 여기 합류한다면, 이는 매우 수긍이 가는 일이었을 것이다. 그로써 한편에서 도이칠란트-오스트리아-이탈리아-영국이, 다른 편에서는 러시아와 프랑스가 지속적으로 결속했을 것이다. 이런 구도라면 도이칠란트가 설사 양대 전선 전쟁을 치를 경우라도, 영국의 배후 지원을 받아 이기거나, 아무튼 뒷날의 실제 상황보다는 더 나은 상황을 맞이했을 것이다.

비스마르크는 그것을 피했다. 그는 영국과 러시아 사이에서 도이칠란트의 선택권을 그대로 유지하려고 했다. 심지어는 상황이 아주 나빠질 경우, 오스트리아를 버리고 옛날의 도이치-러시아 공동체를 부활시킬 속셈까지 지녔을 것이다. 그는 지중해 연합을 부추겨놓고는, 자신은 거기 합류하지 않았다. 반대로 이제 약간 고립된 러시아에 친밀하게 접근해서 문제 많은 '배후 안전 계약'을 체결했다. 하지만 이 배후 안전 계약은 비스마르크가 퇴임할 때 마침 갱신할 시기가 되었는데 그대로 중단되었고, 그로써 1878~1879년에 생겨난 러시아-프랑스 동맹의 체결에 맞선 마지막 허약한 방해가 사라졌다. 그럴수록 도이칠란트로서는 아직 존속하는 옛날 지중해 연합에 합류하여 영국과 가까워질 이유가 더욱 커졌다.

비스마르크의 후계자인 카프리비Leo von Caprivi는 그런 시도를 했다. 오늘날에는 그의 취임 직후 체결된 도이치-영국 교환 계약을 거의 기억하지 못한다. 이 계약으로 영국은 잔지바르Sansibar를, 도이칠란트는 헬골란트Helgoland를 얻었다. 이것은 더욱 가까워지는 시작이 될 참이었다. 카프리비의 재임 동안 그리고 그 기간을 넘어서도 이런 우호 관계의 시도가 계속되었다. 1897년까지 몇 해 동안, 이른바 새로운 노선이 등장한 이 기간에, 한편에는 도이칠란트와 그 동맹국, 다른 편에는 영국 사이에서 그 어떤 나쁜 일도 없었다. 당시 아직 이렇다 할 영국-도이치 적대감은 없었다. 심지어 1897년에 함대 건설의 결정이 이루어지고, 도이칠란트의 대양함대 건설자인 티르피츠Alfred von Tirpitz가 막강한 함대 홍보—물론 당연히 반反영국 노선의 선두—를 펼치고 있을 때에도, 그로 인해 도이치-영국 사이의 적대감이 나타나지는 않았다. 반대로 영국 정부 안에서 한 무리의 인사들이, 도이칠란트의 함대 건설 및 세계 강대국 계획을 선의로 변명해주고, 오히려 영국 쪽에서 대륙에서 도이칠란트와의 동맹을 확보하려는 시도까지 있었다. 1898~1901년 동안에는 영국-도이치 동맹 탐색—실질적인 협상까지는 아니라도—이야기가 거듭 나왔다. 이는 결국 실패로 돌아갔다. 그것도 도이치 사람들 쪽에서 다음과 같이 생각한 것이 실패의 주요 이유였다. "영국은 어차피 우리 편이다. 우리 함대가 그냥 계획일 뿐인 지금 벌써 영국이 우리 편인데, 우리가 대양에서 더 강해진다면 영국은 진짜로 우리와 동맹할 각오가 될 것이다."라는 생각.

이것은 특이하게도 훨씬 뒷날, 곧 콘라트 아데나워•의 도이칠란

• 콘라트 아데나워(Konrad Adenauer, 1876~1967): 연방공화국의 초대 총리로 패전 후 서부 도이칠란트의 부흥을 이끌었다.

트 정책을 연상시키는 주장이다. 1952년에 눈앞으로 다가온 도이칠란트의 서방연합 가입을 눈앞에 두고, 러시아가 중립을 조건으로 재통일 제안을 해 왔을 때, 아데나워는 이렇게 생각했다. 러시아가 지금 벌써 이런 제안을 해 온다면, 우리가 더 강해지면 사정이 훨씬 더 좋아질 것이라고 말이다. 도이치 외교정책에서는, 방금 시작되는, 또는 단지 눈앞에 보이는 강력함을 과대평가하면서 앞으로도 쭉 그렇게 계속될 것이라 여기는 성향이 거듭된다는 것이 아주 분명해진다. 급격한 변화가 나타날 수도 있다는 생각, 처음에는 그냥 위협일 뿐이던 것이 현실이 될 수도 있다는 생각을 못하는 것이다. 그럴 경우 일시적인 유화의 태도는 순식간에 적대감으로 바뀔 수가 있다.

영국의 정책에서 이런 급변은 치명적으로 늦게 나타났다. 즉 1904년에 프랑스와 가까워지고, 1907년에 러시아와 가까워지면서 비로소 나타났던 것이다. 영국은 19세기 말에 한 번 더 위험할 정도로 날카로워지던 프랑스와의 식민지 갈등을 1904년에 본질적으로 해결했다. 영국-프랑스 식민지 화해의 핵심은, 프랑스가 이집트를 포기하는 대신 영국은 당시 아직 프랑스 식민지가 아니던 모로코에서 프랑스의 자유로운 작전을 허용하기로 한 것이었다. 여기서 도이치 제국은 모로코에서 프랑스에 맞서는 작전을—식민지 문제에 처음으로 적극 개입—펼침으로써, 영국과 프랑스의 평화협정에 초를 치려고 했다. 이는 1890~1914년 사이의 긴 평화 기간에 처음으로 나타난 진짜 위기였다. 곧 1905년의 1차 모로코 위기인데, 이것은 도이치 제국이 황제를 탕헤르Tánger로 파견하면서 시작되었다. 황제는 그곳에서 프랑스에 맞서 모로코에 일종의 독립 보장을 선언했던 것이다.

이 위기는 도이치 제국의 외교정책에서 공조의 결핍을 아주 뚜렷하게 보여준다. 1905년은 러시아가 일본과의 전쟁에서 패배한 해였다. 러시아는 첫 번째 혁명을 겪는 중이었고, 덕분에 일시적으로 유럽에서 강대국 노릇을 거의 못 하고 있었다. 이 시기의 도이치 정책에서 매우 중요한 인물의 하나인 알프레트 폰 슐리펜Alfred von Schlieffen이 이끌던 당시 도이치 참모부에서는, 프랑스에 맞선 예방전쟁이란 생각이 무르익었다. 러시아-프랑스 동맹이 마비 상태이고 러시아가 아무런 행동도 취할 수가 없으니, 프랑스는 영국과의 식민지 협상을 통해 영국에 접근했다. 그러자 슐리펜은 모로코를 구실로 삼아, 프랑스와의 대차 관계를 '청산'할 기회가 주어졌다고 여겼다. 전쟁이 벌어져도 러시아는 실질적으로 개입할 수 없을 테고, 영국은 대륙에서 거의 역할을 할 수 없을 테니, 1전선戰線 전쟁으로 프랑스를 약화시켜서, 프랑스가 장래의 강대국 조합에서 장기적으로 문제를 일으키지 못하게 만들 기회라고 본 것이다.

참모부에서 나온 이런 계획은 당시 외무부에서 가장 영향력이 있던 참사관 홀슈타인Friedrich von Holstein의 승인을 받았고, 이 사람은 제국총리 겸 외무장관이던 뷜로를 설득해서 이 정책에 동참하게 만들었다. 뷜로는 전쟁을 원하지 않았다. 중요한 순간에 프랑스를 러시아 동맹이나 영국과의 협약에서 쓸모없게 만들고, 상황에 따라서는 장래의 도이칠란트 동맹국 연합이 프랑스에 접근할 수 있게 해줄 외교적 승리만을 원했다.

마지막으로 황제는 그 어떤 위기도 원하지 않았고, 전쟁은 더욱 바라지 않았다. 그가 이따금 내뱉곤 하던 멋대가리 없이 허풍 섞인 온갖 발언들과는 달리, 빌헬름 2세는 근본적으로 감수성이 예민하고, 신경질적이고 평화를 사랑하는 천성이었다. 그는 탕헤르로 파견되는 것을 매우 못마땅해했고, 나중에는 그로써 나타난 위기에 놀라서 언제나 아주 멀찍이 떨어져 있으려고 했다.

그럼에도 불구하고 뷜로는 특혜의 결과를 누렸다. 프랑스 외무장관은 사임했고, 뷜로는—1870~1871년 전쟁 뒤의 비스마르크처럼—영주 신분으로 승격되었다. 모든 것이 가장 잘 해결된 듯이 보였다. 더욱이 도이칠란트가 유럽 강대국 회의에서 그 옛날의 베를린 국제회의가 그랬듯, 한 번 더 국제적 위기를 전체의 합의로 이끌어 가는 데 기여했다는 광채까지 덧붙여졌다. 물론 이번에는 도이칠란트가 스스로 도발한 위기이긴 했지만. 그러나 계산은 들어맞지 않았다. 스페인의 알헤시라스Algeciras에서 열린 모로코 [문제] 국제회의는 도이치 외교정책에 수치이자 일종의 경고였다. 오스트리아를 제외하고는 강대국 중 어느 나라도 프랑스에 반대하는 입장을 보이지 않았고, 덕분에 프랑스는 모로코에서 전반적인 패권, 심지어 식민지 지배권을 승인받았다. 도이치 제국은 몇 가지 사소한 타협을 통해 겨우 체면만 유지할 수 있었다.

1차 대전 이전에 나온, 황제 시대의 중대한 세 개 위기 중 첫 번째 위기인 1905년의 위기는, 도이칠란트가 무리수를 두었다는 사실을 분명히 보여주었다. 영국-프랑스-러시아 연합이 진짜로 성사되는 중이었다. 그러니까 도이치 제국이 지향해야 할 바와는 정확하게 반대되는 일이 벌어진 것이다. 계획적인 세계정책에 접근하기는커녕 도이칠란트가 유럽에서 전혀 확고한 자리를 잡지 못했다는 것, 한 발자국만 잘못 내디뎌도 비스마르크가 지녔던 연합의 악몽이 실현될 수 있음을 난폭한 방식으로 상기시키는 일이었다.

3년 뒤에 전혀 다른 종류의 위기가 나타났는데, 이는 그대로 1차 대전의 전조였다. 1908년 10월에 러시아는 오스트리아의 동의를 받아, 터키 해협의 자유 통행을 가능케 해줄 정치적 작전을 수행하려고 했다. 페테르부르크와 빈 사이의 비밀 협정에 따르면, 러시아가 터키 해협의 자유 통행을 요구할 경우 오스트리아는 아무런 이의도 제기하지 않기로 한 것이다. 대신 러시아는 이 작전에 성공할 경우, 오스트리아가 1878년부터 점령 지역으로 차지하고 있던 보스니아와 헤르체고비나의 공식 합병을 승인해줄 것이다. 물론 터키 해협의 자유 통행을 위해서는, 1878년의 베를린 조약에서 정해진 대로 오스트리아의 승인만이 아니라 영국과 프랑스의 동의도 필요했다. 러시아는 이 동의를 얻지 못했다. 하지만 러시아가 협상을 벌이는 동안, 오스트리아는 보스니아와 헤르체고비나를 합병해버렸다. 그러자 오스트리아와, 당시 러시아의 비호를 받던 세르비아 사이에 심각한 갈등이 생겨났다. 세르비아는 오스트리아가 보스니아와 헤르체고비나의 합병을 되돌리지 않으면 전쟁이라고 위협했다. 이로써 1908년 가을에 거대한 발칸 위기가 시작되었다. 직접적으로는 오스트리아-세르비아 전쟁의 위협이었고, 간접적으로는—뒷날 1914년에 드러난 것처럼—러시아가 세르비아 편을 들어 개입할 위협이었다.

이런 상황에서 도이치 제국은, 오스트리아의 충실한 동맹국으로서 이 지역에 대한 판관의 태도로 사태에 개입했다. 도이치 제국은 러시아에, 세르비아 사람들을 도로 불러들이고 보스니아 합병을 승인하라고 요구했다. 안 그러면 도이치 제국은 전력을 다해 오스트리아 편을 들어 사태를 해결할 것이다. 당시 도이치 언론의 표현처럼 '군대를 슬그머니 내보이며' 오스트리아를 편들고 러시아에 맞서 러시아에 치욕을 안겨주었다. 페테르부르크는 얼마 전의 러일전쟁 패배와 1905년의 혁명을 겪은 지금, 설사 프랑스와의 동맹으로 보강된다 해도, 도이칠란트·오스트리아에 맞선 전쟁을 시작할 만큼 충분히 강해지지 못했다는 단순한 고려에서 이에 굴복하는 수밖에 없었다. 러시아는 물러났고, 도이칠란트는 이번에는 정말로 외교적인 승리를 거두었다. 하지만 이 승리는 지난 1905년 프랑스로부터 거둔, 고작해야 절반의 승리가 그랬듯이, 지속적으로는 아무런 쓸모도 없이 위험한 것이었다는 사실이 드러났다. 러시아는 이제 빨리 다시 강해져야 할 필요를 느꼈다. '보스니아' 사태 같은 것이 두 번 다시 일어나서는 안 되니까. 1908~1909년 보스니아 위기로 도이칠란트는 이미 1914년에 터질 전쟁의 앞뜰로 들어서 있었다.

그런 다음 1911년에 2차 모로코 위기가 나타났다. 나는 여기서 세부 사항을 논하고 싶지는 않다. 프랑스는 어쩌면—이는 해석의 문제인데—알헤시라스 조약의 조건들을 약간 위반하여, 남부 모로코로 예정보다 영토를 더욱 확장했다. 도이치 제국은 포함砲艦 한 척을 남부 모로코의 아가디르Agadir로 보내 전쟁의 제스처를 보였고, 그로써 다시 프랑스와 대립했는데, 이 대립은 결국 평화적으로 해결되었다. 심지어는 도이치 제국이 약간의 성과를 거두었다. 도이칠란트가 남부 모로코에서의 모든 영향력을 포기하는 대가로, 프랑스는 콩고를 도이칠란트에 양도한 것이다. 이는 비스마르크 시대 이후로 도이칠란트가 아프리카에서 거둔 최초의 식민지 확장이었다. 하지만 이번 2차 모로코 위기는 이전의 1차 모로코 위기나 보스니아 위기보다 더욱 치명적인 결과를 불러왔다. 영국이 처음으로 공공연히 프랑스의 동맹국으로 나선 것이다.

영국은 1904년에 프랑스와, 1907년에 러시아와 협약을 맺으면서도 진짜 동맹만은 의식적으로 유보했었다. 영국은 먼저 프랑스와, 이어서 러시아와 (페르시아를 두고) 해외의 갈등을 이미 해결했고, 그로써 두 손이 자유로워지면서 필요할 경우 프랑스-러시아 동맹에 가입할 수 있는 상태였다. 프랑스와는 이미 비밀리에 군사적 예비 상담을 해둔 바가 있었다. 그렇다고 그로써 진짜 동맹을 맺은 것은 아니었다. 영국은 그때까지는 대륙의 전쟁에서 어떤 식으로도 프랑스 동맹국의 편에 설 속박을 받지 않았다.

그런데도 영국의 재무장관이며 뒷날 전시戰時 총리가 되는 로이드 조지Lloyd George가 처음으로 상당한 주목을 불러일으킨, 그리고 도이칠란트에는 도전으로 받아들여진 연설에서, 프랑스가 위협을 받는다면 영국이 그냥 보고만 있지는 않을 것이라고 분명히 밝혔다. 그것 말고도 1911년에 새로이 영국-프랑스 참모부 회의가 시작되어, 앞서 1904~1905년보다 더욱 구체적인 결론에 도달했다. 프랑스-도이치 전쟁이 일어날 경우, 영국의 해외 병력이 프랑스 영토의 가장 왼쪽 끝으로 들어오기로 한 것이다. 1911년부터는 전쟁 직전 분위기라고 할 수 있을 정도로 먹구름이 짙게 덮였다.

하지만 바로 이 시기에 한 번 더 대규모의 도이치-영국 화해 시도가 있었다. 당시 1911년에 아직은 당사국들 중 어느 하나도 대규모 전쟁을 실제로 결심했다고 할 수는 없다. 어쨌든 영국에 대해서는 그렇게 말할 수 있다. 다만 모든 국가가 대규모 전쟁을 목표로 노력하고, 자연스런 일이지만 특히 군사 영역에서 준비를 갖추려고 했다. 프랑스는 3년 복무제로 넘어갔다. 도이칠란트는 1913년에 대규모 군 확대가 이루어졌는데, 특이하게도 사민당이 여기 동의하였다. (군 확대는 재산세에서 재원을 조달했는데, 덕분에 사민당의 동의가 더욱 쉬웠다〔노동자 정당인 사민당은 재산세를 올린다 해도 영향을 덜 받으므로〕.) 러시아는 보스니아 위기 이후로 군비 강화를 이미 시작했다. 특히 폴란드에서 전략적 철도 건설, 요새 강화, 포병 강화 등을 이미 시작했다. 이는 물론 장기적으로 계획된 노력으로, 아마도 1916~1917년이 되어야 끝날 것으로 보였다.

모두가 유럽 대륙의 양대 연합국들 사이에 전쟁의 가능성을 염두에 두기 시작한 이 무렵에, 도이칠란트와 영국 사이에 마지막 대규모의 화해 시도가 있었다. 도이칠란트로서는 가능하면 영국을 이 전쟁에서 배제하는 일이 중요했다. 영국의 목적은 위협적인 영국-도이칠란트 갈등을 완화하는 일이었다. 도이치 제국은, 1904년의 영국-프랑스, 1907년의 영국-러시아 협약과 비슷한, 너그러운 식민지 조정을 목표로 삼았다. 영국과의 합의 안에서 제국의 식민지 목적을 정의하고 제한할 각오가 되어 있었다. 영국의 노력은 1912년의 이른바 홀데인-임무Haldane-Mission에서 절정에 도달했다. 여기서 영국 측에는 무엇보다도 함대 군비軍備경쟁의 휴전이 중요했다. 당시 그것은 극히 드문 생각이었다. 오늘날에는 '군비 통제'라는 생각이 매우 널리 퍼져 있다. 그러니까 군비 규모를 두고 상호 합의를 통해, 일정 영역의 군비경쟁에서 갈등을 완화하려는 시도이다. 그것이 당시 영국의 목적이었다.

홀데인Richard Haldane과의 협상에서 도이치 제국의 목표는, 유럽 대륙에서 대규모 전쟁이 일어날 경우, 영국이 중립을 지켜 전쟁에서 빠지도록 하는 것이었다. 양쪽의 시도는 실패했다. 영국은 중립 약속을 하려 하지 않았다. 영국은 당시 도이칠란트가, 순수한 대륙 전쟁에서 승리하고 장차 세계 강대국으로 진출하려는 노력에 지나치게 힘을 쏟을까 봐 두려워했다. 그리고 도이치 해군 차관인 티르피츠는, 제국총리 베트만 홀벡Bethmann Hollweg과는 반대로, 해군력에 대한 군비 통제 협정을 맺을 각오가, 다시 말해 도이치 군비 확장의 자유를 제한할 각오가 되지 않았다. 원래 해군 차관은 제국총리의 아래 서열이다. 하지만 새로운 군비 통제라는 생각에 모욕감을 느낀 황제가, 베트만 홀벡에 반대하고 티르피츠의 편을 들어서 제국총리는 꼼짝도 할 수가 없었다.

따라서 홀데인 임무는 실패했고, 이는 자연스럽게 도이치-영국의 긴장이 더욱 날카로워진다는 뜻이었다. 그런데도 1913년과 1914년에도 눈에는 덜 띄어도 도이치 제국과 영국 사이의 협상이 계속되었다. 여기서 두 가지 식민지 조정이 핵심이었다. 도이칠란트는 처음으로 아프리카 식민지 계획을 런던 측에 분명히 밝혔다. 도이치 제국은 포르투갈 식민지, 주로 앙골라와 모잠비크를 획득할 가능성을 얻으려고 했다. 당시는 포르투갈의 국가파산이 눈앞에 보이는 상황이었으니, 그렇다면 포르투갈은 말하자면 식민지를 팔지 않을 수가 없게 될 것이다. 이를 넘어 도이칠란트는 그럴 기회만 생기면, 벨기에 측에서 벨기에령 콩고를 사들이고, 이런 방식으로 도이치령 남서부 아프리카에서부터 앙골라와 콩고를 거쳐 도이치령 동부 아프리카까지 영토를 확장하려고 했다. 그로써 제국은 만족할 것이고, 영국은 대신 포르투갈 식민지와 벨기에 식민지 일부를 보상으로 받을 것이다.

흥미로운 것은 이 협상이 상당히 친절한 어조로 진행되어서, 바로 전쟁 발발 직전인 1914년 6월에는 일종의 사전 결실에까지 이르렀다는 점이다. 장래 중앙아프리카에서의 식민지 분할에 대한 협정은 당시 런던에서 이미 서명이 이루어져 있었다. 물론 엄격히 비밀리에. 그렇다면 원래 도이치-영국 대결이 일어난 영역, 곧 식민지 정책과 '세계정책' 영역에서 도이치 제국의 긴장 완화가 가능해 보였다.

당시 영국과 도이칠란트 사이에, 이 광범위한 영역의 또 다른 분야에서도 협상이 벌어지고 있었다. 그것도 똑같이 결실을 거둘 것처럼 보였다. 1900년 이후의 여러 해 동안에, 도이치 세계정책의 방향은 두 갈래였다. 첫째로 아프리카에서의 거대한 영토 획득이 중요했다. 둘째로는 방법이 극히 불확실한 유럽 동남부로의 확장이었다. 그 과정에서 도이치-오스트리아 동맹은 새로 맺은 도이치-터키 동맹과 합쳐지면서, 우선은 일종의 거대한 경제 방식의 통일체가 되어야 할 것이다. 물론 발칸 국가들 전부나 일부를 억지로라도 이 체제에 편입시킨다는 희망을 품고서. 이것은 베를린-바그다드 사이의 거대한 철도망, 곧 유명한 '바그다드 철도' 건설 기획으로 상징되었다. 도이치 제국은 러시아의 관심 영역과 영국의 관심 영역 사이에 자신의 거대한 영향력 지대를 만들어내려고 했다. 다만 여기서 경제·정치의 통일체를 대체 어떻게 이룩할 것이며, 또 그것이 어떤 형태를 취해야 할 것인지는 여전히 불확실했다. 오스트리아는 스스로 강대국이라고 느꼈고, 오스만 제국도 비록 스러져가고는 있어도 어쨌든 독립국가였으니 말이다. 도이치 제국은 당시 오스만 제국과 아주 가까운 관계를 만들려고 노력하고 있었다. 오스만 제국은 1908년의 '청년 터키' 혁명을 통해 그야말로 회춘을 겪는 듯이 보였다. 콘스탄티노플에서 도이치 군대의 임무 하나는 도이치 척도에 따라 터키 군대를 훈련하는 일이었다. 그로써 터키를 정치적 동맹국으로 여겼다.

여기서 도이치 세력의 확장이 의도되고 있음을 누구나 분명히 볼 수 있었다. 특히 영국은 당시 오스만 제국의 남부, 오늘날의 이라크에 강력한 관심을 가졌다. 당시 벌써 석유가 어느 정도의 역할을 하기 시작했다. 그러므로 여기서도 도이치 관심 영역과 영국의 관심 영역이 가능한 한 사이좋게 경계를 정하는 것이 중요했다. 이런 측면에서도 성과가 아주 없지는 않았다.

그런 만큼 당시 도이치 제국총리 베트만 홀벡은, 대륙에서 전쟁이 일어날 경우, 영국이 중립을 지킬 것이라는 희망을 품기 시작했다. 그런 약속이 이루어진 적은 없었으나, 영국은 무슨 일이 있어도 전쟁에 개입할 것이라고 선포한 적도 없었다. 이제 식민지 확장 정책에서 서로 어느 정도 가까워졌으니, 어쨌든 낡은 대립이 완화된 것처럼 보일 정도는 되었다. 전에 영국과 프랑스 사이의 협약도 그렇게 시작되었고, 이어서 영국과 러시아 사이의 협약도 마찬가지였다. 그렇다면 이런 관점에서 영국과 도이칠란트 사이에도, 지속적인 함대 경쟁이 있기는 하지만 관계 개선이 나와서는 안 될 이유가 무어란 말인가? 어쩌면 심지어 일종의 협약이 나올 수도 있을 것이다. 유럽 전쟁이 일어날 경우, 영국이 적어도 초기 국면에는 일종의 캐스팅보트를 손에 쥔 중립을 지키기로 마음먹을 수도 있을 것이다.

그것은 1914년의 여름 위기에서 베트만 홀벡 정책의 바탕에 놓인 생각이었다. 하지만 도이치 군사 계획은 그의 이런 생각과 심각하게 어긋나는 것이었다.

제1차 세계대전

20년 전까지만 해도 1차 대전의 발발에 대해 자유롭게 말할 수가 없었다. 당시에는 이른바 전쟁 책임 문제가 가장 중요한 문제였기 때문이다. 1920년대의 거의 모든 도이치 현대사 서술에는, 도이칠란트가 1차 대전 발발에 책임이 없음을 입증하려는 노력이 들어 있었다. 1960년대 초에도 함부르크 대학교의 역사학 교수인 프리츠 피셔Fritz Fischer가 이 문제를 뒤흔들어놓은 것은 대담한 업적이었다. 오늘날 우리는 '피셔 논쟁'• 덕분에 이 문제를 좀 더 자유롭게 말할 수 있다.

'전쟁 책임'이란 1914년에는 전혀 어울리지 않는 개념이다. 당시 전쟁은 적법한 정책 수단의 하나였다. 강대국 모두가 언제라도 전쟁이 가능함을 염두에 두고 있었고, 모든 나라의 참모부는 그 어떤 적대

• 함부르크 역사학자 피셔(1908~1999)가 1961년에 내놓은 연구서 『세계권력 움켜쥐기』(Griff nach der Weltmacht)와 그 밖에 다른 저서들이 연방공화국[=서독]과 다른 나라에서 불러일으킨 논쟁을 뜻한다.

국 연합 세력에 맞서서도 이론적으로는 늘 전쟁을 수행 중이었다. 그리고 유리한 전쟁 가능성이 나타나면 그것을 이용하는 것이 전혀 부도덕한 일도 아니었고, 범죄는 더더욱 아니었다. 전쟁 발발에서 도이칠란트의 책임을 두고는 전혀 다른 점이 흥미롭다. 1914년의 전쟁 가능성을 놓고 도이치 제국 지도부, 특히 제국총리 베트만 홀벡은 참모부와는 전혀 다른 생각과 계획을 가졌다. 그다음 참모부의 작전 계획이 군사적으로 잘못된 것이었다는 사실도 드러났다. 이 두 지점을 조금 더 자세히 살펴볼 필요가 있다.

1911년 이후의 몇 해 동안 유럽 전역에서 전쟁 직전 분위기가 나타났다. 모두가 전쟁 발발을 계산했고, 모든 나라에서 그것을 매우 가능성이 높은 일로 여겨 계획에 포함시키면서, 모두가 가능한 한 유리한 조건 아래서 가능한 한 좋은 전망으로 전쟁이 시작되도록 하려고 머리를 굴렸다.

베트만 홀벡은—전쟁 이전의 몇 해 동안 그의 사고 과정에 대해 그 사이 밝혀진 모든 것을 토대로 살펴보면—사태를 이렇게 정리했다. 아마도 전쟁은 일어날 것이다, 전쟁을 수행하고 어쩌면 승리를 하려면, 도이치 제국에는 다음 세 가지 조건이 충족되어야 한다. 오스트리아가 반드시 동참할 것, 사민당이 동참할 것, 영국이 중립을 지킬 것.

이 세 조건을 토대로 바라보면, 1914년에 오스트리아 황태자가 사라예보에서 살해당한 후에 갑자기 등장한 상황은 도이치 제국에 유리한 것으로 생각되었다. 무엇보다도 이 전쟁은 도이치 제국의 전쟁이 아니라 오스트리아의 전쟁, 곧 오스트리아 대對 세르비아의 전쟁이 된다. 러시아가 세르비아 편을 들어 전쟁에 개입한다면, 첫째로 오스트리아가 도이치 제국 편에—이는 오스트리아 전쟁이지 도이치 전쟁이 아니니까—설 것이고, 둘째로 도이치 사민당이 차르 러시아에 맞선 전쟁을 승인할 것이 거의 확실하다. 셋째로, 그리고 이것이 가장 좋은 점인데, 영국은 거의 확실하게 이런 동유럽 전쟁에 개입하지 않을 것이다. 적어도 즉시는 아닐 것이다—실제로 이것은 올바른 생각이었다. 영국은 역사상 순수한 동유럽의 문제에는 늘 개입하지 않았기 때문이다. 이번 경우에도 영국의 이해관계가 특별히 얽히지 않았다. 오스트리아와 러시아 사이의 무게추가 오스트리아 쪽으로 약간 이동하는 것은 영국으로서는 받아들일 수 있는 일일 테고, 심지어 좋아할지도 모르는 일이었다.

하지만 이 모든 것은, 전쟁의 처음 발생 당시의 정치·외교상의 특성을 군사적으로도 계속 유지한다는 것을 전제로 했다. 즉 한편에 도이칠란트와 오스트리아, 다른 편에 러시아와 세르비아 사이의 전쟁이어야 했다. 전쟁의 경과는 적어도 처음 국면에서는 그렇게 보였던 것 같다. 사라예보 암살로 도발받은 오스트리아가 세르비아를 침공했다. 러시아는 자신이 비호하던 세르비아를 도와주려고 오스트리아를 공격했다. 도이칠란트는 동맹국 오스트리아를 도우려고 러시아를 공격했다. 물론 서부에서 프랑스가 동맹국 러시아를 도우려고 도이칠란트를 공격하리라는 사실을 계산에 넣어야 했다. 하지만 그렇게 되면 도이칠란트는 서부전선에서는 공격을 당한 입장이고, 서부전선에서 순수하게 방어 행동만을 취한다면 영국이 꼭 개입할 것으로 생각할 필요는 없었다.

1914년 7월 6일에 베트만 홀벡이 오스트리아에 내준 저 유명한 '백지수표'는 바로 이런 생각에 토대를 둔 것이었다. 세르비아에 대한 오스트리아의 조치가 오스트리아-러시아 전쟁으로 발전하게 된다면, 오스트리아는 "〔도이치 제국〕 폐하께서 동맹의 의무와 옛날의 우정을 지니고 오스트리아-헝가리 편에 서실 것"을 확신해도 좋다는 약속이었다.

'그편에 설' 것이라는 말이 군사적으로 무슨 뜻인지에 대해서는 단 한마디도 자세히 설명되지 않았다. 말 그대로만 보면, 러시아가 오스트리아를 공격한다면, 도이치 제국이 러시아를 공격할 것이라는 의미로 보였다. 도이치 제국이 러시아에 맞서 처음에는 완전히 수동적인 행동만을 취할 것이며, 대신 오스트리아-러시아 갈등을 계기로, 프랑스와 벨기에를 향한 공격전을 감행할 것이라고 오스트리아에 분명히 밝혔더라면, 전쟁이냐 평화냐를 놓고 빈에서 실제 역사와는 다른 결정을 내렸을지도 모르는 일이다.

하지만 실제로는 그랬다. 도이치 군대 참모부는, 전쟁을 도발한 위기의 정치 중심부가 어디든 상관없이, 무조건 프랑스에 맞선 번개전을 펼칠 작전 계획을 세워놓고 있었다. 그것도 군대가 프랑스에 앞서 중립국 벨기에를 통과한다는 작전이었다. 양측의 강력한 방어 시설이 갖추어진 도이치-프랑스 국경선에서 번개전을 할 수는 없다고(군사적으로 아마도 올바르게) 생각했기 때문이다. 이 작전 계획(곧 유명하고도 악명 높은 '슐리펜 계획')은, 벨기에를 거치는 길을 잡아 프랑스의 동부전선에서 움직이는 프랑스 군대를 우회하여, 그들을 양측면과 배후로 밀어내고, 막강한 양동작전으로 프랑스군을 스위스 국경으로 몰아붙여 그곳에서 파괴한다는 내용이었다.

이 작전 계획은 처음부터 영국을 적의 편으로 만드는 일이었다. 여기에는 영국이 개입할 두 가지 이유가 있었다. 첫째로 영국은 프랑스가 완전히 힘을 잃는 꼴을 그대로 조용히 앉아서 구경할 수만은 없었다. 패배한 프랑스를 포괄하는 도이치 세력권이 영불해협과 대서양까지 뻗어 나온다면, 영국은 자신의 안전을 위협하는 대륙의 강력한 세력과 마주하게 된다. 뿐만 아니라 벨기에는 영국을 마주 보는 해안 국가다. 벨기에 해안선을 지배하는 자는 영국을 위협하게 된다. 특히 그것이 빌헬름 2세 치하의 도이칠란트처럼 강력한 해군력을 갖춘 나라라면 더욱 그렇다. [벨기에 서북부의 무역항] 안트베르펜Antwerpen이 영국의 심장부를 겨눈 피스톨이라는 말이 늘 나오곤 했다. 영국인들은 순전히 지리적·전략적 이유에서라도 벨기에 점령을 그대로 두고 볼 수는 없었다. 나아가 법적인 측면도 있었다. 도이칠란트를 포함하는 유럽의 강대국들은 수십 년 동안 벨기에의 중립을 보장해왔다. 이 중립성에 가장 큰 관심을 가진 나라가 영국이었다. 영국으로서는 벨기에라는 완충 국가가 파괴되는 것을 손 놓고 바라볼 수는 없었다. 그러므로 베트만 홀벡은 처음부터 자신의 뒤통수를 치는 참모부의 전쟁 시작 계획을 추진했던 것이다.

1914년 8월 1일 전쟁 발발의 날까지, 도이치 제국 지도부에서 이 문제가 한 번도 논의된 적이 없었다는 사실은 영원한 수수께끼로 남아 있다. 베트만이나 전임자인 뷜로도 슐리펜 계획에 대해 보고를 받았다는 것은 의심의 여지가 없다. 특이하게도 베트만은 이 문제를 완전히 진지하게 받아들여, 그 정치적 함의含意를 끝까지 따져본 적이 없는 듯이 보인다. 그렇다면 8월 1일에 대체 무슨 일이 벌어졌나? 전쟁 발발 직전의 1주일은 분주한 외교 활동의 한 주였다. 이 기간에 영국이 중재 역할을 맡고 나섰다. 런던에서 두 가지 제안이 나왔다. 첫째는 오스트리아-러시아 분쟁에 간접적으로 연루되는 네 나라, 곧 영국, 도이칠란트, 프랑스, 이탈리아 대사들이 모인 국제회의를 열어서, 오스트리아와 러시아에 공동 제안을 내놓자는 것이었다. 도이칠란트가 이 제안을 거절했다. 도이치 제국은 오스트리아를 유럽의 법정에 세우지 않을 셈이었다. 두 번째 제안은, 도이칠란트가 오스트리아에 영향력을 행사하여 러시아와 직접 협상하게 만들어서, 오스트리아의 전쟁 목적을 제한함으로써 — '베오그라드에서 정지'〔=베오그라드까지만 진출〕— 가능한 한 러시아의 개입을 막으라는 것이었다. 제국 지도부는 이 제안을 처음에는 아무런 주석도 없이 빈에 넘겨주었다가, 나중에서야 더욱 진지하게 살펴보기는 했다. 하지만 결국 도이칠란트는 정말로 진지하게 이 일에 협조하지 않은 채 이번 기회를 그대로 흘려 보냈다. 그렇게 해서 오스트리아는 7월 28일에 세르비아에 선전포고를 했다.

그에 대해 러시아는 처음에 부분 동원령으로, 이어서 총동원령으로 반응했다. 도이치 제국도 마찬가지로 임박한 전쟁 위험 상태를 선포하고 동원령을 내렸다. 하지만 슐리펜 작전이 가동되면서 동부가 아닌 서부전선에서 대규모 행군이 시작되었다. 아직도 여전히 격하게 협상이 계속되던 런던에서 도이치 대사의 급보急報가 날아왔는데, 그때까지도 여전히 이 급보는 도이칠란트가 서부전선에서 방어만 하고 동부에서만 공격한다면, 영국이 프랑스에서의 중립을 보장한다는 뜻으로 오해되었다. 곧이어 황제는 베트만도 참석한 베를린 궁전의 긴급회의에서, 1866년과 1870년 전쟁을 승리로 이끈 유명한 몰트케Helmuth Karl Barnhard von Moltke 장군의 조카 몰트케Helmuth Johannes Ludwig von Moltke에게 이렇게 선언했다. "그러니까 우리 군대는 모두 오로지 동부에서만 행군하는 거요!" 황제의 제안은 몰트케의 절망적인 답변에 부딪쳤다. 서부에서 이미 시작한 전쟁의 행군을 바꿀 수가 없다는 것이다. 만일 그랬다가는 동부에서는 전쟁 준비를 갖춘 군대가 아니라, 식량도 없이 무질서하게 무장한 사람들의 무리만을 동원하는 것이고, 전쟁은 처음부터 진 것이나 다름없다고 했다. 그러자 황제는 냉정하게 이렇게 대꾸했다. "당신 숙부라면 전혀 다른 대답을 내놓았을 것이오." 황제의 개입에 극히 놀라고 모욕감을 느끼고 격분한 몰트케가 사태의 경과를 이렇게 전하고 있다.

하지만 그는 분노할 아무런 권리도 없었다. 참모부는 가능한 온갖 정치 상황에 대해 다양한 계획을 준비해두는 것이 마땅한 일이고, 스스로는 이 계획들 중 하나를 특별히 선호한다 하더라도, 어쨌든 정치적 상황이 명하는 바에 따라, 그것 대신 다른 노선을 선택해야만 한다. 몰트케는 그런 준비를 하지 않았다. 그는 벌써 여러 해 동안이나 계속되어온 동부전선 행군 계획 작업을 1913년에 중지시켰다. 이는 원래 도이치 참모부의 임무 태만이자 범죄행위였다. 단 하나의 전쟁 가능성에만 초점을 맞추어 다른 모든 대안을 미리 내버렸던 것이다.

이미 언급했듯이 베를린에서는 런던에서 온 도이치 대사의 급보를 오해했다. 영국은 프랑스에서 중립을 지킬 거라고 말한 적이 없었다. 도이칠란트가 서부에서 방어만 하고, 순수하게 동부전쟁을 수행할 경우, 영국은 우선은 중립을 지킬 것이라고 암시했을 뿐이다. 나중에 아이러니하게 드러난 것처럼, 그런 전쟁이야말로 도이치 제국에는 군사적으로도 더욱 건강한 일이었을 것이다. 어쨌든 슐리펜 작전의 실시를 통해, 영국도 적의 편에서 싸운다는 것이 정치적으로 확정되었다. 이로써 도이치 제국의 정치적 전쟁 계획은 처음부터 차질을 빚었고, 이 사실로 인해 베트만은 절망에 빠졌다. 군대가 이미 벨기에로 들어가고 프랑스에 선전포고를 한 다음에도, 그는 영국이 '찢어진 종잇조각'—벨기에 중립성의 보장을 가리키는 그의 표현—을 위해, 유럽의 모든 것을 뒤죽박죽으로 만들 전쟁에 뛰어들지 말라고 설득하려고 절망적으로 노력했다. 너무 늦었다.

그 밖에도 황제가 젊은 몰트케를 향해 "당신 숙부라면 전혀 다른 대답을 했을 것"이라고 질책한 것은, 그 자신이 생각한 것보다 훨씬 더 옳았다는 것도 흥미로운 일이다. 옛날 몰트케 장군이 참모총장이던 동안에, 양대 전선 전쟁을 위한 군사 계획은 언제나 서부와 동부에서 전략적인 방어만을 목표로 삼았다. 그의 후임인 발더제Alfred von Waldersee의 지휘 아래서는, 동부전선에서는 도이치-오스트리아가 공동 공격을 하더라도 서부전선은 순수하게 방어만 한다는 계획이었다. 그의 후임인 슐리펜이 1895년부터 비로소, 양대 전선 전쟁을 이른바 순차적인 1전선 전쟁으로 만든다는 야심만만한 생각을 하게 되었다. 러시아가 느린 동원령을 채 마치기도 전에, 프랑스를 쳐서 전쟁에서 프랑스를 배제하고, 이어서 전군을 동원하여 동부로 향한다는 전략이었다. 슐리펜이 죽은 다음 조카 몰트케는 다른 대안적 군사작전 계획을 모두 없애버렸다. 도이치 군사 계획의 이런 발전 과정에서 비스마르크 시대와 빌헬름 시대의 정신적 차이점을 특히 잘 알아볼 수 있다. 옛날에는 비관적인 조심성이 있었다면, 지금은 낙관적인 힘의 느낌이 생겨난 것이다.

힘의 느낌이 아주 근거가 없지는 않다 해도 그것은 오만함으로 넘어갔다. 양대 전선 전쟁을 위한 슐리펜 작전은 오만한 계획이었고, 실패로 돌아갔다.

물론 대륙의 모든 강대국은 1차 대전을 대규모 공격으로 시작하면서 제각기 빠른 승리를 희망했지만, 모든 공격은 실패로 돌아갔다. 오스트리아가 세르비아를 공격하고, 러시아가 오스트리아(갈리치아 지방에서)와 도이칠란트(동프로이센에서)를, 그리고 프랑스가 로렌과 아르덴에서 도이칠란트를 공격했지만 모조리 실패했다. 또한 도이치 군대가 벨기에와 프랑스를 공격한 것도 실패했다. 전쟁 처음 몇 달 동안에 이미 모든 전장에서—모든 나라 참모부의 확신과는 달리!—1차 대전의 경과에 기본이 되는 사실이 드러났다. 곧 당시의 전쟁 기술 수준에서는 방어가 공격보다 우세했다. 공격은 고작해야 토지를 얻을 수 있었을 뿐, 심지어는 적대국이 세르비아나 벨기에같이 작은 나라라 해도 적국을 전쟁에서 완전히 배제할 수준이 되지 못했다. 덕분에 1차 대전은 소모 전쟁의 우울한 특성을 지녔다. 전략적 수확도 없이 거듭 되풀이되는 학살 전쟁이었을 뿐이다.

이와 같은 소모전에서 영국의 해상 봉쇄 작전이 결정적인 무기가 되었다. 다만 즉석에서 효과를 내지는 못했는데, 도이칠란트가 물질적으로 전쟁 준비가 잘되어 있었기 때문이다. 전쟁 첫해에는 큰 공급 문제 없이 전체 병력을 동원하고 투입할 수 있었다. 영국이 모든 해외 보급을 끊었지만 처음에는 아무 상관이 없었다. 그런데도 경제적으로 특히 영양 측면에서, 전쟁을 계속하기가 해마다 점점 더 힘들어졌다는 것만은 틀림이 없다. 소모전에서 시간은 도이치 제국에 분명히 불리하게 작용했다. 오스트리아-헝가리와 힘을 합쳐도 도이치 제국은 경제적으로 연합국보다 약했고, 또한 사방에서 들어오는 해외 운송을 차단한 영국의 봉쇄에 굴복했다. 도이칠란트는 굶주렸다. 영국과 프랑스는 적어도 배불리 먹을 수는 있었다. 물론 덕분에 영국과 프랑스는, 도이칠란트보다 더 많이, 쓸모도 결실도 없고 희생만 많은 공격에 병력을 투입했다. 적들이 고집스럽게 이렇듯 잘못된 전략을 계속한 덕분에 도이칠란트에는 더 오래 버티면서 지속적으로 적들을 지치게 만들고, 결국은 탈진해서 나오는 평화조약, 다시 말해 전체적으로 '현재 상태 유지' 평화조약에 도달할 기회가 주어진 셈이었다. 1차 대전에서 총체적 승리는 어느 편에도 없었고, 특히 도이칠란트의 승리는 더욱 아니었다.

그런데도 전쟁이 계속되는 동안 도이치 제국은 두 가지 새로운 승리의 계획을 개발했다. 그중 하나는 궁극적 패배를 불러들였고, 또 다른 하나는 성공하여 한순간 정말로 승리의 가능성을 가져오는 듯이 보였다. 첫 번째는 영국에 맞선 역逆 봉쇄 작전으로, 제한 없는 잠수함 전쟁이다. 두 번째는 레닌과 동맹을 맺은 러시아의 혁명화였다.

먼저 잠수함U-Boot 전쟁 이야기부터 해보자.

도이치 전함들은 전쟁의 원인에는 아주 많이 기여했건만, 실제 전쟁에서는 거의 제 역할을 하지 못했다. 배들은 항구에 정박해 있다가 이따금씩만 북해로 진출해서, 고작 영국인들을 화나게 하는 정도였다. 이렇게 출격하던 중 스카게라크Skagerrak 해협에서 비로소 대규모 해전을 벌였는데, 이 전투에서 도이치 해군은 전술적 승리를 기록할 수가 있었다. 말하자면 자신의 배를 잃은 것보다 상대방의 배를 더 많이 침몰시키고, 재빨리 항구로 후퇴한 것이다. 전략적으로 보면 이를 통해 변한 것은 하나도 없었다. 도이치 함대는 영국의 봉쇄를 깨뜨리지 못했다.

전쟁 도중에 도이치 해군 지휘부는, 당시 아직 실험 단계에 있던 새로운 잠수함의 개발에 박차를 가해서, 그를 통해 영국의 해상 공급을 봉쇄하겠다는 발상을 하게 되었다. 잠수함의 약점을 작전 시의 극단적인 무자비함으로 보강하여, 영국의 보급선을 침몰시키자는 것이었다. 영국을 극심한 공급 위기에 몰아넣어 영국을 전쟁에서 빼버리고 그로써 전쟁을 자기편에 유리하게 이끌어 가기 위해서였다. 1916년과 1917년에 기적에 대한 기대를 불러일으킨 이 '무제한' 잠수함 전쟁은, 단순히 실패했을 뿐만 아니라, 장기적으로는 영국과 프랑스를 매우 강력하게 만들어서 도이치 제국의 모든 승리의 전망을, 심지어는 탈진해서 나오는 평화조약에 대한 전망조차도 사라지게 만들었다. 바로 미국의 참전을 불러들인 것이다. 미국은 1차 대전 기간에 중립을 지키고 있었다. 당시 대통령 우드로 윌슨Woodrow Wilson은—2차 대전의 루스벨트 대통령과는 달리—협상국들[=영국, 프랑스, 러시아] 편에 설 계획이 없었고, 적당한 순간에 평화 중재자로 등장할 생각뿐이었다. 어떻게 하면 미래의 전쟁 자체를 막을 수 있을까에 대한 자신의 생각들을 지니고 일종의 중재자로 등장하려는 것이었다. 1916년 말에도 여전히 그런 방식의 개입을 위한 준비에 착수하고 있었다. 하지만 윌슨과 미국은, 미국 선박이 아무런 경고도 없이 침몰당하고, 선원들이 익사를 당하도록 내버려둘 각오는 되어 있지 않았다.

하지만 '무제한' 잠수함 전쟁이란 바로 이런 목적을 지향했고, 덕분에 그런 이름을 얻었다. 무제한 잠수함 전쟁은 봉쇄 지역에 들어오는 모든 배를, 심지어 중립국의 배조차도, 사전 경고 없이 침몰시킬 경우에만 성공의 전망을 지닌 작전이었다. 이는 극히 가차 없는 전쟁 수행 방식이다. 하지만 1차 대전의 잠수함은 아무리 가차 없이 적용한다 해도 성공하기가 어려웠다. 당시의 잠수함은 매우 허약하고 미숙한 무기였으며, 물밑보다는 오히려 물위에 떠 있는 편이 많은 배였다. 배터리를 충전하기 위해 끊임없이 물위로 올라와야 했는데, 물위에서는 가장 작은 전함도 물리칠 수가 없을 정도로 취약했다. 기술적인 세부 사항으로 자세히 들어가지 않고도, 미국이 실제로 개입하기 이전에 이미 이런 잠수함이 영국의 보급선 호송 선단에 의해 격퇴되었음을 확인할 수가 있다.

이 시기에 무제한 잠수함 전쟁을 통해 벌써 미국을 적진으로 밀어 보낸 상태였으니, 그로써 도이치 제국은 전망 없는 상황으로 떨어졌다. 여기서 기억해야 할 점은, 영국이 봉쇄 작전으로 장기적인 효과만을 노릴 수 있었던 것처럼, 미국도 장기적인 전망으로 보아야만 선전포고에 뒤이은 실제 참전이 가능했다는 점이다. 전쟁에 개입한 1917년에 미국은 아직 올바른 군대도 없었고, 군대와 물자를 대규모로 유럽으로 실어 나를 선박도 없었다. 1918년에야 비로소 상대적으로 적은 수의 미국군이 서부전선에서 참전했다. 미국이 유럽 전쟁에 정말로 확실하게 개입하는 일은 1919년으로 계획되어 있었고, 그럴 상황은 아예 오지도 않았다. 그 사이 도이칠란트에서 또 다른 승리의 계획이 만들어졌는데, 이는 바로 러시아의 혁명화였다. 1차 대전에서 러시아는 처음부터 도이치 제국 행정부와 군사 지휘부가 예상했던 것보다 훨씬 허약했다. 이런 상황을 설명하려면, 참전 국가들의 전체적인 산업 발전 정도를 분명히 알아야 한다. 영국은 오래된 강력한 산업국가였다. 도이칠란트는 최근 들어 가장 강력한 산업국가가 되었다. 프랑스도 상당한 산업국가였다. 하지만 러시아는 거의 개발도상국 수준이었다. 세기가 바뀔 무렵 겨우 산업화를 시작했기 때문이다. 러시아 군대는 규모도 크고 매우 용감했지만, 현대적인 무기가 거의 없는 후진 군대였다. 그런 탓에 러시아는 1914~1915년에 여러 번이나 심각한 패배를 맛보았고, 1917년에는 이미 전쟁 수행 능력이 거의 한계에 도달해 있었다. 또한 제한된 산업재나마 총동원령이 어려웠다. 땅덩이가 너무 크고 교통이 아직 발달하지 못했기 때문이다. 러시아 도시에서는 1916년 이후로 수많은 사람들이 굶주렸다. 도이칠란트만 해도 1년 뒤에야 같은 처지가 되었다. 1917년 러시아 2월 혁명은 전체적으로는 도시민의 기아 혁명이자, 무시무시한 피의 희생을 요구하면서 오로지 패배만을 안기는 전쟁의 지속을 반대하는 농민병사들의 궐기였다. 2월 혁명을 통해 처음으로 정권을 잡은 자유민주주의 정부는, 러시아 병력의 무시무시한 소진에도 불구하고 전쟁을 계속한다는 애국적 오류를 범했다. 그러자 도이치 제국은 레닌이 러시아로 돌아가는 길을 열어줌으로써, 러시아 혁명이 계속되도록 만들었다. 레닌은 1차 대전에서 도이치 제국의 기적의 무기였다. 당시 스위스에 망명 중이던 볼셰비키 지도자 레닌은 전쟁 발발 당시에 자신의 정당이 작은 국외자 그룹에 지나지 않았기에, 이번 전쟁과 러시아의 패배를 이용하여 러시아에서 전면적인 사회혁명을 수행하기로 굳건히 마음먹고 있었다. 러시아 대중과 병사들의 극에 달한 평화 욕구도 여기서 도구가 될 참이었다. 레닌의 계획은, 러시아를 항구적으로 전쟁에서 배제하려는 도이치 제국의 소망과 맞아떨어졌다. 1917년 10월 혁명은 레닌의 승리로 돌아갔다. 도이치 제국 지도부의 눈에 레닌의 승리는 도이칠란트의 승리로 보였다. 적어도 동부에서의 승리 말이다. 레닌이 10월 혁명으로 단순히 러시아만을 생각한 것이 아니라, 서유럽 혁명도 생각했다는 것, 그가 러시아에서 출발하여 도이칠란트와 오스트리아, 심지어는 서방국가에도 사회주의 혁명을 가져오기를 희망하고 있다는 것이 도이치 정부를 방해하지 않았다. 레닌의 계획에서 이 부분을 좌절시킬 수 있으리라 자신하면서, 우선은 러시아를 내부 전복과 내전을 통해 전쟁에서 배제할 생각뿐이었다. 그렇게 되었다.

1917년 말에 서부전선에서 전쟁은 고착되어 전혀 움직임이 없었다. 물론 2년 정도 뒤에는 미국의 참전을 통해 서방국가의 강력한 우위가 나타날 위험성이 보였다. 하지만 그 사이 적대국 러시아가 이미 전쟁에서 빠졌고, 그로써 도이치 제국은 이미 극단적으로 지쳤는데도, 1전선 전쟁을 수행하면서 아주 짧은 기간 서부전선에서 우세해졌다. 1918년에 서부전선에서, 1914년의 계획, 곧 번개전이 실현된 셈이었다.

하지만 그 사이 전쟁으로 인해 도이칠란트 내부에서 중대한 정치적 변화가 이루어져 있었다. 최초의 변화는 1914년에 나타났는데, 우리는 그리로 돌아가 보아야 한다. 사민당은 베트만 홀벡이 희망하고 계산한 것처럼 전쟁을 함께 수행하고 전쟁 채권 발행을 승인했을 뿐만 아니라, 모든 반전反戰 활동에서도 완전히 빠졌고, 이제는 실제로 정치적 전쟁기구의 일부가 되기 시작했다. 1914년 국내 정치에서의 이런 변화는 아무리 높이 평가해도 모자란다. 이 변화에서 이미 1918~1933년 사이 전체 도이치 역사가 시작되기 때문이다.

1914년까지 제국에서 사민당은 진짜 정치에서는 배제되어 있었다. 사민당원은 내부의 적, 곧 '제국의 적'이었고, 1912년에 사민당이 의회에서 가장 강력한 정당이 되었는데도 불구하고, 단 한 번도 진짜 협력자로 받아들여지지 않았다. 사민당이 공적인 도이칠란트와 이런 대립을 겪으면서 당 내부에서도 거대한 변화를 겪었다는 사실을 앞의 장에서 이미 언급했다. 1914년 이전에 사민당은 혁명정당에서 개혁정당으로 바뀌었으며, 도이치 정치체제 안으로 들어갈 내면의 각오가 이루어졌다는 것 말이다. 이 모든 것은 1914년까지 외부의 눈에는 거의 보이지 않았다. 도이치 시민 계층[=부르주아지]의 눈에 사민당의 전쟁 애국심은 예상치 못한 일이었다. 1914년에 이런 애국심은 아주 분명하게 드러났고, 제국 지도부도 그것을 감안했다.

도이칠란트의 전쟁 자금은 전쟁 채권의 발행으로 조달되었다. 총 아홉 번의 채권 발행이 있었고, 그때마다 의회의 승인을 받아야 했다. 말하자면 제국총리는 새로운 채권 발행이 필요해질 때마다, 의회의 정당들과 모여 상의하고 그들의 동의를 얻어야 했다. 이런 맥락에서 물론 전체 전쟁 정책과 전쟁의 전망에 대한 논의도 이루어졌고, 사민당도 다른 모든 정당들과 함께 여기 동참했다. 사민당도 함께 활동하면서 영향을 미친 것이다. 그러자 차츰 사민당 내부에서 분열이 일어났다.

사민당 내부의 좌익 세력은, 1914년에 벌써 당의 애국적 전쟁 정책을 몹시 못마땅해하면서 동참했다. 다음 몇 해가 지나는 동안 사민당의 좌익 세력이 더욱 강해지다가, 1917년에 마침내 새로운 '독립 사회민주당'USPED이 갈라져 나왔다. 이 정당은 전쟁을 거부하고 전쟁 채권 발행을 승인하지 않았다. 하지만 독립사민당은 상대적으로 규모가 작았다. '다수 사민당'은—이제 이런 이름으로 불렸는데—예나 지금이나 계속 의회의 최대 정당이었고, 점점 더 전쟁과 전쟁 노력에 함께 섞여들었다. 이 과정에서 사민당은, 도이치 우파가 선전하고, 베트만 홀벡이 '대각선의 정책'을 동원하여 절반만 받아들인, 과도한 전쟁 목적에 반대하는 세력이었다.

베트만은 전쟁의 처음 2년 동안에 이른바 '당쟁 중지'라는 핑계로 전쟁 목적 토론에서 여론을 멀리했다. 하지만 1916년 이후로는 이런 논쟁이 점점 더 공개되었고, 그러면서 의회 안에서 결국 두 그룹이 형성되었다. 우파 그룹은 부분적으로 상당히 극단적인 전쟁 목적, 곧 정복과 합병을 추구하면서 거대한 식민 제국, 거대한 전쟁배상금을 요구했다. 그에 비해 중도좌파 그룹은, 그냥 멀쩡한 상태로 전쟁에서 빠져나오기만 해도 기뻐해야 하며, 그렇기에 모든 기회를 이용하여 합의 평화조약, 곧 '영토 합병과 전쟁배상금이 없는' 평화조약을 체결해야 한다고 보았다.

중도좌파 그룹에는 사민당만 들어 있었던 것이 아니다. 1917년에 사민당, 좌익 자유주의자들, 중앙당으로 구성된 새로운 의회 다수파가 만들어졌다. 이들 의회 다수파는, 우파, 우익 자유주의자, 보수주의자, 의회 밖에서 '도이치 조국당'을 결성한 우익 반대파에 맞서, 언론과 여론에서 지속적인 싸움을 벌였다. 이른바 전쟁 목적 논쟁이었다. 전쟁 목적 논쟁은, 우파의 강력한 전쟁 목적을 실현하려면 먼저 전쟁에서 승리해야 하고, 그것도 완벽한 승리를 거두어야 한다는 점에서 그냥 이론에 지나지 않는 것이었다. 1918년까지 그런 승리는 없었다. 새로운 의회 다수파의 전쟁 목적을 실현하려면, 그러니까 1914년의 국경선을 토대로 합의에 의한 평화조약을 실현하려면, 적들도 이런 평화조약을 맺을 각오가 되어 있어야 하는데, 그 또한 없었다.

그런데도—아니면 바로 그래서—전쟁 목적 논쟁은 도이칠란트 내부의 대립을 극단적으로 깊게 만들었다. 마치 위대한 전쟁 목적만 있으면 이미 승리를 거둘 수 있다거나, 아니면 합의할 각오만 하면 벌써 타협에 의한 평화조약을 이룰 수 있기라도 한 것처럼, 이 논쟁은 몹시 격분한 가운데 진행되었다. 이 문제를 놓고 도이칠란트 내부에 깊은 분열이 생겨나서, 전후에 결국 제대로 갈등에 빠져든다. 하지만 의회 다수파는 어떻게 해도, 전쟁의 노력과 점점 더 이를 악문 전쟁의 지속을 막지는 못했다.

1916~1917년에 도이칠란트에 두 가지 커다란 내부 변화가 일어났다. 1916년에 제2차 총사령부가 실각하였다. 이 사령부는 1914년 11월에 이미 총리에게, 순수하게 군사적 수단만으로는 전쟁에서 이길 수 없다는 보고를 한 바가 있었다. 그리고 1916년까지 검소하고 꼼꼼하게 전쟁을 수행했다. 병력과 물자를 아껴서 가능하면 오래 전쟁을 감당할 수 있게 만들었다. 어떻게든 덜 망가진 채 전쟁에서 빠져나올 수 있는 상황이 될 때까지 전쟁을 오래 견디려고 제한된 군사작전을 펼친 것이다. 1916년에 이 사령부가 물러나고, 힌덴부르크Paul von Hindenburg와 루덴도르프Erich Ludendorff가 지휘하는 제3차 총사령부가 등장하였다. 이들은 정치적으로 완전히 우파의 사람들로, 완벽한 승리와 그런 승리에 뒤따르는 온갖 이익을 얻으려고 노력했다. 그리고 승리를 위해 큰 도박도 마다하지 않을 각오가 되어 있었다. 저 무제한 잠수함 전쟁도 이 3차 사령부가 수행한 것이고, 러시아의 혁명화도 3차 사령부의 강력한 협조 아래 이루어졌다.

두 번째 큰 국내 정치의 변화가 1917년 7월에 뒤따랐다. 제국총리 베트만 홀벡의 실각이었다. 당혹스런 일이었지만 그의 재임 기간에, 우파 총사령부와 좌파 의회 다수파가 함께 활동했다. 이 두 세력은 각기 반대되는 동기에서 베트만을 제거하기를 원했다. 총사령부는 그가 충분히 군사적이 아니어서, 의회 다수파는 그가 충분히 평화주의자가 아니어서. 겨우 몇 달 재임한 과도기 총리 후보를 거친 다음, (1917년 12월에) 처음으로 어느 정도 의회의 지지를 얻은 제국총리가 등장했다. 옛날 바이에른 중앙당 정치가인 헤르틀링Georg von Hertling 백작이었다. 헤르틀링은 새로운 의회 다수파를 기반으로 삼은 사람으로, 다수파 의원 한 사람을 부총리로 임명했다. 오늘날에는 잊힌 자유당 당수 폰 파이어Friedrich von Payer였다.

그 사이 황제는 완전히 수동적 위치로 밀려났다. 전쟁 기간 내내 황제는 예전의 역할을 하지 못했다. 빌헬름 2세는 그냥 총사령부에 굴복하는 일과 의회 다수파에 굴복하는 일 사이에서 이리저리 흔들렸을 뿐이다. 군의 최고 수뇌로서나, 진짜 권위를 지니고 최종 심급의 결정을 내리는 정치가로서나 그 어떤 목소리도 내지 못했다.

도이칠란트는 1917년에 체제가 엉망이 되었다. 겉으로는 헌법상 바뀐 것이 없었다. 하지만 실제로는 헌법이 더는 기능하지 못했다. 도이치 제국의 외교는 실질적으로 군 총사령부가 이끌었고, 국내 정치는 본질적으로 새로운 의회 다수파가 이끌었다. 서로 날카롭게 나뉘어 대립하던 이들 두 개의 권력 중심부는 많은 문제들을 두고 서로 협조했다. 예를 들어 새로운 군 지휘부는 1916년에 국가의 총력 동원령(뒷날 '총력전'이라 부르는 것)을 관철시켰다. 곧 17세부터 60세 사이 모든 남자들의 군수산업 노동의무, 가능한 여성들의 노동의무, 전체 산업체 생산력을 군수물자 생산력으로 바꾸기 등이었다. 의회 다수파는 그에 동의했으나, 국내 정치의 개혁이라는 의미를 밑바탕에 깔았다. 이른바 '보조 인력법'이 결의되었고, 이로써 처음으로 기업가와 노동조합의 장래 임금 협상권, 기업체 안에서 노동조합의 협력 등과 같은 일들이 관철되었다. 미래를 포함하는 이런 장치들은 당시 도이칠란트에는 가히 혁명적인 일이었는데, 총사령부는 그것이 못마땅했으나 자신들의 군사 프로그램을 관철시키기 위해 이를 받아들였다.

1917년 말 도이칠란트의 사정은 다음과 같았다. 국내 정치로 보면 제국은 새로운 기반 위에 서게 되었다. 황제와 제국총리는 이미 실세가 아니었고, 한편에 군사령부, 다른 편에 의회 다수파가 실세였다. 이 두 파는 진짜 조화를 이루지는 못한 채로 어느 정도까지 서로 협조했다. 대외 정책을 보자면 서부전선은 여전히 교착상태였고, 잠수함 전쟁은 실패했으며, 미국은 이미 적의 편에서 선전포고를 해왔다. 다른 한편에서 적국인 러시아가 물러나려고 했다. 이것이 1917년에서 1918년으로 넘어가던 시기의 상황이었다. 그리고 이런 상황은, 이미 지나치게 노력한 나머지 내부의 힘이 거의 소진된 상태인데도 불구하고, 제국에는 한 번 더 짧은 기간 승리의 가능성을 제공하는 듯이 보였다.

1918년

1918년은 도이치 제국의 역사에서 붕괴 지점이다. 1918년까지 제국은 원래의 헌법과 시민의 의식에서 여전히 건국 당시의 국가였다. 곧 프로이센이 주도하는, 절반 의회주의(=내각제) 군주제 연방국가였다. 1918년에 이 모든 것이 변했다. 1918년 이후로 도이치 제국은 다시는 평온을 찾지 못했다. 이해의 사건들은 두려울 정도로 모순에 가득 차고, 두려울 정도로 답답하고, 두려울 정도로 허둥대는 것이었다. 게다가 이 사건들은 오늘날까지도 도이치 사람들의 의식에서 올바르게 정리되지 못했다. 나는 이 자리를 빌려 가능한 범위에서 어느 정도까지 이 사건들을 밝히려 한다.

1918년 초에 도이치 제국의 전쟁 상황은, 1914년 슐리펜 계획의 실패 이후로 그 어느 때보다 전망이 좋아 보였다. 이해의 시작을 알리는 대형 사건은 볼셰비키 러시아와의 평화조약, 곧 브레스트-리토프스크Brest-Litowsk 조약의 체결이었다. 그로써 도이칠란트는 원한다면 동부전선 전쟁을 중단하고 서부전선에 집중할 수 있게 되었다. 말하자면 동부에서 원래의 전쟁 목적을 거의 완벽하게 이루고 난 다음, 서부에서 적어도 일시적으로나마 한 번 더 군사적 우위를 성취할 수 있게 된 것이다.

1914년 9월치 회고록에서 베트만은, 동부전선의 전쟁 목적을 두고, 러시아를 도이치 제국 국경선에서 밀어내고 러시아의 속국들을 해방시킨다는 것으로 요약한 바 있었다. 브레스트-리토프스크 조약의 내용은 정확하게 이것이었다. 이는 러시아에 극히 가혹한 도이치 제국 승리의 조약이었다. 러시아에 속하는 커다란 띠를 이룬 지역, 곧 발트 연안 국가들과 폴란드와 우크라이나가 이제 독립국가가 되었다. 동시에 이들은 어느 정도 도이칠란트에 종속되고 또 점령되었다. 러시아는 도이칠란트 국경선에서 밀려 나갔고, 도이칠란트는 러시아의 희생으로 동유럽에서 직간접적으로 지배할 수 있는 엄청난 제국을 얻었다. 그것 말고도, 그리고 당시에는 이것이 거의 더 중요한 일처럼 보였는데, 도이치 동부전선 군대가 새로 얻은 나라들에서 꼭 필요한 소수의 점령군만 빼고는 이제 자유를 얻었다.

이 자리에서 미리, 나중에야 더 큰 중요성을 얻게 되는 한 가지 사실을 지적하고 싶다. 막 시작된 러시아 내전의 혼란 속에서, 그리고 볼셰비키 정부에 대한 협상국들의 개입 아래서, 도이치 제국의 실권자들은 갑자기 브레스트-리토프스크 조약을 넘어 러시아 전체를 도이칠란트의 종속 아래 둘 가능성을 보았다. 도이치 군대가 브레스트-리토프스크 조약에서 확정된 국경선을 훨씬 넘어 진군하는 일이 시작되었다. 1918년 여름에 도이치 군대는 북부 나르바Narva에서부터 드네프르Dnepr 강을 넘어 '돈Don 강변의 로스토프Rostov'에 이르는 긴 선상線上에 섰다. 그러니까 그들은 거의 2차 대전 때 히틀러가 차지한 만큼이나 멀리 진출한 것이다. 러시아의 거대한 지역을 이미 손아귀에 넣고도, 볼셰비키 통치 지역을 폐허로 만들어 진짜 러시아를 도이치 제국으로 만들 수 있지 않을까 생각하기 시작했다. 어떤 의미에서 보자면 뒷날 히틀러가 얻으려고 노력하던 저 동부 제국은 이미 한 번 도이치 제국의 영역에 들어온 적이 있었고, 그것이 많은 도이치 사람들의 머리에 깊이 각인되었다. 물론 히틀러의 머리에도. 1918년의 경험으로부터 러시아가 점령 가능하며, 그 거대한 크기와 엄청난 인구에도 불구하고, 극복하고 정복하여 종속시킬 수 있는 허약한 나라라는 확신이 남았다. 1914년에만 해도 그야말로 생각할 수도 없었던, 완전히 새로운 생각이 도이치 정치에서 한몫을 하기 시작한 것이다. 앞서 말했듯이 그것은 앞으로 미래에 중요해질 생각이었다. 1918년에 이 도이치 동부 제국은 그냥 한순간의 현상에 지나지 않았으니까. 이 제국은 이해의 나중에 일어난 사건들로 인해 그대로 침몰했고, 거대 동부 제국의 환영幻影만 뒤에 남겼다. 1918년 초에 사람들은 이 모든 일에 대해 아직 아무 짐작도 하지 못했다. 아니 더욱 정확하게 말하자면 아예 아무것도 몰랐다. 그런데도 상황은 철저히 희망에 넘친 것으로 보였다. 동부전선 군대의 큰 부분, 가장 좋은 부분을 불러들여 서부전선으로 보낼 수 있게 되었으니까. 총사령관 힌덴부르크 휘하에서 사령부의 실질적인 두뇌이던 루덴도르프는, 1917년 11월 볼셰비키 혁명의 승리 직후에 이미 이런 결정을 내렸다. 그러면서 이번 군대 이동으로 1914년 이후 처음으로 서부전선에서 어느 정도 군사적 우위를 차지하리라는 희망을 지녔다. 그러니까 1918년 초에는 서부 전선에서 결정적인 공격을 감행할 수 있게 된 것이다.

이런 생각에는 몇 가지 반대하는 요소들이 있었으니, 당시 지성을 갖춘 사람들은, 마지막 순간 거대한 승리의 희망이 깨어나던 1918년 초에도 이미 그것을 알아볼 수 있었다. 즉 도이칠란트가 이미 두려울 정도로 기진맥진한 나라라는 사실이었다. 1918년에는 후방 도시의 시민들만이 아니라 군대도 영양부족 상태였다. 동맹국들의 상황은 더욱 나빠 보였다. 오스트리아는 1917년 이후로 이미 끝장나 있었다. 이해에 오스트리아는 전쟁에서 빠지려는 서투른 시도를 했었다. 오로지 1918년 도이칠란트의 승리의 전망만이 오스트리아를 아직도 동맹국으로 붙잡아놓고 있었다. 터키나 불가리아도 상황은 비슷했다. 도이칠란트가 승리할 거라면, 옆에서 그냥 구경만 하고 싶지는 않았던 것이다. 하지만 그들 모두 떨어져 나갈 준비가 되어 있었다. 1918년 봄과 여름에 도이치 군대가 결정적인 군사적 승리를 못할 경우, 그들 모두 즉시 동맹을 무너뜨릴 속셈이었다.

또 다른 관점에서도 1918년 도이치 군대의 서부전선 공격에 모든 것이 달려 있었다. 1917년 봄에 미국은 선전포고를 하기는 했으나,

전쟁 준비가 전혀 되어 있지 않았다. 우선 군대를 모으고 훈련시켜 프랑스로 수송해야 했다. 선발대조차 파견하지 못한 1917년에 이런 일은 전혀 가능하지가 않았다. 하지만 이제 1918년에는 전쟁 기계가 가동되기 시작했다. 최초의 미국군 부대가 1918년 초에 프랑스에 도착했고, 여름과 가을에는 아직 적은 규모나마 전장에 뛰어들었다. 이들은 점점 더 보강되어 1919년에는 압도적인 숫자가 될 판이었다. 그때까지 서부전선에서 군사적으로 승리를 거두지 못한다면, 전쟁에 진다는 것은 불을 보듯 뻔한 일이었다.

도이치 사람들은 자기들에게 유리한 결과를 얻으려고 한다면, 몹시 서둘러서 통과해야 할 좁은 통로를 눈앞에 두고 있었다. 만일 이것을 놓친다면 패배가 기다리고 있었다. 그것이 1918년 초의 매우 극적인 상황이었다.

루덴도르프는 미국이 대규모로 개입하기 이전 1918년 초에 전선戰線을, 그것도 영국 전선을 무너뜨리려고 모든 것을 동원했다. 1918년 서부전선 공격의 계획은 많은 점에서 뒷날 1940년의 만슈타인 작전을 연상시키는데, 만슈타인 작전은 성공했다. 이 작전은 영국-프랑스 전선의 이음매 부분에 총력을 집중했고, 영국 전선이 남쪽 끝에서 뚫리면서 붕괴 지점 이북에 고립된 영국군은 바다까지 밀렸다. 일이 그렇게 되자, 공격군은 온전히 프랑스에만 집중할 수가 있게 되었던 것이다.

처음 공격이 정말로 적진을 돌파하여 도이치 군대가 바다에 도달하면서, 영국군과 프랑스군을 나누어놓는다는 것이 작전의 핵심이었다. 이 시도는 이른바 '황제전'이라는 이름으로 불렸다. 벌써 여러 번이나 힘들게 돌파한 지역에서 벌어지는 대규모 공격이었다. 극히 잘 준비된 작전 계획을 지닌 도이치군 3개 군단과 영국군 2개 군단이 맞붙었다. 1918년 3월 21일에 공격이 개시되었다. 이 공격은 작전상으로는 서부전선의 그 어떤 연합군 작전보다도 더 큰 성공을 거두었다. 어쨌든 도이치 군대는 공격을 받은 영국군 2개 군단 중 하나, 곧 남부 군단에 심각한 패배를 안기고 거대한 지역을 획득했으며, 영국군을 뒤로 밀어붙여 며칠 동안 연합군 진영에 위기를 불러왔다.

하지만 이런 위기는 극복되었다. 이번에도 아주 짧은 시간 만에 1차 대전의 전투들이 거듭 보여준 사실이 다시 확인되었다. 곧 당시 전쟁의 기술적 조건들이 전략의 가능성을 과격하게 제한한다는 사실이었다. 공격에 성공한다 해도—그리고 이번에 도이치군은 그때까지 연합군의 그 어떤 공격보다도 더욱 성공했지만—완전히 돌파할 수는 없었다. 구멍이 생기면 재빨리 메우면서 병력을 이동시켜 방어하는 일이, 공격 부대를 먹이고 진격시키고 새로운 부대로 보강하는 일보다 더 빠르게 이루어졌기 때문이다.

1차 대전이 적어도 서부에서는 아직도 보병 전쟁이었다는 사실을 항상 염두에 두어야 한다. 그 어떤 군대도 개별 군인의 행군 속도보다 더 빨리 진격할 수는 없었다. 방어군은 배후에 철도를 두고, 철도를 통해 다른 전선에서 병력을 이쪽으로 수송해 올 수가 있었다. 이번에도 그랬다. 3월 21일에 도이치 총공격이 시작되어 며칠 동안 대규모 승전보가 나오고, 상당수의 포로와 엄청난 지역의 확보가 이어졌다. 그런 다음 사태 진행이 차츰 느려지다가 완전히 멈추어버렸다. 도이치군의 공격은 3월 말에는 이미 전략적으로 실패한 공격이 되었다. 말하자면 전략적 목표를 달성하기 전에 더 이상 전진하지 못하고 앞이 꽉 막혀버린 것이다. 엄밀히 살펴보면 그로써 이미 겉보기로나 실질적으로나 서부전선에서 도이치군의 승리의 가능성은 물 건너간 일이었다.

그런데도 불구하고 루덴도르프는 포기하지 않았다. 곧이어 4월에 두 번째로, 이미 앞서보다 약해진 상태로 영국군의 북부전선에서 공격을 감행했다. 그런 다음 다시 멈춤. 이어서 이번에는 전혀 다른 지점인 프랑스군 전선에서 세 번째 공격, 그 과정에서 도이치 군대는 5월 말~6월 초에, 〔4년 전〕 1914년의 운명의 강이었던 마른Marne 강에 도달했다. 이번에는 약간 거칠고도 절망적으로 버둥거린다는 느낌을 주었다. 작전은 다시 전술적으로는 성공했으나, 앞의 전투들과 같은 운명을 맞았다. 처음의 거대한 성공들에 뒤이어 새로 보강된 병력에 맞닥뜨렸으니, 실질적인 돌파를 하지 못했다. 7월 중순에 렝스Reims에서 네 번째 공격이 이루어졌고, 지난 몇 해의 연합군 공격과 비슷하게 시작부터 패배. 이로써 1918년 도이치군의 승리 기회는 사라졌다.

나는 이 점을 특별히 강조하는 바이다. 내 눈에 그것은 매우 극적으로 전개된 1918년의 경과 과정의 열쇠로 보이기 때문이다. 도이치 지도부, 군대, 그리고 어느 정도는 일반인에 이르기까지—그동안 밝혀진 바에 따르면—1918년 7월 중순 이후로는 전쟁에 이길 수가 없다는 것, 승리의 마지막 기회가 사라졌다는 것을 이미 알고 있었다. 이제 미국군이 도착해 여기저기 모습을 드러냈다. 그리고 아무도 미리 예상하지 못했던 일이지만, 정말로 목숨이 위태로운 순간을 보낸 다음, 프랑스군과 영국군도 한 번 더 힘을 내서 대규모 반격에 나섰다. 7월 18일 실패로 돌아간 도이치군의 영국군 전선 공격에 바로 잇대어, 주로 캐나다와 오스트레일리아 군대로 보강된 반격이 1918년 8월 8일에 시작되었다. 루덴도르프는 이것을 '도이치 군대 암흑의 날'이라 불렀다.

이로써 연합군이 전에는 한 번도 성공한 적이 없었으나, 도이치군이 1918년 봄에 이룩한 것에 연합군도 처음으로 성공했으니, 곧 첫 공격의 순간에 벌써 대단한 작전상의 승리를 거둔 것이다. 그것도 아직은 전략적 승리, 곧 적진 돌파로 이어지지는 못했지만, 이는 도이치 군대에는 완전히 새로운 트라우마의 경험이었다. 영국, 캐나다, 오스트레일리아 연합 군대가, 그것도 이제 처음으로 이번 전쟁에서 대규모 역할을 하게 된 전차를 이끌고 도이치 지점들로 들어왔고, 몹시 서두른 제1전선의 후퇴를 강요하면서—이 또한 그때까지는 없었던 일—엄청난 포로를 만들었다. 그들은 승리를 구축할 수가 있었다.

루덴도르프는 회고록에서, 보충을 위해 진군하는 도이치 단위부대들이, 후퇴하는 전선의 병사들에게서 '파업 파괴자'라는 인사말을 듣는다는 보고를 받았다고 전한다. 정말로 일어난 일이든 아니면 그냥 전설이었든, 이 이야기는 루덴도르프에게 깊은 인상을 만들어냈다. 회고록에서 그는, 그 뒤로 전쟁 수행 기구인 도이치 군대를 더는 믿을 수 없다는 게 분명해졌다고 썼다. "전쟁이 끝났다."

3월과 8월 사이에 대체 무슨 일이 있었던가? 3월에 도이치 군대는 비록 지치고 제대로 먹지 못해 영양부족 상태였지만, 사라져가는 마지막 힘을 다해서 한 번 더 사기에 넘쳐 공격하고 싸워서 순간적으로 큰 성공을 거두었다. 8월에 군대는 더 이상 아무런 각오도 없이, 오로지 방어 임무에만 마지막 힘을 다했다. 그 사이에 어떤 급변이 일어났다고 보아야 한다. 이어지는 다음 몇 달, 곧 1918년 8월부터 11월까지의 긴 퇴각 전투 동안에 그런 급변이 아주 뚜렷하게 보였다. 도이치 군대는 사기의 측면에서 서로 다른 두 부분으로 나뉘었다. 군대 일부는 예전이나 똑같이 열심히 싸웠다. 이들은 패배가 다가오는 것을 보며 오히려 더욱 열성적이 되었다. 영웅적인 방어 전투들도 있었다. 하지만 이미 말했듯이 오직 군대의 일부만 그랬다. 또 다른 대부분의 병사들 사이에서 도이치군의 사기는 손상되었다. 이 병사들은 근본적으로 따지면 속으로는 이미 포기했고, 이렇게 패배한 전쟁의 막바지에 자기 목숨을 걸 마음이 없었다. 군사적 관점에서는 광신주의라 할 만큼 절망적으로 방어하는 첫 번째 부류의 군인을 물론 더 높이 평가하게 마련이다. 하지만 다른 부류의 사람들도 공정하게 대해야 한다.

이들은 겁쟁이나 탈영병이 아니라 그냥 생각을 지닌 군인들이었다. 1차 대전에서 대부분의 군인들은 생각하는 사람들이었던 것이다. 오래된 직업군인들은 명령에 따르도록 훈련받은 순수한 전쟁 기계였다. "생각이야 말들더러 하라지, 말이 머리도 더 크니까." 1차 대전 후반부에 '최종 투입' 군인들에게서 이런 절대복종을 기대할 수는 없었다. 그들은 생각을 지닌 부르주아 계층 군인이었다. 완전한 전투력을 펼치려면 이들은 군대 기강 말고도, 오늘날 우리가 '동기'라고 부르는 게 필요했다. 자기들이 싸울 가치가 있는 것을 위해 싸운다는 느낌 말이다. 여기서는 이상주의적인 전쟁 목적을 말하는 것이 아니라, 그냥 승리의 가능성을 말하는 것이다.

1918년 7월 이후로, 어쩌면 이미 4월 이후로 승리 가능성은 없어졌다. 도이치 사람들은 마지막 화살을 다 쏘아버렸다. 그 화살은 과녁을 맞히지 못했다. 이제부터 그들은 오로지, 제지할 길이 없는 패전을 미루기 위해서만 싸웠다. 그 어떤 결실도 내지 못하면서 자신을 희생해야 한다는 생각을 지니고는, 심리적·물질적인 피로 현상들이 나타날 수밖에 없었다.

전쟁 능력의 상실이 군대에서 일어났다는 점에서 루덴도르프의 말이 완전히 옳았다. 그것은 민중 사이에서, 아직도 맹목적으로 승리를 믿고 있던 후방에서 일어난 일이 아니었다. 그 밖에도 후방에서는 과장된 낙관적 전쟁 보고로 인한 오해도 있었다. 1918년 봄과 여름에 패배를 겪은 것은 실은 군대였다. 지도상으로는 거의 알아보기 힘든 패배였으니, 사기 문제였기 때문이다. 승리를 갈구하던 1914년의 군대는 그 뒤로는 더 이상 없었다. 많은 부대가 전력을 다해 싸움을 계속하긴 했지만, 도이치군의 사기가 전체적으로 보아 무너진 것은 아니라도, 매우 심각한 손상을 입었다. 1918년 8월에 루덴도르프가 전쟁이 끝났다는 결론을 내렸다면 그는 완전히 옳았다.

하지만 어떻게? 그 사이에 서방 군대는 위기의 순간을 넘기고 나자, 미국군을 오래 기다리지 않고도 자기들이 곧바로 반격으로 넘어가면 이길 수 있다는 확신을 갖게 되었기 때문이다. 그들은 반격이 성공한다는, 전에 맛보지 못한 경험을 하게 되었다. 8월 이후로 도이치 군대는 아직 싸우고는 있어도 이전처럼 단호히 싸우지 않았고, 진지에서 다음 진지로 계속 물러나고 있었다. 9월 말에는 최후의 방어선인 이른바 힌덴부르크 방어선에 도달했다. 예전의 전선에서 훨씬 뒤로 물러난 방어선이었다. 그리고 바로 여기서 연합군은 잠깐의 휴식을 취한 다음, 전력을 다해 반격을 시작했다. 이제 연합군의 힌덴부르크 진지 돌파와 그로써 서부전선의 군사적 붕괴가 위협적으로 눈앞으로 다가왔다.

이런 상황에서 루덴도르프는 포기하기로 결심했다. 9월 28일에 그는 휴전休戰 청원을 하기로 힌덴부르크와 합의했다. 그것은 미국의 윌슨 대통령이 내놓은, 이른바 '14개 조항'을 바탕으로 한 평화 제안과 결합된 청원이어야 했다. 힌덴부르크와 루덴도르프가 이 14개 조항을 자세히 읽었더라면, 그들은 이것이 도이치군의 전면적 패배를 전제로 한 것이라는 사실을 분명히 알았을 것이다. 14개 조항에는 알자스-로렌 지방을 프랑스에 돌려주는 것만이 아니라, 프로이센-폴란드 영토를 포함하는 새로운 폴란드 영토가 발트 해로 진출한다는 조건도 들어 있었다. 이는 장차 폴란드의 〔발트 해에 이르는〕 '복도'라고 불리는 지역이다. 나는 루덴도르프가 14개 조항을 면밀히 탐구했다고는 생각하지 않는다. 그는 미국이 도이칠란트의 휴전 및 평화 요청을 거부하기 어렵게 하려고, 그냥 14개 조항을 링 안으로 던져 넣었던 것이다.

다음 날 9월 29일에, 이후의 사건 진행에서 매우 중요해지는 일이 일어났다. 루덴도르프는 이날 민간 정부를 사령부로 불러들였다. 정부의 가장 중요한 두 인사, 곧 제국총리 헤르틀링 백작과 외무장관 폰 힌체Paul von Hintze는 각기 따로 이곳에 도착했다. 아직 힘이 좋고 젊은 힌체는 밤새 기차를 타고 와서 일요일 아침에 루덴도르프를 만났다. 나이가 든 헤르틀링은 낮 열차를 타고 늦은 오후에야 슈파Spa에 있는 총사령부에 도착했다. 하지만 그 사이에 힌체가 루덴도르프에게 새로운 아이디어를 내놓았다.

힌체의 생각은, 윌슨 대통령의 공감을 얻기 위해 국내 정치 측면에서 휴전 청원을 뒷받침한다는 것이었다. 즉 미국 대통령에게 깊은 인상을 주려면 의회 민주주의 정부가 필요하다, 그러니까 새로운 민주주의 도이칠란트가 평화를 청하는 것이 좋겠다. 윌슨 자신이 내놓은 평화 강령에 기반을 둔 평화를 말이다! 그러니까 의회 다수파가 내각을 구성하고, 그것 말고도 제국을 의회주의-내각제 군주국으로 만들도록 헌법을 고쳐야 한다. 내각제 국가에서, 의회는 불신임 투표를 통해 장관들과 총리를 해임할 수 있다. 즉 임박한 군사적 붕괴 때문이 아니라, 이런 민주주의 개혁의 측면에서 평화를 청원한다는 인상을 일깨워야 한다는 것이다.

루덴도르프는 이 제안을 기꺼이 받아들였지만, 그러면서 아마 다른 생각도 했을 것이다. 나는 그가 힌체의 제안 뒤에 숨어 있는 심리적·외교적 고려들을 올바르게 평가했을 것이라 생각한다. 하지만 그것을 넘어 재빨리 깨달은 것은, 이런 방식이라면 자기가 직접 백기를 들어 올릴 필요가 없으며, 의회 다수파, 즉 국내 정치 면에서 자신의 적들에게 이 일을 떠넘길 수가 있다는 사실이었다.

그렇게 해서 9월 29일 총사령부에서, 곧이어 황제가 등장하여 극히 수동적인 태도로 참석한 가운데, 즉각적으로 의회 다수파 출신 장관들로 구성된 내각제 정부를 만들기로 결정했다. 이 새로운 정부가 군 최고 지휘부의 공식적인 참석이 없이, 하지만 극도로 서둘러서 휴전 및 평화 청원을 제출해야 한다. 루덴도르프의 계산에 따르면, 서부전선의 붕괴가 바로 눈앞에 다가와 있었기 때문이다. 대신 헌법을 변경하고 제국을 의회주의 국가로 만드는 일이 새 정부에 허용되었다.

10월 2일에 베를린에서 의회 지도 인사들이 루덴도르프의 대리인을 통해 이 모든 소식을 들었을 때, 그들은 망연해졌다. 서부전선 전쟁이 군사적으로 패배했고, 심지어 군사적 붕괴가 그토록 눈앞에

다가와 있다니 그들 모두에게 놀라운 일이었고, 의회 다수파에게도 정말로 몹시 놀라운 일이었다. 이런 두려운 소식에 덧붙여, 이제 자기들이 망가진 업체를 넘겨받아 파산을 선포하고, 자기들 책임이 아닌 일에 대한 책임을 떠맡으라는 요구도 함께 나왔던 것이다.

암담한 이 순간에 사민당이 이 돌파구로 뛰어들었다. 이런 특이한 발전은 평화 시에 이미 준비되었던 것이지만, 이제 다가오는 몇 주와 몇 달 동안 완전히 결정적인 것이 될 참이었다. 사민당은, 적어도 사민당 다수파는 다른 어떤 정당보다도 책임을 떠맡을 각오가 되어 있었다. 사민당의 당수 프리드리히 에버트는, 우리더러 책임을 떠맡으라고 한다면, 우리는 '이 돌파구로 뛰어들어야 하고', 도이치 제국에서 아직 구할 수 있는 것을 구해야 한다고 말했다. 사민당에게 휴전 청원을 내라는 요구를 하고, 수십 년 전부터 그들이 이루고자 노력한 것, 곧 나라를 의회주의 국가로 만드는 것에 동의해주었으니 더 말할 게 무엇이랴. 이제 의회는 불신임 투표를 통해 총리와 장관들을 경질할 수 있고, 그 밖에도 이미 시효가 끝난 프로이센의 〔납세액에 따라 각기 심한 차별적 권리를 두는〕 3등급 투표제를 폐지할 수 있게 되었다. 사민당의 요구 목록에서 이 시기에 아직도 결정되지 않고 남은 몇 가지 중요한 점들이 더 있기는 했다. 하지만 이런 요구들도 결국은 실현되었다. 에버트를 당수로 하는 사민당은 얼마간의 토론과 숙고를 거친 끝에 이 거래를 성사시키기로 했다.

황제 시대 국내 정치 측면에서 얼마나 믿을 수 없이 대단한, 뒤늦은 성공이었는지 생각해보라. 비스마르크 시대 '제국의 적들'이자 빌헬름 2세의 표현대로 '조국도 없는 자들', 아웃사이더이던 자들이 통치 정당으로서 이제 나라를—그것도 황제 국가를, 이 시기에만 해도 아직 군주제의 붕괴에 대한 말은 없었으니—떠맡으면서 몇 가지 개혁을 계속하고, 심지어는 패전의 책임까지 떠맡으려 하는 것이다. 그야말로 획기적인 사건이었다.

바덴 주州 통치 가문의 일원으로 자유주의 귀족이던 막스 폰 바덴Max von Baden 왕자의 지휘 아래, 사민당, 좌파자유당, 중앙당 의원 출신 장관들로 내각이 구성되었다. 이 정부는 10월 3일에 정부의 이름으로, 군사적 상황과 최고사령부의 역할에 대한 암시 없이, 윌슨 대통령에게 휴전 및 평화 청원을 보냈다. 황제가 손수 나서서 망설이는 막스 왕자를 설득하여 이루어진 일이었다.

이제 많은 일들이 한꺼번에 일어났다. 맨 먼저 9월 28일과 29일에 루덴도르프가 예측하던 서부전선에서의 군사적 붕괴가 나타나지 않았다. 도이치 군대는 11월 11일 휴전일까지 전투를 계속했다. 후퇴를 계속하고 영토를 잃고 있었지만 계속 싸웠다. 도이치 병사 25만 명 정도가 이 마지막 몇 주 동안에 포로로 잡혔다. 하지만 그래도 여전히 전쟁 마지막 날까지 벨기에와 프랑스 영토에는 계속 약화되면서도 전투를 계속하는, 서로 이어진 전선이 존재했다.

다른 한편으로는 이제야, 정말 이제야 후방 전선에서 내부의 붕괴라고 할 만한 일이 일어났다. 대다수의 도이치 사람들, 특히 굶주리며 오랫동안 불만을 품어온 노동자 계층, 그러니까 좌파 지지자들은 갑자기, 군대의 보고가 패배를 알린 적이 한 번도 없었으니 이른바 승리의 한가운데서 갑자기, 전쟁에 졌다는 소식을 들었다. 적어도 우리 편에서 패배를 인정했다는 소식이었다. 이 사람들〔사민당을 포함한 좌파 지지 노동자들〕이 자기들을 이 지경까지 끌고 온 지도부에 대한 신뢰를 잃어버렸다는 게 전혀 놀랍지 않다. 대도시에서는 일종의 혁명 같은 것이 준비되었다. 혁명은 준비만 되고 아직 터지지는 않았지만, 1918년 10월에 도이칠란트의 국내 정치 풍경은 심하게 변하기 시작했다.

이 10월에 다시 어떤 일이 일어났다. 윌슨은 도이치 제국의 휴전 청원에 즉시 동의하지 않았다. 그는 메모 하나를 보내서 자기로서는 도이치 제국의 갑작스러운 민주화가 정말로 진지하게 받아들여도 되는 것인지 의심스럽다고 말했는데, 이는 아주 부당한 일만도 아니었다(황제와 각 주의 영주들이 아직 모조리 그대로 남아 있는 판이니까). 그는 연속된 세 개의 메모에서 도이치 내부 정책에서 더 많은 변화를 요구했다. 윌슨은 이 전쟁을 무엇보다도 이데올로기 관점에서 바라보았다. 그는 도이칠란트의 진짜 민주화를 요구했고, 그 말은 무엇보다도 황제가 없어져야 한다는 뜻임을 분명히 했다.

윌슨의 요구를 받고 이제야 10월 중에 도이칠란트에서 '황제 논쟁'이 시작되었다. 이제 어차피 되돌릴 길이 없으니 이 요구도 받아들여야 하는가, 그러니까 황제가 물러나야 할 것인가? 새로 구성된 정부의 구성원들 사이에서 황제가 물러나는 것에 찬성하는 파가 생겨났다. 그들의 생각은 군주제 자체는 아니라도 현재의 황제만은 희생시켜야 한다는 것이었다. 다른 그룹이 이에 맞섰는데, 특히 군 지휘부와 해군 지휘부는 이 그룹을 지지했다. 여기서 조심스럽게 그 점을 지적해야겠다.

루덴도르프는 10월에 이상한 변덕을 부렸다. 그는 9월 29일에 서부전선의 붕괴가 눈앞에 다가와 있다는 두려움에 빠져, 일종의 패닉 상태에서 체제 전복 쿠데타라고 할 만한 일을 주도했었다. 하지만 예상한 붕괴가 나타나지 않고 아직도 서부전선에서 전투가 계속되자, 루덴도르프는 생각을 바꾸었다. 이제는 다시 전쟁을 극단까지 계속하기를 바라게 된 것이다. 여기서 순수하게 군사적으로만 보면, 서부전선에서 아마도 이른바 겨울철 버티기가 가능했을지도 모른다는 점을 인정해야 할 것 같다. 연합군 공격은 계속 앞으로 나아가고는 있었으나, 어디서도 진짜 돌파에는 성공하지 못했다. 그 사이 10월이 오고 11월이 되었다. 아마도 겨울에는 작전 중지가 나타났을 것이고, 어쩌면 서부전선의 안트베르펜-마스Maas〔=뫼즈Meuse〕 전선을 한 번 더 견고하게 만들어, 이듬해 봄과 여름의 전선戰線을 준비할 수 있었을지도 모른다. 그렇게 되면 유럽에 도착한 막강한 미국군 병력이 그야말로 무자비하게 공격하면서 도이칠란트 영토 안으로 밀려 들어왔을 것이다.

하지만 전혀 다른 일이 일어나서 서부전선의 저항을 그야말로 아무 의미도 없는 것으로 만들었다. 동맹국들이 무너진 것이다. 원래 그들은 1918년 초에 이미 끝장나 있었다. 다만 대규모 도이치군 공격이라는 마지막 기회, 도이치 군대의 마지막 군사적 으뜸패가 나오기를 기다리고 있었다. 이 으뜸패가 성공하지 못하자 오스트리아, 불가리아, 터키가 내부에서 해체되었다. 오스트리아에서는 여러 민족들의 봉기가 시작되었고, 오스트리아 군대는 도이치 군대보다도 훨씬 더 심하게 전쟁 기계로서의 쓸모를 잃었다. 완전히 무너진 첫 번째 전선은 발칸의 오스트리아-불가리아군 전선이었다. 이탈리아에서 오스트리아군의 붕괴가 뒤를 이었다. 설사 도이치 서부전선이 어쩌면 겨울철을 견디고 살아남는다 하더라도 이번에는 남부전선이 새로 생길 판인데, 그에 대해 도이치 군대는 아예 아무 조치도 취할 수가 없었다.

이렇게 복잡한 결말 조건들의 틀 안에서, 이번에는 도이치 국내정치가 움직였다. 앞서 이미 언급했듯이 도이칠란트에서는 10월 말에 다시 두 개의 옛날 당파들이 서로 대립했다. 예전에 전쟁 목적을 논하던 파는 이제는 최후의 분전奮戰을 옹호하는 파가 되었다. 예전에 〔연합국과의〕 합의에 의한 평화를 옹호하던 파는 이제는 거의 무조건 종전파가 되었다〔130쪽 전쟁 목적 논쟁 참조〕. 이 대립은 11월 초에 정말로 이제껏 아무도 예상하지 못했던 도이치 혁명의 발발로 이어졌다.

도이치 혁명은, 정부에 아무 보고도 하지 않은 채로 영국 함대에 맞서 한 번 더 거대한 일전一戰을 감행하겠노라는 해군 지휘부의 단호한 결정을 통해 촉발되었다. 도이치 함대 병사 일부가 이 계획에 반대하여 폭동을 일으켰고, 폭동은 진압되었다. 그 과정에서 폭동을 일으킨 수많은 해병들이 체포되었다. 전시 재판소는 이들에게 사형선고를 내리겠다고 위협했는데, 그러자 동료 해병들이 그것을 그대로 두고 보려 하지 않았다. 당시 서부 기지에서 후퇴한 도이치 함대가 머물고 있던 킬Kiel에서 11월 4일에 대규모 해병 폭동이 일어났다. 폭도들이 배를 접수하여 배에 붉은 깃발을 꽂고, 해병 평의회를 여러 개나 구성하고는 마지막으로 킬 시市를 장악했다.

이 해병 폭동은 시기적으로 '황제 문제' 논쟁과 맞물려 일어난 일로, 정치적으로는 이렇다 할 목표도 없었다. 하지만 함대와 도시를 장악하고 나자 해병들은 폭동을 일으킨 죄로 사형을 당하지 않으려면, 이미 시작한 일을 어떻게든 끝까지 밀고 나가야만 한다는 사실을 알았다. 그들은 떼를 지어 킬을 떠나, 11월 4일부터 겨우 한 주 만에 혁명을 북도이칠란트 전역에 마치 들불처럼 퍼뜨렸고, 이어서 서부 도이칠란트, 마지막으로는 도이치 제국 대부분의 지역으로 퍼뜨렸다. 여기 덧붙여서 또 다른 주의 수도들, 예를 들면 11월 7일의 뮌헨 등, 수도들에서도 임의의 폭동이 이어졌다.

혁명에는 지도자도 없었지만, 이는 대중에게서 터져 나온 통제하기 어려운 과정이었다. 후방의 군대는 제각기 병사 평의회를 결성하고, 공장은 제각기 노동자 평의회를 만들었다. 대도시에서는 노동자 평의회와 병사 평의회가 일종의 행정을 떠맡았다. 10월에 출범한 [사민당 주도] 정부가 딛고 서 있던 바닥이 흔들리기 시작했다. 이 혁명은 새로운 정부에는 시기적으로 극히 맞지 않는 일이었다.

막스 폰 바덴 왕자는 자신의 회고록에서 1918년 11월 7일에 에버트와 만난 것을 이렇게 보고한다.

"나는 에버트와 단둘이서 이른 오전에 정원에서 만났다. 먼저 내가 그에게 계획하고 있던 여행에 대해 알렸다. '내가 무슨 생각을 하는지 아시지요. 내가 황제를 설득하는 데 성공하면, 사회주의 혁명에 맞선 싸움에서 당신이 내 편이라고 믿어도 되겠소?' 에버트의 답변은 망설임 없이 아주 분명하게 나왔다.

'황제가 물러나지 않는다면 사회주의 혁명을 피할 길이 없지요. 나는 혁명을 원하지 않소, 물론이지, 혁명을 죄처럼 미워하니까.'"

이로써 에버트는 자신의 주관적 진실을 표현한 것이다. 그는 10월에 당과 더불어 국내 정치 면에서 자기들이 이루고자 했던 것을 모두 이루었다. 이제 그들은 즉시 전쟁을 끝내고, 부르주아 진보당, 중앙당과 더불어 일종의 전쟁의 파산 관리자가 되어 도이치 제국을 계속 통치할 계획이었다. 그 사이 10월 개혁들로 드러난 것처럼, 내각제 군주국으로서 말이다. 그래서 바로 이 시점에 혁명이란, 그들이 가장 바라지 않는 것이었다.

하지만 더 이상 혁명을 멈출 수 없을 듯이 보였다. 11월 9일 토요일에 수도 베를린마저 혁명 세력이 장악했다. 총파업이 벌어지고, 노동자 대중은 거리로 나가 의회 건물 앞 도심에 모여 데모를 했다. 전쟁을 끝내라는 요구 말고는 특별한 요구 조건도 없었다. 하지만 집권 사민당의 2인자인 샤이데만Philipp Scheidemann은 그들을 환영해야 한다고 믿고는, 의회 건물에서 아래 있는 대중을 향해 도이치 공화국 출범을 선포했다. 에버트는 이를 두고 그를 끝없이 못마땅하게 여겼다. 곧이어 두 사람은 의회 식당에서 큰 싸움을 벌였다. 에버트는 도이치 제국이 무엇이 되든, 군주국이든 공화국이든 대체 그 무엇이든, 그것은 헌법에 따른 회의에서 결정할 일이라고 말했다.

에버트 자신은 군주제를 유지할 생각이었다. 이는 도이치 역사에 붙는 아주 흥미로운 각주脚註인데, 에버트는 11월 9일 오후에도 샤이데만의 공화국 선포를 무효로 만들려고 애썼다. 막스 폰 바덴 왕자가 에버트에게 나타났다. 왕자는 그 사이 독단적으로 황제에게 퇴위를 예고하고, 자신의 총리 직위를 헌법에도 맞지 않게 멋대로 에버트에게 양도해버렸다. 에버트는 막스 왕자에게 〔황제 대신〕 임시 국가원수직을 맡아 군주제의 지속 가능성을 열어두자고 간청했다. 하지만 막스 왕자는 더 이상 아무것도 원하지 않았다. 이미 모든 것이 충분하다 못해 지겨우니, 자기는 이제 사적인 삶으로 돌아가고 싶다고 단호히 거부했다. 그래서 에버트는 이제는 사실이 되어버린 도이치 공화국을 받아들이는 수밖에 없었다.

공화국은 의회 건물 창문에서 샤이데만이 행한 연설을 통해서만 사실이 된 것이 아니었다. 이 며칠 동안 또 다른 일도 진행되었다. 잠시 뒤에 다시 황제 이야기로 돌아가겠지만, 황제는 실은 아직 퇴위하지 않았다. 그런데도 11월 9일에서 10일로 넘어가는 밤사이에 네덜란드로 도주하여 망명 생활을 시작했다. 하지만 거의 모든 다른 영주들, 즉 바이에른, 작센, 뷔르템베르크의 왕들과 다른 주州들의 대공과 공작들은 바로 이 11월의 며칠 동안에 실제로 퇴위했다. 어떤 이는 더 빨리, 어떤 이는 조금 늦게. 이는 매우 특기할 만한 과정이었다. 그들은 하나같이 물리적 위협을 받지 않았기 때문이다. 그냥 농민 평의회와 병사 평의회 대표가 찾아와서 퇴위를 요구했을 뿐인데, 그들은 아무런 저항도 없이 그에 굴복했던 것이다.

아직도 너무나 자명하고 존경받는, 전혀 논쟁의 여지가 없는 장치이던 도이치 군주제가 이렇게 소리 없이 사라졌는데도, 11월의 온갖 혼란에 파묻혀 거의 주목조차 받지 못했다. 또한 특이하게도 뒷날의 도이치 역사 서술에서도 거의 아무런 가치를 부여받지 못했고, 이에 대해서는 오늘날까지도 완벽하게 설명되지 않았다. 많은 경우 퇴위는 거의 편안하다고 할 만한 방식으로 이루어졌다. 예를 들어 작센의 왕은 자기에게 퇴위를 요구하는 위원회 대표에게 이렇게 말했다. "아 좋소, 그렇다면 이제 당신들끼리 이 지저분한 일을 잘 처리해보시게."

이는 전체 과정을 요약할 수 있는 말이다. 도이치 영주들은 더는 통치에 관여하고 싶지 않았고, 대개는 편안하게 만들어져 있던 사적 생활로 돌아갔던 것이다. 단 한 사람도 체포되지 않았으니, 처형당할 일은 더욱 없었다. 프랑스 혁명과 영국 혁명에서의 왕들과는 전혀 다른 모습이다. 도이치 혁명은 이를 혁명이라 부를 수 있다면, 선량한 것이었다. 그런데도 혁명은 이 시기에 지진과도 같았으니, 그 누구도 그에 맞서 그 어떤 일도 할 수가 없었다.

이 자리에서 잠깐 황제 이야기로 돌아가야겠다. 황제는 10월 29일에 슈파의 총사령부로 갔었다. 처음에는 의회주의 내각제 개혁을 승인하고, 내각제 군주로 남아 있을 생각이었다. 프로이센의 장관 한 사람이 슈파로 그를 찾아와 퇴위를 권하자, 그는 퉁명스런 태도로 일장 연설을 퍼부었다. 그런 다음 혁명 소식을 듣고 깜짝 놀랐을 때도 처음에는, 이제 휴전을 통해 곧 자유롭게 될 야전군의 도움을 받아 혁명 세력을 물리치기를 원했다. 하지만 11월 9일에 크나큰 실망을 맛보았다.

앞서 이미 상세히 설명했듯이 저 대규모 공격에 실패한 뒤로 도이치군의 사기는 이미 전과 같지가 않았다. 휴전 청원과 도이칠란트 내부의 혼란 이후로 군의 사기가 더욱 나빠졌다. 11월 9일에 총사령부는 대부분 사단장인 39명의 전방 지휘자들을 소집했다. 그리고 그들에게서 휴전이 이루어질 경우 군대가 왕좌의 유지를 위해, 즉 황제를 위해 혁명 세력에 맞서 싸울 것인지 여부에 대한 보고를 받았다. 사단장들의 한결같은 판단은 '아니'라는 것이었다. 군대는 폐하께서 원하신다면, 폐하를 모시고 도이칠란트로 돌아갈 각오는 되어 있지만, 밖을 향해서든, 안을 향해서든 더 이상 싸울 생각은 없다는 것이다.

그에 뒤이어 힌덴부르크와 루덴도르프는, 10월 말에 자기들의 후임으로 참모총장에 임명한 그뢰너Wilhelm Groener 장군을 보내, 황제에게 퇴위나 적어도 망명을 권하기로 결심했다. 황제는 11월 9일에 다시금 특이하게도 아무런 저항도 없이 이런 권고를 따랐다. 빌헬름 2세 황제는 네덜란드로 망명을 떠났고, 그로써 자신의 황제 직위뿐만 아니라, 앞으로 보게 되지만, 장래의 군주제 부활의 기회도 함께 파묻어버렸다. 11월의 나중에 나온 공식적인 퇴위 선포는 실질적으로 거의 아무런 의미도 없었다.

이 11월 9일에 이루어진 두 가지 결정이 도이치 군주제를 종결시켰다. 황제가 네덜란드로 도망친 일과, 막스 폰 바덴 왕자가(그 자신이 왕가 출신) 도이치 군주제의 유지를 위한 임시 국가원수직을 거절한 일이었다. 도이치 군주제가 반드시 호엔촐레른 왕가의 유지를 뜻하는 것은 물론 아니었지만. 에버트는 이제 새로운 제국총리 겸 실질적인 정부 수반으로서, 혁명과 휴전협정의 필수 과정을 오로지 혼자서 떠맡게 되었다.

휴전협정은 10월 내내 연합군 사이에서도 매우 대립적인 논쟁을 만들어냈다. 유럽의 미국군 총사령관 퍼싱John Joseph Pershing 장군은 휴전협정을 바라지 않았다. 그는 도이치 제국이 어차피 패배했다는 사실을 출발점으로 삼았다. 무엇하러 이제 와서 휴전협정을 허용하느냐? 그러면 저들은 라인 강 저편에서 새로 참호를 파고 계속 전투를 벌이려 할 수도 있는데 말이다. 퍼싱은 뒷날 2차 대전에서 미국의 루스벨트 대통령이 요구한 것처럼 무조건 항복을 요구했다.

프랑스와 영국 사령관들은 오히려 휴전협정에 동의할 생각이었다. 그들의 군대는 도이치 군대나 마찬가지로 심각하게 피를 흘렸다. 방금 도착했으니 제대로 한 번 본때를 보여주고 싶은 미국군과는 달리, 그들에게는 1919년의 새로운 대규모 공격이 더는 중요하지 않았다. 그래서 결국 휴전 청원을 받아들이기로 결정하기는 했으나, 도이칠란트가 적대감을 되살릴 수 없게 만드는 조건을 붙이기로 했다.

이어서 연합군 사령부로 도이치 협상 대표를 파견해도 좋다는 전갈이 도이칠란트로 왔다. 휴전 조건을 그에게 알려줄 것이라 했다. 11월 6일의 일이었다. 협상 대표로는 중앙당원으로서 막스 폰 바덴 내각의 장관인 에르츠베르거Matthias Erzberger가 선정되었다. 이는 매우 특기할 만한 일이었다. 장군이 아닌 민간 정부의 각료가 군사적 휴전 조건들에 서명하기 위해 파견된 것이다.

휴전 조건은 이루 말할 수 없이 가혹한 것임이 드러났다. 이 조건은 실로 제국의 완전 패배를 확인하고, 차후의 어떤 저항도 불가능하게 만드는 것이었다. 서방국가들은, 극히 빠른 시일 내에 도이치 점령지역과, 라인 강 왼편의 도이치 지역 및 라인 강 동쪽의 3개 교두보에서 도이치군의 철수를 요구했다. 후퇴하는 도이치군을 연합군이 바로 뒤따라가면서, 라인 강 왼편 지역과 라인 강 동편의 3개 교두보를 점령하기로 한다. 나아가 함대의 인도를 요구하고, 또한 엄청난 물자를 뒤에 남기거나 양도할 것도 요구했다. 연합군의 주요 조건들은 이런 모습이었다. 그들은 절대로 오해할 수 없는 방식으로, 도이치 사람들에게 전쟁에서 패배했음을 분명하게 알려주었다. 심지어 이런 휴전 조건들을 통해 비로소 패배가 조인되었다고 말할 수 있을 정도였다. 이 휴전 조건들은 라인 강 저편에서 앞으로의 저항을 불가능하게 만드는 것이었기 때문이다.

11월 6일 혁명의 한가운데서 에르츠베르거는 콩피엔Compiène 숲으로 〔프랑스의〕 포슈Ferdinand Foch 원수를 찾아갔다. 그곳에서 그는 휴전 조건들이 탁자에 놓인 것을 보고 몇 가지 세부 사항을 논의하고는, 이 문서를 제국 정부로 보냈고, 정부는 다시 이를 군 최고사령부로 보냈다. 이것은 확실한 일인데, 최고사령부는 전쟁을 계속하는 것이 불가능하니, 이 조건들이 전혀 완화되지 않는다 해도 이를 받아들여야 한다고 선언했다. 이어서 에르츠베르거가 이에 서명했다. 휴전 협정은 11월 11일에 발령되었다.

이 모든 것이 도이치 국민에게 어떻게 작용했을지 상상해보라. 8월까지만 해도 사람들은 승리의 기분에 젖어 있었다. 10월 초에 휴전 청원의 소식을 통해 비로소 사람들은, 군 최고사령부가 아닌 제국 정부가 전쟁이 승산이 없다고 선포하고 포기했다는 사실을 알았다. 그리고 11월 9일에는 정부가 순수한 사민당 정부로 바뀌더니 그와 동시에 〔해병들의 폭동으로 시작된〕 혁명이 성공〔=공화국 출발〕했고, 영주들은 모조리 퇴위했으며 황제도 퇴위했다는데, 어쨌든 황제는 도망을 갔다.

이 모든 것이 대체 무슨 뜻이란 말인가? 별다른 정보가 없던 도이치 대중에게, 순수하게 시간적 경과로만 따지면 사건은 다음과 같은 모양새였다. 우리는 전쟁에 이기려는 참이었다. 그런데 그동안에도 언제나 합의평화만 바라던 약삭빠른 놈들이 정권을 잡더니 전쟁을 포기해버렸다. 그러자 혁명이 일어났고, 이어서 우리를 전투 불능 상태로 만드는 휴전협정이 체결되었다.

이런 토양 위에서 나중에 이른바 '배후에서 단도 휘두르기'라고 알려진 전설이 생겨났다.• 이는 특이하게도 에버트에게 길을 열어준 루덴도르프가 맨 처음으로 전파한 전설이었다. 이제 에버트에게는 국내 정치에서 구원할 수 있는 것을 구원하는 것이 가장 중요했다. 꼭 그래야 한다면, 10월 군주국을 공화국으로 바꾸어서라도 계속 정부를 이끌면서, 혁명을 진압해야 했다. 우선 에버트는 혁명 세력과 위장 평화조약을 맺었다. 11월 10일에 베를린 노동자 평의회와 병사 평의회 모임에서 선출된 6명의 '민족 대리인 평의회'의 회장 자격으로 그는 〔10월의 내각에 이어〕 두 번째로 〔이번에는 혁명〕 내각을 구성했다. 그와 동시에 실제로는 아직 남아 있던 군 최고사령부, 즉 사령부의 실질적인 수장인 그뢰너 장군과 비밀 협정을 맺었다.

• 바로 위의 단락에서 설명한 대중의 믿음을 바탕으로 군 지휘부에서 퍼뜨린 전설. 즉 1차 대전 패배는 전방에서의 군사적인 패배가 아니라 후방에서 평화주의 캠페인을 통해 군의 사기를 떨어뜨려서 나온 것이라는 전설. 자기편 후방에서 단도를 휘두르는 바람에 전쟁에 패배했다는 터무니없는 주장으로, 예컨대 히틀러는 이런 낭설을 굳게 믿었다.

같은 날 저녁에 두 사람 사이에는 뒷날 유명해진 전화 통화가 이루어졌다. 아직은 합법적인 제국총리가 아니었지만, 한편으로는 막스 폰 바덴을 통해, 또 한편으로는 베를린 노동자 평의회와 병사 평의회를 통해 혁명 세력에 의해서, 이렇게 이중의 정당성을 얻은 에버트는 10월 초에 총사령부와 맺은 협정을 경신하려고 했다. 그는 휴전협정을 통해 전쟁에서 풀려난 전방 군대를 혁명 진압에 투입하고, 이런 식으로 군 최고사령부의 지지를 통해 새 정부의 권력과 새 헌법을 확고하게 만들 셈이었다. 그뢰너는 이 최초의 전화 통화에서 에버트를 지지할 각오를 밝혔고, 나중에도 이 협정은 계속 효력을 냈다. 두 사람이 맺은 협정은 반反혁명이었으니, 곧 민족 대표 평의회가 주도하는 좌파 혁명을 군대를 동원해 진압하는 일이었다. 아이러니하게도 [좌파인 사민당의 당수] 에버트가 그 진압의 선두에 섰다.

두 사람의 협정에 대해서는 그뢰너 장군이 뒷날 1925년의 이른바 단도 휘두르기 재판에서 맹세하고 남긴 진술이 있다. 재판에서 그뢰너는 이렇게 말했다.

"우선 핵심 문제는 노동자 평의회와 병사 평의회에서 힘을 뺏는 일이었다. 내 생각에는 그것이 가장 절실한 목표였다. 이 목표를 위해 10개 사단이 베를린으로 행군할 계획이 수립되었다. 장교 한 사람이 베를린에 파견되어, 이 문제의 상세한 점들을 협상했고, 또한 당연히 배제할 수 없는 프로이센 전쟁부 장관과도 협상을 했다. 일련의 난제들이 있었다. 독립적인 정부 각료들, 즉 이른바 민족 대리인 각료들 편에서, 지금 개별 사항들을 말하기는 어렵지만 내 기억에는, 병사 평의회 각료들 편에서도, 실전용 탄약을 지니지 않은 군대의 개입 요구가 나왔다. 우리는 물론 즉시 반대 전선을 펼쳤고, 에버트 씨가 즉석에서 군대가 실전용 탄약을 소지하고 개입하는 것에 동의했다.

우리는 베를린에 견고한 정부를 다시 세울 기회를 가져올 이런 군대의 행군을 위해…… 베를린 진입을 위한 하나의 확고한 계획을 상세히 세웠다. 이 프로그램에는 며칠 동안 할 일들이 포함되어 있었다. 베를린의 무장해제, 베를린에서 스파르타쿠스단의 소탕 등이었다. 모든 것이 계획되고, 사단 별로 며칠 동안의 일이 정해졌다. 또한 내가 베를린으로 파견한 장교를 통해 에버트 씨와도 이야기가 되었다. 나는 그 일에 대해 지금도 특히 에버트 씨에게 감사드리며, 그의 절대적 조국애와 이 일에 대한 쉼 없는 헌신 때문에 그가 어디서 공격을 당하든 그를 보호하였다. 이 프로그램은 철저히 에버트 씨와의 합의 및 동의하에 이루어진 것이다."

이것이 바로 11월에 서로 확인을 거쳐 세부 사항에 이르기까지 세밀하게 준비한 에버트-그뢰너 계약이었다. 그동안 군대는 매우 신속하게, 그런데도 여러 주나 걸려 베를린으로 돌아왔다. 에버트는 베를린으로 돌아오는 병사들에게, 12월 초에 다음과 같은 연설을 했는데, 여기에는 이미 단도 휘두르기 전설의 조짐이 드러나 있다. "그 어떤 적도 여러분을 정복하지 못했다. 병력과 물자에서 적의 우세함이 점점 더 압도적이 되어서야 우리는 전투를 포기했다…… 여러분은 고

개를 꼿꼿이 쳐들고 돌아올 수 있다."

에버트-그뢰너 계약은 처음에는 실패했다. 12월 16일에 베를린에서 평의회들의 회합이 이루어질 예정이었다. 방금 돌아온 10개 사단이 일종의 쿠데타 작전을 펼쳐 이 회합을 사전에 방지하기로 했다. 하지만 그뢰너가 역시 1925년에 맹세하고 밝힌 바에 따르면, 병사들을 제지할 길이 없었다고 한다. 이들은 이미 지난 4년 동안 전투를 해온 그 도이치 군대가 아니었던 것이다! 병사들은 멋대로 집으로 돌아가 버렸다. 베를린으로 돌아온 그날 저녁에 이미 그들의 수가 강력하게 줄었고, 다음 며칠 동안 소대들이 거의 완전히 해체되었다. 12월 16일의 평의회 총회가 열렸을 때, 베를린으로 돌아온 10개 사단에서 고작 800명만 남아 있었다. 이것은 지난여름부터 군대를 사납게 휩쓸고 지나간 조용한 도덕적 기강 혁명의 결과로서, 나중에 후방에서 일어난 혁명과는 분명히 구분해야 한다. 물론 둘 사이에 상호작용이 있었다. 어쨌든 전방 군대는 국내 정치의 권력투쟁의 도구로는 쓸모가 없었다.

곧이어 카셀에서 열린 군 최고 지휘자 회의는 동원 해제〔=군대 해산〕를 막을 길이 없으니, 대신 의용군을 조직하기로 결정했다. 곧 자발적으로 남은 병사들의 조직이었다. 군대를 휩쓴 저 내부의 혁명에 휩쓸리지 않고 마지막까지 광적으로 전투를 계속한 자들, 후방에서 일어나는 일에 분노를 품고, 황제에게 충성하고 루덴도르프에게 충성하는, 그렇기에 11월에 일어난 일을 무력으로 되돌리려는 자들로 이루어진 조직이었다. 그리고 에버트 정부, 특히 신임 국방 장관 노스케 Gustav Noske도 바로 이들 의용군과 동맹을 맺었다.

1918년은 거대한 거리 전투로 끝을 맺었다. 베를린 중심부의 황제궁 소속 마구간 건물 근처에서 벌어진 전투로서, 이 전투에서 혁명군인 민간 해병대는 옛날 군대 잔당에 맞서 승리를 거두었다. 베를린에서 새해는 이른바 '스파르타쿠스 주간'으로 시작되었는데, 이 기간에 최초의 의용군이 혁명 세력의 새로운 시작을 잔인하게 유혈 진압했다.

이로써 우리는 1918년을 넘어섰다. 다만 여기서 덧붙이고자 하는 말은, 12월과 1월 베를린에서 일어난 사건들이 1919년 전반부에 수많은 도이치 대도시들에서 되풀이되었다는 점이다. 일종의 조용한 내전內戰이 진행된 것이다. 이 내전에서 의용군은, 에버트-노스케 정부의 완벽한 비호를 받아, 이어서 에버트가 대통령이 된 다음에는 샤이데만-노스케 정부의 비호를 받아, 수많은 대도시에 아직 남아 있던 노동자 평의회와 병사 평의회 출신 행정부 인물들을 피로써 쓸어냈다. 사민당을 중심으로 한 의회 다수파는, 황제 시대 군대의 반혁명 세력과 결탁하여 1918년의 혁명을 실질적으로 없었던 일로 만들었다. 이 혁명에서 단 하나의 결과만 남았으니 곧 군주제의 종결이었다.

하지만 여기서 또 다른 말을 덧붙여야겠다. 조망이 힘든 이 한 해의 사건들이 주로 도이치 시민계급[=부르주아지]의 정서 안에서 패배하는 과정을 지금까지 보았다. 이들 시민 사이에는 오스트리아 출신의 실패한 예술가도 끼어 있었으니, 자원병으로 도이치 군대에 입대한 인물이었다. 그는 가스로 인한 부상병으로 포메른Pommern의 군 병원에서 종전終戰을 맞이했다. 그리고 이 종전의 순간에 그는 정치가가 되기로 결심했다. 1918년에 일어난 온갖 끔찍한 일, 그의 의견으로는 후방의 신경쇠약과, 확고한 승리의 기회를 포기한 일을 회복하기 위해서였다. 당시 아무도 알지 못했던 이 사내의 이름은, 다가올 10년 동안 점차 도이치 정치의 핵심 인물로 부상하게 되는 아돌프 히틀러Adolf Hitler였다.

바이마르와 베르사유

1919년 1월에 선출된 의회는 불안정한 베를린이 아닌 바이마르 Weimar에서 열렸다. 의회는 바이마르로 갔다. 이곳이 조용하고 군사적 안전장치가 좋았기 때문이다. 물론 이 소도시가 정신사적으로 유명한 곳이니•, 새로운 도이칠란트가 그런 유명함과 결합되고자 하는 의도도 조금은 있었다. 하지만 바이마르 의회의 결의 중 바이마르 헌법 의결이 가장 중요한, 또는 결과가 가장 무거운 결정은 아니었다. 그보다는 베르사유 평화조약에 서명할 것이냐 반대할 것이냐의 결정이 가장 중요했다. 베르사유 평화조약은 1919년 4월에, 확정된 최종 형태로 도이칠란트에 제시되었다.

• 바이마르는 괴테를 중심으로, 헤르더, 실러 등 18세기 후반의 수많은 지식인과 문인들이 활동한 곳이다. 또한 괴테가 바이마르 공국의 문화부 장관으로 재직하면서 바이마르 소속 예나 대학교를 감독하는 동안, 헤겔, 슐레겔 형제를 비롯한 굵직한 철학자들이 이 일대에서 활동했다. 뒷날 음악가 리스트와 철학자 니체 등도 이곳을 거쳐 갔다.

1919년 5월에 베르사유 조약의 초안草案이 알려졌을 때, 그것은 도이치 국민을 충격에 빠뜨렸다. 의회도 정부도 곤봉의 일격을 맞은 꼴이었다. 동부, 서부, 북부에서 영토의 양도는 끔찍한 일로 받아들여졌다. 거의 완벽한 무장해제, 엄청난 액수의 전쟁배상금, 식민지의 완전 상실 등, 조약의 전체 어조에서 도이칠란트는 패배는 했어도 여전히 국가 공동체의 일원인 패전국의 대우를 받은 것이 아니라, 형벌을 받는 피고처럼 취급되었다. 국민과 의회와 정부에서 맨 처음 나온 반응은 '서명하지 말자'는 것이었다.

서명하지 않았다면 어떻게 되었을까? 이 점은 당시에나 오늘날에나 의심의 여지가 없는 일인데, 그랬더라면 서방 연합군은 도로 적대감을 받아들여 도이칠란트로 쳐들어왔을 것이고, 그 어떤 군사적 저항도, 적어도 성공적인 저항도 받지 않은 채로, 당시 연합군의 계획대로 우선은 베저Weser 강까지 점령했을 것이다. 이런 군사적 최후통첩의 압력 아래서 마침내 조약의 서명이 이루어졌다. 끔찍한 투쟁들과 정부 교체까지 겪고 난 다음에서야 이루어진 일이었다.

도이치 정부와 대다수 의원들은 연합군이 점령할 경우 도이칠란트의 분할을 두려워했다. 연합군은 남도이치 나라들과 프로이센이 지배하는 북부의 한 나라를 결합하여 도이칠란트 서부에 새로운 국가를 만들어 그 국가와 특별조약을 맺을 것이고, 그로써 도이칠란트가 둘로 쪼개질 것이다. 서방 세력이 점령한 서쪽 부분과, 동부와 북부에 옛날 프로이센과 작센을 합친 또 한 부분으로. 오늘날 제2차 세계대전의 결과를[=동서 분단] 눈앞에 놓고 보면 그게 정말로 그토록 두려운 일이었을지 자문하게 된다.

결국 2차 대전의 결과로 나타날 것에 도달했을 것이다. 서부의 도이치 국가는 조만간에 서방 세력에 합류했을 것이고, 당시의 동東 프로이센 땅을 몽땅 잃어버리지 않은 동부의 도이치 국가는 그 운명을 예측할 수가 없다. 연합군이 베저 강 너머로도 진군할지에 대해서는 당시나 지금이나 전혀 알 길이 없기 때문이다.

그렇다면 남도이치 정부들과, 북서부 도이칠란트에 남은 나라가 제각기 조약에 서명하리라는 것은 그렇게 확실한 일이었나? 연합군은 베를린에 도이치 정부가 남아 있는 한 도이칠란트의 동부도 점령해야 하지 않았을까? 그랬다면 결국은 2차 대전 이후보다 훨씬 더 유리한 결말이 나오지 않았을까? 그러니까 러시아 없이, 또 동프로이센을 잘라내는 일이 없이, 완전히 서방국가들에 점령당한 전체 도이칠란트가 나오지 않았을까? 그리고 연합군 국가들은 결국은 무엇이 되었든 도이치 정부를 찾아냈을 테니, 이런 상태[=점령]도 오래 가지는 않았을 것이다.

이런 질문은 답변이 완전히 열려 있는 질문이다. 도이치 사람들은 1919년에 조약에 서명을 하지 않았어도, 서명한 것과 똑같이 나라를 유지할 기회가 있었을 것이다. 하지만 서명을 했어도 중장기적으로 보면, 당시 사람들의 온갖 생각보다 훨씬 더 나은 강대국의 기회를 가졌다. 베르사유 조약이란 파리 평화 회담 중 도이칠란트에 직접 연관된 일부만 가리키는 것으로, 전체 파리 평화 회담은 밝은 빛 속에서 고요한 눈길로 관찰해보면, 강대국 도이칠란트에 전혀 불리한 것이 아니었기 때문이다.

물론 도이칠란트는 무장해제와 전쟁배상금이라는 무거운 짐을 짊어지게 되지만, 이는 언젠가는 결국 사라졌을 것이다. 그것 말고는 유럽에서의 도이칠란트의 위치, 서부·동부·북부에서 영토가 줄기는 했어도 온전한 도이치 제국의 위치는, 1914년 이전보다 약해지기는 커녕 오히려 강해지는 상황이었다.

1914년 이전까지 도이치 제국은 당시 유행하던 표현대로 하자면 '포위된' 나라였다. 4개 강대국인 영국, 프랑스, 오스트리아-헝가리, 러시아에 둘러싸여 있었다. 이 중 세 나라인 영국, 프랑스, 러시아가 1차 대전에서 도이치 제국에 맞서 연합했다.

네 번째 강대국인 오스트리아-헝가리는 그 사이[=1차 대전의 결과] 완전히 해체되었다. 이제 그런 나라는 없었다. 그 대신에 허약한 후속 국가들이 생겨났다. 이들은 크기로 보아 전혀 강대국이 될 수 없었으니 조만간 가장 가까이 있는 강대국, 곧 도이칠란트의 영향력 아래로 들어올 것이다.

이제 소비에트 연방이 된 러시아는 유럽의 체제 바깥에 존재했다. 러시아는 도이칠란트와 마찬가지로 추방되어 있었고, 이런 가혹한 표현은 꼭 틀린 것만도 아니었다. 하지만 러시아는 서방국가들에 맞서기 위해 또 다른 추방된 나라인 도이칠란트와 연합하려는 경향을 보였다.

그러니까 제국은 장기將棋 게임에서 흔히 말하는바, 전쟁 전보다 더욱 강화된 위치를 갖게 된 것이다. 도이칠란트 주변의 많은 것이 유리하게 변했기 때문이다. 그리고 이런 위치의 강화는 전쟁의 결과로 생겨났지만, 평화 규칙 덕분에 또 다른 전쟁을 통해서가 아니고는 철회할 수 없는 것이었다. 무장해제와 전쟁배상금을 통한 약화는 본질적으로 일시적인 것이었다. 전후戰後 10년 또는 길어야 20년이 지나면, 도이칠란트의 재무장을 방해하거나 아니면 전쟁배상금을 계속 지불하도록 강요하려고 새로운 전쟁을 일으킬 세력은 없을 테니 말이다. 그러니까 1차 대전의 결과를 통해, 장기적으로 보면 도이칠란트의 위치는 약화된 것이 아니라 실은 강화된 것이었다.

그에 비해 서방국가들은 처음부터 통합과는 거리가 멀었다. 그들은 엄청난 노력을 기울여서야 평화조약의 체결에 합의할 수가 있었다. 그 후 가장 강한 나라가 먼저 떨어져 나갔다. 미국은 베르사유 조약을 비준하지 않은 채 유럽의 사건에서 발을 뺐으며, 프랑스의 점령 상태를 뒷받침하겠다는 보장도 거부했다. 그러니까 베르사유 조약은 오로지 두 나라, 곧 영국과 프랑스의 뒷받침을 받은 것이었다. 이들 두 나라는 1차 대전의 과정이 보여주듯이, 극단적 노력을 해야만 함께 힘을 합쳐 도이칠란트에 맞설 수가 있었다. 즉 이들은 장기적으로 도이칠란트를 억제할 수가 없었다.

게다가 그들 사이에도 금방 이해관계의 대립이 생겨났다. 영국은 베르사유 조약으로 만족했다. 도이치 함대는 휴전 조건들 덕분에 영국에 양도되었고, 새로운 대규모 함대는 베르사유 조약으로 금지되었으며, 식민지는 억류되어 영국의 자치령에 속하게 되고 일부는 직접 영국에 할당되었다. 영국은 전쟁 목표를 달성한 것이다.

하지만 프랑스는, 매우 중요한 일이지만 전쟁 목표를 달성하지 못했다. 당시 4,000만 인구의 프랑스는 엄청난 피의 희생을 치르며 전쟁에서 이긴 지금도 여전히, 나뉘지도 갈라지지도 않은 인구 7,000만의 도이칠란트에 마주 서 있었다. 도이칠란트는 원기를 되찾고 베르사유의 부담에서 풀려나는 날이면, 장기적으로 도로 우세해질 것이다.

그래서 프랑스는 1919년 이후에도 도이칠란트와 마찬가지로 조약을 수정하려는 국가였다. 베르사유 조약은 프랑스에는 만족스럽지가 않았던 것이다. 생사의 이해관계가 달려 있으니, 도이칠란트의 비용으로 자신에게 이롭게 조약을 고치려고 노력할 수밖에 없었다. 도이칠란트도 처음부터 베르사유 조약의 수정을 위해, 특히 제국의 재건에 걸림돌이 되는 두 개의 핵심 부담을 떨쳐버리려고 굳게 결심하고 있었다. 곧 무장해제와 전쟁배상금이었다.

도이칠란트에서는 내면으로 조약을 받아들일 수는 없으니 조건이 수정되어야 마땅하다는 전반적인 합의를 이룬 가운데, 처음부터 우선순위를 둔 논쟁이 있었다. 무장해제 규정을 비껴가며 먼저 군사강국이 되어야 하나, 아니면 배상금 문제를 떨쳐버리고 우선 경제를 재건해서 경제적으로 강대국이 되어야 하나?

앞의 주장은 국방군의 정책으로, 특히 당시 사령관이던 제크트Hans von Seeckt 장군의 정책이었다. 이것이 먼저 관철되었다. 제크트는 비밀리에 재무장 노력을 했고, 아주 분명히 보이는 일이었지만, 근본적으로 그것은 오로지 러시아와의 협조를 통해서만 이룰 수 있는 일이었다. 아주 일찌감치, 1920년대 초에 벌써 국방군과 붉은군대 사이에 비밀 군사 협력이 이루어졌다. 소련은 도이치 국방군이 베르사유 조약에서 금지된 무기, 탱크, 공군, 화학무기 등을 연습할 땅을 제공했다. 그 대가로 국방군은, 당시 아직 건설 중이던 붉은군대에 교육과 도이치 참모부의 여러 방식을 전수했다. 소련에서 도이치 군사 전권을 위임받은 인물은, 1935년에 특별히 성공적이라 평가된 소련군 작전 다음에 이렇게 보고했다. "우리는 이런 칭찬으로 만족할 수 있다. 결국 지휘자들은 우리 제자들이니까."

그것을 넘어 아주 일찌감치 소련과의 또 다른 군사 협조 기회가 생겼다. 1920년의 폴란드 공격을 계기로 폴란드와 러시아 사이에 전쟁이 벌어졌는데, 처음에는 러시아에 유리하게 진행되었다. 러시아군은 바르샤바까지 진군했다. 제크트는 당시 벌써, 러시아가 승리하면 도이치군도 폴란드를 공격해서 러시아와 함께 폴란드를 분할하여, 적어도 1919년에 베르사유 조약으로 잃어버린 부분만이라도 돌려받을까 하는 생각을 했다.

다만 그렇게 되지는 않았다. 폴란드-러시아 전쟁이 폴란드에 유리하게 끝났기 때문이다. 러시아는 폴란드 영토를 합병하지 못하고, 오히려 폴란드가 매우 거대한 벨라루스와 우크라이나 일대의 토지를 합병하여 1939년까지 유지했다. 하지만 이 또한 도이칠란트에 유리한 일이었다. 이것은 폴란드와 러시아 사이에 지속적인 적대감을 고착시킨 일이었으니, 도이치 국방군의 제크트 노선路線에는, 도이치-러시아 동맹과 아울러, 앞으로 언젠가 폴란드 대對 도이치-러시아 전쟁을 꾀할 기회를 주는 것이었다. 어쨌든 일시적으로나마 도이치 국방군은, 다른 모든 노선에서 흔들리던 공식 외교정책 분야에서도 동맹국을 얻는 성과를 거두었다. 1922년에 전후 최초의 센세이셔널한 사건, 곧 도이치 제국과 소련 사이에 라팔로Rapallo 조약을 맺은 것이다. 이 조약은 제노바에서 열린 국제 경제 회의 한가운데서 예상치 못하게 나온 것으로, 서방세계에 도이칠란트에 대한 깊은 불신을 만들어냈다. 오늘날까지도 완전히 사라지지 않은 이른바 라팔로 콤플렉스였다.

이 조약은 겉으로 드러난 내용만 보면, 도이칠란트와 소련 사이에 극히 소박하고 합리적인 사후事後 평화조약이었다. 브레스트-리토프스크 조약은 베르사유 조약으로 효력을 잃었고, 새로운 도이칠란트와 새로운 소련이 이제 공식적인 외교 관계를 재개하기로 결의한 것인데, 이는 당시 서방국가와 소련 사이에도 아직 존재하지 않던 일이었다. 또한 통상 관계에서도 상호 최혜국 관계와, 전체적으로 두 국가 사이에 정상적인 관계를 재개하기로 한 것이다. 하지만 물론 그 뒤에는 다른 것이 숨어 있었다.

라팔로 조약 이후로 그 전에 이미 느슨하게 시작된 도이치-러시아 군사 협력이 지속적인 상태가 되어 1933년까지 이어졌다. 앞으로 언젠가는 공동으로 폴란드 전쟁을 치르겠노라는 생각도 양국의 군사 지도부 사이에 남아 있었다. 이렇게 해서 국방군의 우선순위는 도이치-러시아 협조를 통해 이미 어느 정도는 달성되었다. 곧 베르사유 조약의 군사 결정을 우회하는 일이었다.

도이치 외교부와 전체 정책에서는 우선순위가 달랐다. 재무장이 가장 중요한 목표가 아니라, 무엇보다도 배상금 부담을 털어내고 그로써 도이치 경제를 재건할 기회를 갖는 것이 더 중요했다. 이 목표를 위한 도이치 정책은 사회적 파국을 감수한 것이었다. 바로 국내 정치의 분위기에 파괴적으로 작용한 지속적인 인플레이션 정책이었으니, 이는 1919년에서 1922년까지 빠른 속도로 커지다가, 1923년에는 질주 속도로 진행되었다.

1923년의 그로테스크한 상황은 잠시 뒤에 다루기로 하고, 그 이전인 1919년에서 1922년 사이에 이미 모든 현금 자산의 완전한 가치 저하가 일어났다. 전쟁 막바지에 달러 대비 마르크는 적정한 환율인 1:10을 유지했다. 1922년에 1달러는 2만 마르크가 넘었으니, 모든 마르크 현금 자산이 사라진 셈이었다. 저축자와 현금 자산가의 부담으로, 현물 소유자에게 유리하도록 엄청난 도이치 자산의 재분배가 이루어졌다. 물론 일시적인 경제적 이점도 있기는 했다.

1919년부터 1922년까지 도이칠란트는, 물론 실질임금이 계속 떨어지고는 있었지만, 완전고용을 유지했다. 도이치 산업체는 저축자들의 희생을 바탕으로, 전후戰後에 대규모 병력의 귀환으로 인해 다른 나라들에서도 생겨난 대량 실업 사태를 피할 수가 있었다. 도이치 산업체는 엄청난 물량을 계속 낮아지는 가격으로 수출하면서 계속 가동되었다.

그러니까 도이칠란트에서 인플레이션으로 가장 많은 고통을 받은 계층은 노동자가 아니라 저축 자산을 가진 중산층이었다. 중산층은 실질적으로 소유권을 몰수당했다. 이런 일은 엄청난 고통을 만들어냈다. 슈테판 츠바이크Stefan Zweig는 뒷날, 1919년에서 1923년까지의 인플레이션만큼 도이치 시민 계층이 히틀러를 맞이할 준비를 갖추게 한 것도 없었다고 썼다.

그러니 시민 계층의 쓰라린 마음이 근거가 아주 없는 것은 아니었다. 정부는 인플레이션을 그냥 아무런 재능도 없이 받아들이기만 한 것이 아니라, 오히려 그것을 이용해 중요한 목표를 추구하고 있었기 때문이다. 도이칠란트가 국제적으로 수용할 수 있는, 즉 지불 가능한 통화를 소유하지 못했다는 점을 통해, 정부는 전쟁배상금 지불을 털어내려고 했던 것이다.

여기가 바로 도이치 수정주의가 프랑스 수정주의와 만나는 지점이다. 도이칠란트는 스스로 지불 불능이 되고, 그로써 전쟁배상금에서 벗어나려고 인플레이션을 그대로 두었다. 프랑스는 도이칠란트의 전쟁배상금 의무 불이행을 이용해서, 영토 측면에서 베르사유 조약을 프랑스에 유리한 쪽으로 수정하려고 했다. 두 나라의 이런 수정주의 노력은 1923년의 이른바 루르Ruhr 전쟁에서 절정을 이루었다.

프랑스는 이전에도 이미 전쟁배상금 지불 불이행에 대해 어느 정도의 제재를 가한 바가 있었다. 이따금씩 라인 강 왼편의 점령지를 넘어 라인 강 오른편 도시들을 점령하곤 했었다. 하지만 1923년에 프랑스는 결정적으로 거대한 일격을 결심했다. 당시 도이칠란트의 경제적 생명력에 없어서는 안 될 산업 지대인 루르 지역을 점령한 것이다. 프랑스는 이제 군사적 수단을 동원하여 이 지역을 경제적으로, 이어서 정치적으로도 도이칠란트에서 분리하려고 시도했다.

도이칠란트는 이른바 수동적 저항으로 대응했다. 루르 지방의 생산이 중단되었다. 하지만 루르 지방 노동자와 기업가들은 어떻게든 살아야 했고, 그래서 이제는 아무런 제재도 없이 무차별 지폐 인쇄가 이루어졌다.

하지만 지폐 인쇄만으로 끝나지 않았다. 1923년에는 꼭 필요한 분량의 지폐 생산 자체가 문제가 되었다. 민간 인쇄소가 지폐 인쇄에 나서지 않을 수 없었다. 게다가 운송 문제도 생겨났다. 새로 인쇄된 지폐의 수송을 위해 화물열차들이 모조리 투입되었다. 이 시기의 온갖 기묘한 사건들에 대한 서술들이 존재하지만, 여기서 이 문제로 더욱 깊이 들어갈 수는 없다.

어쨌든 1923년에 루르 지방의 수동적 저항과 그 재정 지원을 통해, 도이칠란트에는 화폐경제를 마비시키는 상태가 나타났다. 이 환상의 한 해 동안 달러 환율은 도이치 국민의 입에 일상으로 오르내렸다. 그들은 환율을 지표로 이용했다. 1923년 초에만 해도 1달러는 아직 2만 마르크였다. 8월에는 이미 10억대 단위, 다시 석 달 뒤에는 4.2조 마르크에 달했다. 도이칠란트에서 실질적으로 돈이 사라진 것이다.

1923년 이전 몇 해 동안의 인플레이션이 화폐 재산만을 앗아갔다면, 이제는 돈으로 지불된 수입income도 가치를 잃었다. 이제 인플레이션은 지금까지 그랬던 것처럼 돈을 저축한 시민 계층만이 아니라, 그 무시무시한 힘으로 노동자들까지 내리쳤다. 근본적으로 따지면 노동의 대가로 받는 돈이 사라진 것이다. 기껏해야 한 시간이 지나면 아무 가치도 없어지는 돈만을 받았다. 도이칠란트에 기묘한 상황들이 나타났다. 이런 상황들은 1923년 가을에 정치적 존립 위기가 되었다. 1923년 가을에 도이치 제국[=바이마르 공화국]은 정치적 존폐의 경계에 서 있었다. 루르 지방에서의 수동적 저항은 이제 중단되어야 했다. 하지만 이런 저항은 도이칠란트에 매우 다행스런 결과를 만들어냈다. 다른 전쟁배상금 채권자인 영국과 미국이 이제 더는 이대로 방치할 수 없다는 확신에 도달한 것이다. 프랑스는 루르 지방에서의 모험을 끝내라는 압력을 받았다. 도이칠란트는 1919~1920년에 이미 했어야 할 일, 곧 화폐개혁을 해야만 했다.

새로운 안정적인 통화의 기반에서 하나의 규정이 나올 수가 있었다. 그에 따르면 도이칠란트는 최종 금액을 확정하지 않은 상태에서, 우선 할부로 상당히 온건한 연간 20억 마르크의 전쟁배상금을 갚아야 했다. 그에 대해 확실한 고정 수입, 주로 관세와 철도 수입이 담보가 되었다. 하지만 그 밖에는 도이칠란트, 영국, 미국, 프랑스 사이에서 확정적인 서부 국경선 규정이 만들어졌다. 이는 장래 프랑스의 간섭과 도이칠란트의 영토 수정 요구를 모두 배제하는 규정이었다.

덕분에 1924~1925년에 서유럽에 새로운 평화조약이 나타났다. 두 부분으로 이루어진 조약으로, 주로 전쟁배상금의 규칙을 정한 1924년의 런던 협정과, 이어서 1925년의 로카르노Locarno 조약이었다. 로카르노 조약에서 도이칠란트는 최종적·자발적으로 알자스-로렌 지방을 돌려받기를 포기하고, 그것 말고도 현재 점령당한 라인 강 왼편 지역에는 연합군 점령이 끝난 다음에도 비군사화를 유지하기로 약속했다. 그 대가로 매우 유리한 것이 주어졌다. 곧 프랑스-도이칠란트 사이에 최종 합의된 도이치 서부 국경선에 대해 영국과 이탈리아의 보장을 받은 것이다.

로카르노 조약은, 프랑스가 근본적으로 동유럽 동맹국 파트너들에게서 떨어져 나온 것을 의미했다. 도이치 서부 국경선이 이탈리아와 영국의 보장을 받았으니, 도이칠란트가 동부에서 프랑스 동맹국인 폴란드나 체코슬로바키아와 전쟁을 하더라도, 프랑스는 이 국경선을 넘어설 수가 없게 된다.

프랑스는 로카르노 조약에서 발설되지는 않았으나 의미상 포함된 이런 결과에서, 이제부터 순수히 방어에만 전념해야 한다는 결론을 도출했다. 로카르노 조약 이후로 프랑스는 마지노Magino 방어선을 구축하고, 그로써 온 세상을 향해 이제부터 자신이 유럽의 강대국으로서 중부와 동부 유럽에 새로 나타난 민족국가들을 보호해주는 나라가 아니라, 오로지 자신의 안전에만 집중하는 나라임을 보여주었다. 이제는 나머지 어떤 점에서든 도이칠란트와 정리할 것이 남아 있는 나라로 생각될 이유가 없었다.

처음에 프랑스는 동유럽 로카르노, 곧 도이칠란트 동부 국경선, 특히 폴란드-도이치 국경선에 대해 영국, 이탈리아, 프랑스의 보장을 촉구함으로써 이런 상황에서 벗어나려고 애를 쓰기는 했다. 하지만 도이칠란트만이 아니라 영국과 이탈리아도 그것을 거부했다. 타당성이 없지 않았다. 도이칠란트가 동부 유럽에서 심각한 전쟁을 벌일 경우, 서방국가들이 실질적으로 군사적인 보장을 할 수 없다는 것은 2차 대전에서 분명히 드러났거니와, 그 전에도 이미 눈에 보이는 일이었다. 동유럽 로카르노 조약을 위해서는 소련의 동참이 꼭 필요했겠지만 소련은 당시 유럽의 강대국 교류에서 빠져 있었고, 어차피 도이칠란트에 맞서 어떤 형태로도 폴란드 국경선을 보장해줄 생각 따위는 없었기 때문이다. 특히 소련 스스로도 폴란드에 엄청난 영토의 반환을 요구하고 있는 판이니 더 말할 필요도 없었다.

그러므로 로카르노 조약 이후의 상황은 다음과 같았다. 도이칠란트는 동부에서 소련과 협조해서, 조용하지만 매우 효율적으로 베르사유 조약의 군사 조항들을 무산시키고 있었다. 서부에서는 프랑스, 영국, 이탈리아와 더불어 일종의 새로운 평화조약, 곧 베르사유 조약에 따라 만들어진, 프랑스와 도이칠란트 사이의 전쟁을 없애주는, 새로운 평화 체제가 나타난 것이다.

도이칠란트는 처음에 전쟁배상금을 다시 갚아야 했다. 물론 최종 금액도 확정하지 않은 상태에서 상당히 온건한 액수를 갚아 나갔다. 그 사이에 미국이 도이칠란트에 가장 유리한 방식으로 유럽의 경제에 개입했다.

프랑스와 영국은 도이칠란트에서 전쟁배상금을 받는 채권자였지만, 미국에 대해서는 채무자였다. 두 나라는 미국에서 엄청난 자금의 융자를 받아 전쟁 경비를 댔다. 미국은 이제 대출금을 갚으라고 요구했다. 프랑스와 영국은 역시 못마땅해하면서 대출금을 갚았다. 그러니까 이제 일종의 경제적 순환 교류가 생겨난 것이다. 즉 도이칠란트는 영국과 프랑스에 전쟁배상금을 지불했다. 영국과 프랑스는 미국에 대출금을 갚았고, 이 모든 것을 가능하게 하려고, 미국은 도이칠란트에 엄청난 금액의 대출을 해주었다. 그래서 1924년부터 1929년 사이 도이칠란트에서는 주로 미국의 대출금에 근거한 재건, 또는 거의 소박한 복지의 기간이 나타났다. 미국의 대출금은 전쟁배상금 지불을 훨씬 능가했다. 이 기간 도이칠란트는 얼추 따져 총 100억 마르크의 전쟁배상금을 지불했고, 약 250억 마르크의 대출금을 미국에서 받았다. 그것 말고도 도이치 경제가 다시 살아나면서 수출이 아주 잘되었다.

도이칠란트의 외무장관 슈트레제만Gustav Stresemann이 이 모든 규칙들을 주관하고, 그로써 베르사유 조약을 분명하게 개선한 상태를 달성했지만, 그러면서도 만족하지는 않았다. 그는 자신의 수정 목표들을 공개적으로 언급한 일은 드물지만 몇 번 슬그머니 암시했기에 대략 추정은 할 수 있다.

슈트레제만이 근거리 목표로 삼고 노력한 것은, 아직 프랑스와 영국이 점령하고 있는 라인 강 왼편 지역의 점령군 철수였다. 직접 체험하지는 못했어도 그는 이 목표를 달성했다. 1929년에 철수가 결정되었고, 이해에 그가 죽었다. 그리고 1930년에 실제 철수가 이루어졌다.

슈트레제만의 두 번째 목표는 이른바 외국에 사는 도이치 민족 동원령, 특히 오스트리아, 체코슬로바키아, 폴란드, 발칸 반도 등의 도이치 민족 동원령이었다. 그는 이들 재외 국민이 각자의 나라에서 도이치 해외 초소를 구축하고, 그 나라들이 경제적·정치적으로 도이치 제국을 위한 노선을 취하도록, 심지어는 도이치 제국과의 합병을 촉구하기를 희망했다. 이것도 그의 재임 기간에 상당히 성공을 거두었고, 1930년대에 히틀러 치하에서 훨씬 더 성공했다. 물론 2차 대전이 끝난 다음 이들 '재외 도이치 민족'에 대한 두려운 보복이 뒤따랐다.

장기 목표라 할 수 있는 세 번째 목표로 슈트레제만은 동부의 영토 수정을 추구했다. 이른바 폴란드 통로를 없애는 일이었다. 하지만 그는 역시 폴란드 영토가 된 상부 슐레지엔 일부도 꼭 전쟁이 아니라도 유리하게 보이는 순간에 압력을 행사해서 돌려받으려고 했다. 프랑스가 로카르노 조약을 통해 동유럽에서 손이 묶였으니, 그 또한 전망이 아주 없지는 않았다.

네 번째 가장 먼 지점으로 슈트레제만은 도이치 제국[=바이마르 공화국]과 오스트리아 공화국의 통일을 목표로 삼았다. 당시 도이치-오스트리아라는 이름으로 불리던 통일국가였다. 이런 '합병'은 당시 극히 공공연히 드러난 오스트리아 사람들의 소망이기도 했다. 다만 이것은 슈트레제만의 생각 속에서는 보이지 않게 아직 멀리 있는 유리한 외교 상황이 오기까지 유보되어 있었다.

그러니까 도이칠란트는 여전히 수정주의 노선이었고, 다만 가까운 전망으로는 한 가지 목표, 곧 빠른 시일 내에 라인란트에서 연합군의 철수를 추구했다. 이는 배상금에 대한 최종 규칙과 하나로 결합되어야 했다. 이른바 영Young 플랜을 통해 1929년에 그런 결합의 길도 닦였다. 영 플랜은 전쟁배상금 지급액을 한 차례 더 낮추었고, 대신 아주 오랜 기간에 걸쳐서, 즉 1980년대에 이르기까지 계속 갚아 나간다는 내용이었다. 그래도 경제만 호황이라면, 도이칠란트는 수출 흑자로 별 문제 없이 이 비용을 감당할 수가 있었다.

1924~1925년의 규칙은 상대적으로 조용하고 다행스런 몇 해를 불러왔지만, 1929년에 미국에서 나온 세계 경제공황을 통해 방해를 받았다. 경제공황은 도이칠란트에 매우 나쁜 결과를 가져왔다. 미국의 대출금이 갑자기 끊긴 데다가, 단기 대출금의 경우 심지어 상환 날짜가 돌아왔다. 그러자 도이칠란트에서는 곧바로, 그때까지 어느 정

도 높던 고용 비율이 급격히 떨어지고, 파산이 줄을 이었다.

사태가 이렇게 되자 그 사이 바뀐 도이치 정부는 두 번째로 전쟁배상금 부담, 심지어는 영 플랜 아래 새로 나타난 규칙까지 포함하여 배상금 부담을 털어낼 기회로 잡았다. 이번에는 1920년대 초반처럼 대규모 인플레이션이 아니라, 의도적인 디플레이션 정책을 통해서였다. 이번의 디플레이션은 도이칠란트를 가난하게 만들어 더 이상은 전쟁배상금을 갚을 수가 없게 만들었다. 채권자들도 그 점을 인정하는 수밖에 없었다.

이번 디플레이션 정책은 배상금을 떨쳐내기 위해, 바이마르 시대 도이칠란트가 떠맡은 두 번째 대규모 사회적 파국이었다. 이번의 정책은 성공했다. 세계 경제공황은 단순히 도이치 제국만이 아니라 (러시아를 뺀) 서방세계 전체에 타격을 주었다. 그리고 경제공황을 맞은 모든 나라들, 특히 미국도 이런 상황에서 이른바 정치적 지불, 즉 한편에는 미국을 향한 유럽 연합국의 부채 상환, 다른 한편에는 서유럽 연합국을 향한 도이칠란트의 배상금 지불은, 점점 더 붕괴하는 세계 경제에 부담일 뿐으로 더는 지속할 수 없다는 인식에 이르렀다. 1931년에 미국의 후버Herbert Clark Hoover 대통령은 이런 모든 정치적 지불의 중단을 요구하고, 우선 1년 동안 이른바 '후버 모라토리움[=지불유예]'을 단행했다. 한 해가 지나고 1932년 로잔Lausanne에서, 프랑스와 영국, 그리고 다른 채권 국가들이 장기적으로 도이칠란트의 배상금 지불을 포기했다. 30억 마르크의 최종 금액이 합의되었지만, 이 돈을 실제로 갚지도 않았고, 요구도 없었다. 그러니까 당시 총리 하인리히 브뤼닝Heinrich Brüning은, 도이칠란트를 일부러 가난하게 만들어 배상금에서 벗어난다는 자신의 정책 목표를 달성한 셈이었다. 목표 달성 직전에 그 자신이 먼저 실각하긴 했어도 어쨌든.

1930~1933년에 점점 더 가난해진 것이 오늘날에도 여전히 대체로 세계 경제공황의 피할 수 없는 결과로 간주되고 있다는 점을 여기서 잠깐 지적하고 싶다. 하지만 그것은 일부만 맞는 말이다. 그보다 이전 1919~1923년 사이의 인플레이션이 패배한 전쟁의 결과라는 말도 일부만 맞는다. 두 번 다 그렇다. 전쟁이 끝나고 제때에 화폐개혁을 단행했더라면, 도이칠란트의 모든 저축 자산의 몰수를 피할 수 있었을 것이다. 그리고 다른 경제정책을 취했더라면, 도이칠란트에서 세계 경제공황의 결과가 더 악화되는 대신 매우 많이 완화될 수 있었을 것이다. 그런 경제정책은 예를 들면, 당시 이미 영국 경제학자 케인스John Maynard Keynes가 내놓았고, 또한 예컨대 바게만Ernst Friedrich Wagemann 같은 도이치 경제학자들도 내놓았었다. 즉 설사 국가 재정의 균형을 희생하는 한이 있더라도 막대한 공공 지출을 통해, 곧 '정부의 적자 지출deficit spending'을 통해 경제에 추진력을 불어넣는 정책이었다. 브뤼닝은 정확하게 그 반대의 정책을 실천했다. 그는 배상금을 벗어버리려고 경제공황의 결과들을 더욱 힘들게 만들고, 도이치 경제를 의도적으로 완전 파탄으로 내몰았다. 앞서 말했듯이 그는 이 점에서 성공했다. 다음 장에서 서술할 예정이지만, 물론 국내 정치 측

면에서 보면, 이 성공은 가난해진 도이치 사람들이 떼를 지어 히틀러에게로 몰려가게 만들었다.

1932년에 도이칠란트는 수정주의 노선에서 또 다른 거대한 성공을 거두었다. 이해에 제네바에서 국제 군축회의가 열렸다. 베르사유 조약에서 서방국가들은, 도이칠란트의 무장해제를 전반적인 무기감축의 전제 조건으로 내걸었었다. 이 규칙이 이번 도이치 정책의 지렛대가 되었다. 도이치 대표는, 서방국가들이 도이칠란트의 강압적인 무장해제만큼 무기 감축을 하든가 아니면 도이칠란트에도 그들과 동일한 정도로 재무장할 권리를 주어야 한다고 주장했다. 이 주장으로 도이칠란트는 성공을 거두었다. 세계의 분위기가 일부는 경제공황으로 인해서, 일부는 단순히 전쟁이 이미 한참 전의 일이라서 바뀐 것이다. 더는 1919년의 분위기가 아니었다. 1932년 12월 제네바 군축회담에 참석한 서방국가들은, 이제 더는 브뤼닝이 아닌 슐라이허Kurt von Schleicher를 수반으로 하는 도이치 정부에, 대등한 군사적 무장의 권리를 인정해주었다.

그러니까 1932년 말에 도이칠란트는 여러 우회로들을 거쳐서, 1919년 이후로 강대국으로의 부활에 걸림돌이 되던 두 개의 핵심적인 부담, 곧 엄청난 전쟁배상금 지불의 의무와 매우 작은 방어력만 유지할 의무를 털어버린 것이다. 도이칠란트는 다시금 다른 강대국들 사이에서 강대국이 되었으며, 심지어는 이제 최종적으로 드러났고, 이미 로카르노 조약으로 확인된 것처럼, 동부와 남부 유럽에서 일종의 잠재적인 패권 국가가 되었다. 이로써 바이마르 공화국 시대에 도이치 수정주의가 목표로 삼은 것들은 모두 달성되었다. 하지만 이 성공은 완전히 변한 도이칠란트에 도움이 되었다.

다음 장에서 다루게 되지만 1932년에 이르기까지 바이마르 공화국은 안으로 소진되어 속이 이미 무너져 있었다. 그 사이에 국내 정책으로 보면, 더는 공화국의 유지가 아니라 그 뒤를 이어받는 일이 중요해졌다. 이런 후계 작업은 1932년을 마무리하는 거대한 성공들 직후에 1933년 1월에 히틀러에게 주어졌다. 이제 다시 강대국이라는 옛날의 지위로 돌아온, 적어도 중부와 동부 유럽에서 절반의 헤게모니를 쥔 것은 〔바이마르 공화국이 아닌〕 히틀러의 도이칠란트였다.

힌덴부르크 시대

앞의 장에서 우리는 주로 베르사유를 다루고 바이마르는 별로 다루지 않았다. 즉 바이마르 공화국의 외교정책과 그 수정주의 노선이 상세히 논의되었지만, 국내 정책에 대해서는 별로 다루지 않았다. 하지만 바이마르 공화국에서 히틀러로 넘어가는 과정을 완성한 것은 국내 정책이었다. 그것을 조금 보충해야 한다.

바이마르 공화국은 겨우 14년을 존속했지만, 그런데도 매우 뚜렷하게 구분되는 세 개의 시대를 보인다. 시작부터 1924년까지의 처음 몇 해 동안은, 마치 공화국이 아예 처음부터 실패하는 듯이 보였다. 그러다가 놀랍게도 겉보기에는 확고해지는 시기, 1925년부터 1929년까지 이어지는 저 '황금의' 20년대가 나타났다. 그리고 1930년부터 1932년까지, 상당히 갑작스러운 붕괴와 히틀러의 권력 승계를 위한 준비 기간이 이어졌다.

처음 시기에 대해서는 여기서 상론하지 않겠다. 1920년부터 적어도 1923년까지, 일부는 1924년에도 우파와 좌파의 쿠데타가 되풀이 되고, 우파에 의한 정치적 암살이 횡행하고, 정권이 끊임없이 바뀌는 등 극히 불안정한 시대였다. 이 모든 일은 앞에서 이미 논했듯이, 공화국이 배상금을 떨쳐내려고 일부러 자신을 망가뜨린 두 개의 사회적 파국 중 첫 번째 파국인 인플레이션을 배경으로 이루어졌다.

여기서 그것을 상세히 설명하지 않겠다. 이 기간의 수많은 극적인 사건들 중 어느 것도 시대를 만들어내지 않았으니 말이다. 다만 내 눈에 기본적인 것으로 보이는, 지속적인 사실 두 가지만 한정해서 설명하기로 한다.

첫째로, 바이마르 공화국은 당시 겨우 세 개의 정당으로 유지되었다는 점이다. 1917년의 옛날 황제 시대 의회의 다수당으로서, 이들은 1919년 국민의회에서 3/4의 의석을 차지하여 이른바 바이마르 연합정권을 결성했다. 곧 사민당, 도이치 민주당, 중앙당이다. 오직 이들 세 정당만이 바이마르 헌법에 찬성표를 던졌다. 이들만이 도이치 사람들이 당시 익숙해 있던 군주국 대신에 공화국을 받아들였던 것이다. 이들 세 정당 안에서도 새로운 국가 형태를 정말로 환영했다기보다는 겨우 수용한 사람이 다수였다. 그러니 공화주의자 없는 공화국이라는 말이 나왔다. 그렇다고 공화주의자가 아예 없었던 것은 아니지만, 어쨌든 공화국은 말하자면 한 발로만 서 있었다. 중도 좌파만이 공화국에 찬성했다. 공산주의 좌파는 전혀 다른 공화국을 원했다. 그리고 의회의 의석수로 짐작되는 것보다 실제로는 훨씬 다수였던 우파는 그냥 도로 황제를 원했다.

바이마르 연합정권은 1920년대 중간에 치러진 첫 번째 의원 선거에서, 처음 국민의회 때 가졌던 의석 다수를 잃어버렸다. 사민당은 거의 절반의 의석을 잃었고, 나머지 두 시민 계층 정당도 마찬가지로 수많은 의석을 잃었다. 그리고 원래 늘 그랬듯이 우파가 도로 강력해졌다. 이는 이어지는 시기 전체를 통해 안정적인 정권이 없었다는 의미다. 시민계급 중도파의 소수 의석 정부가 몇 번 있었고, 사민당이 우파 자유주의자들에 이르기까지 여러 대규모 연합정권의 시도들을 통해 만들어낸, 그러나 재빨리 도로 무너진 정부들이 있었다. 심지어 1922년 말부터 1923년 8월까지 한 번은, 이른바 전문가 장관들로 이루어진 완전한 우파 정부도 있었다. 이 모든 정부들은 임시였고 생명이 짧았다. 이것이 첫 번째 상황으로, 1920년부터 1924년까지의 이 기간에 공화국은 처음부터 아예 실패한 것처럼 보였다.

둘째 사실은 그렇게 공개적으로 드러나지는 않는다. 바이마르 연합정권과 바이마르 공화국을 주도한 정당인 사민당은, 불가피하게라도 달라질 수가 없는 유일한 정당이었다. 사민당은 정강으로 보면 언제나 공화주의 정당이었지만, 내면을 살펴보면, 공개적으로 고백하지는 않았어도 빌헬름 2세 치하에서 군주제에 익숙해져 있었다. 모든 것이 무너진 1918년에 사민당은, 당수인 프리드리히 에버트가 표현했듯이 '돌파구로 뛰어들' 각오가 되어 있었다. 에버트는 1918년 11월 9일에도 임시 국가원수를 세워서라도 군주제를 구원하려고 시도

했었다. 그것이 실패로 돌아가자 사민당은, 말하자면 공화국처럼 보이는 군주국을 이끌어가려고 했다. 그들은 모든 사회적 요소를 과거 그대로 놓아두고, 군주국가의 하부구조를 손상시키지 않은 채 고스란히 지키고, 원래 통치하던 계층이 계속 통치하도록 그대로 두었다. 이는 매우 너그러운 제안인데, 이후 대통령이 된 에버트가 사회와 국가에 이런 제안을 했던 것이고, 그는 국가를 찾아내 떠맡아서 혁명의 손길에서 지켜냈다.

하지만 그의 이런 제안은 받아들여지지 않았다. 공화국에 처음부터 달라붙어 있던 아주 거대한 약점은 바로 이 사실에 들어 있다. 새로운 공화국은 황제 국가의 전체 시설들, 군대, 관료 집단, 사법부, 교회, 대학들, 심지어 대규모 농민들과 사업가들까지 거의 건드리지 않고 그대로 두고, 그들이 지금까지와 똑같은 성격과 옛날의 품격, 사회의 기준이 되는 드높은 지위까지 고스란히 지니도록 해주었건만, 그들은 거부의 자세를 견지했다.

거부감은 약간의 차이를 보였다. 고위 관료와 장관들은 투덜대며 충성했다. 국장급과 서기관급 관리들은 자기들의 의무를 다했고 또 쓸모도 있었지만, 옛날 국가에 대해 지녔던 열광을 지니지 않은 채 그냥 임무를 수행했다. 심지어 그들은 공화국 초기에 우파 쿠데타, 곧 1920년의 카프Kapp 쿠데타가 일어났을 때도, 일종의 수동적 저항을 통해 쿠데타 정부가 발을 붙이지 못하도록 방해하는 데 일조했다.

하지만 고작 이것이 공화국 정부가 옛날 엘리트층에서 찾아낸 가장 호의적인 태도였다. 군대는, 예컨대 카프 쿠데타 때, 고위 관료층과는 달리 합법적 정부와 불법적 정부 사이에서 냉정한 중립을 지켰다. "군대는 군대에 총질하지 않는다."라는 게 당시 군 지휘자인 제크트 장군의 설명이었다. 뒷날 또 다른 위기에서, 이미 대통령으로서 제국 군대의 명목상 최고 통수권자이던 에버트가 제크트에게 겸손한 질문을 내놓았다. "국방군은 대체 어느 편인지 정말 알고 싶군요." 그러자 쌀쌀맞은 답변이 돌아왔다. "국방군은 내 뒤에 있지요."

각종 대학들에서 공화국의 처지는 몹시 나빴다. 이것은 나 자신의 젊은 날의 경험에서 내가 직접 증언할 수 있는 일인데, 당시 대학생들과 교수들, 고등학교 교사들과 고등학생들은 직립부동의 반反공화파, 군주국 지지, 민족주의, 보복주의 입장이었다. 교회의 경우 이런 태도가 조금 온건하긴 했으나, 전체적으로 보면 적어도 개신교는 오늘날 좌파인 만큼이나 당시에는 우파였다. 가톨릭 중앙당이 정부에 참여하고 있었지만, 가톨릭교회도 공화국에 대해 극히 유보적인 태도를 취했다. 그러다가 1933년이 되어서야 가톨릭교회는 히틀러와 협정을 맺었다.

산업계의 사정은 더 복잡했다. 혁명 직후인 11월에 기업주와 노동조합들 사이에 '슈틴네스-레기엔Stinnes-Legien 협정'이 맺어졌다. 노동조합과의 협조 아래 미래의 임금 조건들을 규정하겠노라는 일종의 평화조약이었다. 하지만 인플레이션은 기업가와 노동자들 사이에 적대적인 계급적 이해관계를 도로 날카롭게 만들었다. 전체적으로 보면 바이마르는 공산주의자가 되지 않은 노동자들의 공화국이었고, 기업가들 대다수는 이 나라에 아무 관심도 없었다.

이 모든 그룹들의 거부감이야말로, 1919~1924년까지 에버트가 대통령으로 재임하던 시절, 공화국이 도이치 제국의 지속적인 국가 형태로 굳어질 수 없었던 이유였다. 그에 비해 에버트가 바이마르 헌법에 규정된 것처럼 국민의 선출을 받지 않고 그냥 국민의회에 의해 '임시로' 대통령으로 선출되었다는 점은 그냥 외적인 역할만 했을 뿐이다.

이어서 중간기인 1925~1929년 사이에, 바이마르 공화국은 갑자기 견고해진 듯이 보였다. 이제 처음으로 헌법에 따라 국민이 선출한 대통령이 등장했다. 각각의 정당이 후보를 내세운 1차 투표에서는 뚜렷한 당선자가 없었다. 두 번째 선거에서, 군주제를 지지하는 우파인 도이치 민족주의당은 기발한 영감을 얻어, 1차 대전의 영웅인 유명한 힌덴부르크 사령관을 후보로 내세웠다. 그리고 그가 당선되었다.

힌덴부르크의 승리는 처음에 공화주의자들에게 끔찍한 일격으로 생각되었다. 힌덴부르크는 1차 대전의 총사령관이었고, 극히 반동적인 루덴도르프가 내세운 간판스타로서, 뼛속까지 군주제 지지자였다. 대체 그의 밑에서 공화국이 어떻게 계속된단 말인가? 놀랍게도 처음에는 매우 잘 지속되었다. 힌덴부르크가 대통령으로 재임한 처음 5년은 바이마르 공화국이 경험한 최고의 5년이었다. 마침내 공화국은 자리를 잡은 듯이 보였다. 거기에는 극히 단순한 이유가 있었다.

황제 시대의 지배 계층은 공화국에서도 실질적인 지배 계층으로 남아 있었지만, 새로운 국가가 진짜 자기들의 나라라고 여기지 않았다. 그러던 그들이 이제 갑자기 달라진 눈길로 이 나라를 바라보았다. 힌덴부르크 대통령 치하의 공화국은, 힌덴부르크가 최고로 존경할 만한 황제 시대 핵심 인물의 하나로서 세계대전 기간에 이미 일종의 대리 황제 노릇을 했던 사람이니만큼, 에버트와 사민당의 공화국과는 완전히 달랐던 것이다. 이런 분위기는 그때까지 의회에서 국가에 거부감을 가진 가장 강력한 우파 정당, 곧 도이치 민족주의 국민당이 이제 공화국 정부에 동참할 각오를 했다는 사실에서 재빨리 드러났다.

바이마르 공화국에서 1925년부터 1928년까지는, 짧은 중단기만 빼면 바이마르 정당연합이 정부를 이끈 것이 아니라, 중앙당, 도이치 국민당과 민족주의자들로 이루어진 우파 정당연합이 정부를 이끌었는데, 이는 의회에서 다수파는 아니라도 견고한 세력이었다. 공화국은 갑자기 두 발로 단단히 섰다. 더는 중도-좌파 정당들에만 의존하지 않고, 중도-우파 연합에 의해서도 아주 정상적인 정부를 구성한 것이다. 이것이 공화국을 견고하게 만들었다.

여기 덧붙여서, 앞장에서 이미 설명했지만, 가장 큰 경제적 개선들도 이 기간에 나타났다. 인플레이션은 에버트가 대통령으로 재임한 마지막 해에 정지되었고, 마침내 화폐개혁도 이루어졌다. 심지어는 약간의 화폐가치 상승도 있었고, 풍부하게 흘러 들어오는 미국의 대출금 덕분에 작은 경제 호황기도 누렸다. 외교정책 측면에서도 몇 가지 성과들을 나열할 수 있었다. 루르 지방이 다시 해방되었고, 서부에서 일종의 사후事後 평화조약이자 장래 프랑스의 간섭을 배제하는 로카르노 조약도 나왔다. 한마디로 말해서 갑자기 편안한 시대가 시작된 것이다. 1928년까지는 마치 이런 상태가 계속될 것처럼 보였다.

그런 다음 1929년 세계 경제공황이 나오기도 전에 벌써, 공화국을 도로 동요시킨 두 가지 일이 나타났다. 하나는 1928년 중반까지 내각을 이루었던 중도-우파 연합이 1928년의 의회 선거에서 패배한 일이었다. 도이치 민족주의당은 갑자기 훨씬 허약해지고, 사민당이 도로 세력을 얻었다. 사민당은 1919년 이래 가장 좋은 선거 결과를 얻었다. 이제 새로운 정부는 바이마르 정당연합이나, 내가 힌덴부르크 정당연합이라 부르고 싶은 것에 기반을 둘 수가 없다는 사실이 드러났다. 바이마르 공화국에는 오늘날 연방공화국의 첫 시작부터 존재하는, 명확한 우파 정당 그룹과 좌파 정당 그룹이라는 체제가 없었다. 그래서 사민당이 주도하고 우파 자유주의자들에 이르기까지 연합하는 '대규모' 정당연합[=대연정大聯政]의 정부로 되돌아갔는데, 이는 매우 취약한 정부였다. 내각 안에서 좌파와 우파가 처음부터 서로 충돌했기 때문이다. 이 대연정 정권이 들어선 1928년 중반부터 1930년 초까지는 정치적 안정이 없었다. 경제공황이 시작되기 이전까지는 경제적으로 매우 좋은 기간이었는데도 그랬다. 이것이 [공화국을 도로 뒤흔든] 한 가지 일이었다.

또 다른 한 가지는 훨씬 더 위험한 것으로 밝혀졌는데, 대통령 개인과 관계된 일이었다. 힌덴부르크는 1925년 대통령에 선출되었을 때 이미 77살이었고, 이제는 80살이 넘었다. 그가 영원히 계속 대통령으로 남아 있을 수는 없었다. 7년 임기를 마치고 1932년에 84세의 나이로 한 번 더 대통령 후보가 되리라고 기대할 수도 없는데, 하물며 두 번째 임기를 마칠 거라고 기대할 수는 더욱 없었다. 하지만 그렇게 되면 앞날이 어떻게 될까? 제2의 힌덴부르크는 없었다. 초기 힌덴부르크 시대에 나타난 저 찬란한 타협, 곧 거의 황제 공화국이라 부를 만한 것이라면 군주제를 지지하는 우파로서도 받아들일 수 있었지만, 이런 공화국은 매우 나이 든 노인의 어깨에 기대고 있었다.

그러니 이런 타협이 계속 이어질 수 있을지, 또는 도대체 존재할 수나 있을지 생각을 해볼 수밖에 없었다. 우파가 불안해졌다. 특히 그 사이 훨씬 더 과격한 새로운 야당의 지도부가 된 민족주의자들 사이에서, 이제는 힌덴부르크 시대를 그동안과는 전혀 다르게 바라볼 수도 있다는 생각이 나타났다. 더는 공화국을 안정시키는 기간이 아니라, 군주제를 되살릴 과도기로 보아야 한다는 생각이었다. 힌덴부르크가 대통령에서 천천히 대리 군주가 된다면 어떨까? 어쩌면 새로 등장하는 군주의 섭정이 될 수는 없을까? 이것이 당시 진지하게 논의되던, 특히 군 지도부에서 매우 생생하게 논의되던 계획이었다. 당시 군부에서 정치적 권위를 가졌던 슐라이허 장군이 이 계획을 실천으로 옮겼다.

1929년 아직 세계 경제공황이 닥치기 전인 이른 봄에, 겉보기에는 완전히 평온하고 안정되어 있던 시기에, 슐라이허는 새로 중앙당의 당수가 된 우파 성향의 하인리히 브뤼닝을 베를린의 마테우스 교회 광장Matthäikirchplatz에 있는 자기 집으로 불렀다. 오늘날 우리가 브뤼닝의 비망록을 통해 알고 있듯이, 장군은 이 정치가에게 체제 전복의 생각을 털어놓았다. 늙은 대통령의 남은 임기를 이용하여 헌법을 바꾸고, 의회의 권한을 뺏고, 마지막으로 다시 '안정적인 상황', 곧 1918년 10월 개혁 이전의 군주제를 되살려야 한다고 슐라이허는 설명했다. 군주라는 말은 아직 없었지만, 국가원수는 제국총리를 임명할 뿐만 아니라, 의회의 뜻과 무관하게 자리를 보전할 수도 있어야 한다는 것이니, 말하자면 황제 시대에 그랬듯이 의회는 진짜 정책의 결정에서 배제되는 것이다. 이런 목적을 위해 의회를 여러 번이나 연달아 해산시켜 정당들을 지치게 만들고, 재원도 고갈시켜서 더는 선거전을 원치 않게 만들어야 한다고 했다. 그런 다음 의회가 무력해진 기간에 쿠데타를 통해 순수한 대통령제 헌법으로 고쳐야 한다. 여기서 대통령은 옛날 황제의 역할을 하게 된다.

브뤼닝은 이 설명을 귀담아듣고 흥미를 느꼈다. 그는 이 과정이 얼마나 오래 걸릴 것으로 생각하느냐고 물었다. 슐라이허는 이렇게 대답했다. "그야 뭐, 6개월 안에 해치워야 할 거요." 그것 말고도 슐라이허는 이 기회에 브뤼닝에게 다음과 같이 털어놓았다. 대통령께서, 브뤼닝 산하 기관총 중대가 종전의 그날까지 탁월하게 싸웠으니, 충성스런 전방 장교 브뤼닝을 좋게 여기고 이번 쿠데타를 실행할 총리

감으로 생각한다는 말이었다. 브뤼닝은 처음에는 망설였다. 그런 계획을 위한 시간이 무르익지 않았다고 생각했던 것이다. 하지만 그 시간은 빨리 찾아왔다.

1929년 10월에 세계 경제공황이 터졌다. 대연정 정부를 이끌어 온 슈트레제만이 매우 불운하게도 바로 이 10월에 죽었다. 그러자 정부는 도이칠란트에서 매우 빠른 속도로 악화된 이 위기에 제대로 대응하지 못했다. 정부가 붕괴되고 1930년 3월에 힌덴부르크는 슐라이허의 충고를 받아들여 예정대로 브뤼닝을 총리로 지명했다. 브뤼닝은 헌법 48조에 근거하여, 의회를 고려하지 않고 통치할 전권全權을 대통령에게서 위임받았다. 이 48조 조항은 국가원수가 긴급사태라고 판단하는 경우에는, 긴급명령을 통해 의회의 입법권을 무시할 수 있게 해주는 것이었다. 어차피 대통령은 의회 해산 권한을 지녔다. 의회가 대통령의 긴급명령을 철회할 경우, 대통령은 언제라도 의회를 해산할 수 있었다. 이제 브뤼닝은 대통령의 이름으로 이 모든 권한을 사용할 수 있게 된 것이다. 이것은 힌덴부르크의 배후에 있는 세력이, 군주제 부활을 목적으로 계획한 쿠데타를 위한 과도정부였다.

여기서 힌덴부르크 자신이 어떤 역할을 했는지는 확실하지가 않다. 이 노인은 정치가가 아니었고, 한 번도 정치가였던 적이 없었다. 그는 대통령으로서도 많은 점에서, 이전에 군 최고 통수권자이던 시절과 똑같이, 그냥 표면에 내세워진 인물이었다. 하지만 그는 철저히 자기만의 생각을 가졌고 전에도 그랬었지만 나이가 들면서 더욱 완고해졌다. 1925년 헌법에 맹세하고 대통령이 되어 만족스럽게 이런 명예의 직함을 지니게 된 이후로, 지금도 그는 아마 자신의 군주제 감정들을 기억하고, 공화국을 군주국으로 되돌리기 위해 헌법에 대한 맹세를 직접 깨뜨리지 않는 범위에서 가능한 모든 일을 체계적으로 준비하는 것이 일종의 소명이라고 느끼기 시작했을 것 같다. 이 과정에서 첫걸음은, 1920년대의 의원내각제 정부를 1930년대 초의 대통령 중심제 정부로 바꾸는 일이었고, 이런 정부들 중 브뤼닝 정권은 최초이자 가장 오래 지속된 정권이었다. 브뤼닝 정권은 형식적으로는 헌법의 틀을 지켰기에 역설적이게도 브뤼닝이 바이마르 헌법의 최종 수호자라는 명성을 얻었다. 그는 그런 사람이 아니었다. 자신의 비망록에서 증언하고 있듯이, 그의 임무는 쿠데타였고, 그는 이 임무를 이행할 최고의 의지도 지녔다. 다만 또 다른 의도를 위해 이 쿠데타를 뒤로 미루었는데—그것이 그의 실각을 불러왔다.

그 사이 세계 경제공황이 터졌고, 브뤼닝은 이제야말로 외교적 측면에서 절호의 기회를 보았던 것이다. 이에 대해서는 앞장에서 이미 설명했다. 곧 도이칠란트에서 경제 위기를 의도적으로 과격하게 악화시켜서 전쟁배상금을 털어낼 기회였다. 그것이 처음에는 미리 기획된 쿠데타보다도 더 중요하게 생각되었던 것이다. 그래도 어쨌든 그는 1930년 7월에 의회를 해산했고, 1930년 9월에 새로운 선거를 하기로 했다. 그리고 여기서 예기치 못한 일이 벌어졌다. 이 선거에서 히틀러의 민족주의-사회주의〔=나치〕 정당이 갑자기 제2정당으로 올라선 것이다. 저 '좋던' 힌덴부르크 시절에는 그냥 소수당에 지나지 않던 정당이었다. 이 정당은 유권자의 18퍼센트에 해당하는 600만 표를 얻어 107개 의석을 차지했다. 이로써 도이치 국내 정치 무대에서 앞으로도 계속 만나게 되는 새로운 세력이 갑자기 나타났다. 무엇이 이 민족주의-사회주의 정당을 갑자기 그토록 강하게 만들었던가?

1930년에 이 정당을 대규모 정당으로, 이어서 1932년에 가장 강력한 정당으로 만든 데는 세 가지 이유가 있었다.

첫째 이유는 경제공황에서 찾을 수 있다. 경제공황은 노동자 계층을 두려울 정도로 빠르게 빈곤에 빠뜨렸고, 이 사실을 잊어서는 안 되겠지만 기업가 집단에서도 수많은 파산과 망한 사람들이 나타났다. 실업자가 600만 명에 이르렀던 1932년에, 플래카드 하나에는 표현주의 양식으로 굶주린 대중의 모습이 그려져 있고, 그 밖에는 아무것도 없었다. 그냥 아래쪽에 "히틀러, 우리의 마지막 희망"이라는 구절만 적혀 있었다. 그것이 적중했다. 가난이 현실이었다. 그리고 히틀러가 이 가난에 대항하겠노라고 약속한 유일한 사람이라는 것도 현실이었다. 누구나 어렴풋이 브뤼닝이 가난을 의도적으로 더욱 악화시키고 있음을 느꼈다. 물론 애국적인 외교 목적을 지닌 것이었으나, 그는 이 목적을 공공연히 밝힐 수가 없었고, 오늘날까지도 널리 알려지지 않은 목적이었다.

대중을 히틀러에게로 몰아간 첫째 이유는 가난이었다. 이 점에 대해서는 오늘날에도, 다수의 유권자들이 갑자기 나치를 선택한 이유에 대한 유일하고도 효과적인 변명으로 간주된다. 허나 가난은 매우 강력한 이유였지만 유일한 이유는 아니었다.

둘째 이유는 갑자기 다시 강해진 민족주의였다. 그동안 민족주의는 이 시기의 경제적 곤궁처럼 그렇게 구체적으로 쉽사리 〔히틀러 상승의 이유로〕 설명되지 않았다. 심지어는 비참과 경제적 절망이, 그런 식으로 돌발적인 민족주의 정서를 동반한다는 것이 모순처럼 여겨지기도 했다. 하지만 그랬다. 1930년부터 1933년까지의 시기를 의식을 지니고 체험한 사람은 모두가 그것을 증언한다. 1918년 이후의 민족주의적 콤플렉스와 원한, '비수 꽂기' '11월 범죄' 등으로 표현되던 그 감정들은 완전히 극복되지 않았었다. 하지만 1919~1924년 기간에 이런 감정들은 본질적으로 옛날의 우파, 곧 도이치 민족주의 국민당 지지자들에만 국한되었고, 1925년에 이 당이 정부에 참여하면서 완화되었다. 그러다가 지금 갑자기 민족주의 감정들은 거의 모든 정당들의 공유재산이 되다시피 했다. 심지어 공산당조차 갑자기 민족주의의 언어를 말하고 있었고, 대통령 권력을 장악한 브뤼닝 내각을 지지하는 은밀한, 또는 공공연한 군주제 지지자들이야 어차피 민족주의의 편이었다.

하지만 그로써 이들은 처음부터 민족주의-사회주의〔=나치〕 당이 비할 바 없이 우세한 일에 직면하게 되었다. 아무도 나치만큼 그렇게 강력한 확신을 품고, 따라서 설득력을 지니고 민족주의 감정, 민족의 자부심, 민족의 원한에 호소하지 않았다. 도이칠란트가 1차 대전에서 이겨야 마땅했다. 아니 원래 이겼다. 다만 간계와 배신을 통해 그런 승리를 도로 빼앗겼다고 그들처럼 그렇게 강력하게 주장한 사람은 없었다. 아무도 그들처럼 솔직하게, 이렇게 빼앗긴 승리를 언젠가는 도로 찾아와야 한다고 암시하지도 않았다. 여기서 미리 말하자면, 도이치 국민은 1939년 2차 대전의 발발을 두고, 1914년 1차 대전의 발발 때만큼 그렇게까지 열광하지 않았다. 1933년에 이미 그 열광을 다 쏟아냈던 것이다. 하지만 1933년의 '민족주의 찬양'이 승리한 것에 대한 열광에는 1914년의 전쟁 열광과 비슷한 점이 감추어져 있었다. 그리고 그 이전에 이미 일종의 전쟁 열광이 모든 측면에서 선동되고 있었고, 이는 결국 민족주의-사회주의에 도움이 되었다.

민족주의-사회주의당•이 선거에서 이긴 셋째 이유는 히틀러 개인에게 있었다. 이 말이 많은 사람을 화나게 하겠지만, 그래도 이 말을 해야 한다. 히틀러는 자기 시대 도이치 사람들에게 거부감을 준 것이 아니라 매력적으로 보였다. 매력을 넘어 사람을 사로잡았다. 그는 슈트레제만이 죽은 다음, 바이마르 공화국 후기에 정치 무대에 등장한 다른 많은 사람들처럼, 단순히 훨씬 더 큰 정치판의 장기將棋 말 하나는 아니었다.

히틀러는 언제나 너무 평가절하되어 왔다. 그를 작고도 우스꽝스

• 히틀러 정당의 공식 명칭은 Nationalsozialistische Deutsche Arbeiterpartei(민족주의-사회주의 도이치 노동자당)이며, 약자는 NSDAP이다. 공식 명칭을 줄여 부르는 애칭 비슷한 이름이 나치(Nazi)인데, 이는 맨 앞의 정강을 나타내는 부분 **Na**tionalso**zi**alistisch에서 가져온 것.

럽게 만들려고 하는 것은 그의 적들이 범한 가장 큰 오류였다. 그는 작고 우스꽝스런 인물이 아니었다. 히틀러는 매우 악한 사람이었다. 위대한 사내들은 자주 악하다. 히틀러는 온갖 무시무시한 특성들에도 불구하고 매우 위대한 사람이기도 했다. 이에 대해서는 다른 어떤 궤변도 통하지 않는다. 그는 자신의 미래상의 대담함과 본능의 약삭빠름으로 다음 10년 동안에 그런 위대성을 거듭 보여주었다. 히틀러는 당시 다른 어떤 정치가도 갖지 못한 개인적인 마법의 힘을 지녔다.

1918년과 1919년에 이미 수많은 도이치 사람들이, 히틀러가 구현한 것 같은 인물을 소원의 모습으로 그려보았다. 이 시기에 나온 시인 슈테판 게오르게Stefan George의 시 한 편은 다음과 같은 소망의 모습을 그렸다.

> "도움을 주는 유일한 사내, 그 사내를 낳는 〔시대〕……
> 그는 사슬을 끊고 쓰레기장을 쓸어내
> 질서를 세우고, 정도正道에서 벗어난 고향에 채찍질을 가하여,
> 위대한 것이 다시 위대하게 되고, 주인이 다시 주인이,
> 훈육이 다시 훈육이 되는 영원한 올바름을 세우고,
> 진짜 상징을 민족의 깃발에 새긴다.
> 폭풍과 두려운 경보를 뚫고, 이른 새벽
> 동이 틀 때, 충실한 자신의 무리를 이끌어 활기찬 낮을 위해
> 일하여 새로운 왕국을 가꾸는 사람이니."

전후戰後 여러 해 동안이나 수많은 사람이 지도자를 갈구했다. 가혹하면서도 영리하고, 질서를 만들어내고 민족의 기강을 바로잡고, 정당 체제를 종결시키면서 스스로 단독 지배권을 차지하고 그것을 제대로 다룰 줄 아는 인물을. 그것도 특히 외교적이고도 전투적인 사람이어야 했다. 이런 갈망이 1918~1919년에 이미 나타나서 완전히 사라지지 않고 있다가 1930년에 갑자기 다시 생생해졌다. 그리고 히틀러는 이런 이미지에 잘 들어맞는 듯이 보였다. 실제로 히틀러는 저 생긴 그대로 이미 수많은 도이치 사람들의 소망의 꿈을 충족시키는 사람이었다. 그는 무시무시한 웅변 능력, 잔인함, 가혹함, 단호함, 사람을 깜짝 놀라게 만드는 능력, 어려운 상황에서 예상치 못한 탈출구를 찾아내는 재능 등을 지녔다. 또한 반유대주의도 지녔다고? 많은 사람은 반유대주의를 덤으로 함께 받아들일 각오가 되어 있었다.

이 세 가지 원인, 곧 가난, 다시 깨어난 민족주의, 그리고 히틀러라는 인물이 힘을 합쳐서 민족주의-사회주의당 자체가 아니라 민족주의-사회주의 운동을, 갑작스럽게 당을 사로잡고는 당에 영양분을 공급한 이 대중운동을 나날이 더욱더 아주 강력한 세력으로 만들었다. 옛날의 우파, 힌덴부르크 배후에서 다시 지배권을 장악한 상류층 우파는 이제 이 세력을 고려하지 않을 수 없게 되었다.

당시 아직도 왕정복고 운동을 이끌고 있던 슐라이허는 이것을 재빨리 알아차리고, 브뤼닝에게 히틀러를 앞지르라고, 히틀러 운동이 더 막강해지기 전에 군주제 쿠데타를 끝내라고 촉구했다. 하지만 브뤼닝은 꾸물거렸고, 당시 슐라이허는 브뤼닝을 '꾸물거리는 자 브뤼닝'Brüning Cunctator이라는 별명으로 불렀다. 브뤼닝은 먼저 자신의 위대한 외교적 성공, 곧 배상금 삭제를 이루고자 했다. 이는 시간이 필요한 일이었다. 1931년이 그 일로 지나가고, 1932년의 처음 몇 달도 이미 흘러갔다. 1932년 7월이 되어서야 마침내 배상금이 삭제되었고, 브뤼닝은 이미 실각했다.

그 이전에 브뤼닝은 절반 내각제 방식으로 계속 통치할 가능성을 찾아냈다. 1930년 말 이후로 갑자기 의회에서 다수파가 되었기 때문이다. 당시 히틀러의 상승이 사민당의 심기를 무섭게 건드렸기에, 사민당은 브뤼닝을 히틀러와 비교하여 덜 나쁜 악으로 여겨 '참아주기로' 했던 것이다. 그러니까 사민당은 스스로 내각에 참여하지 않은 채, 의회에서 브뤼닝에게 다수파를 만들어준 것이다. 브뤼닝은 설사 원했다고 하더라도 사민당을 내각에 받아들일 수는 없었다. 그는 대통령제 내각을 이끌고 있었으니 의원내각제 방식으로 정부를 구성할 수가 없었던 것이다. 하지만 사민당의 이런 참아주기를 받아들여, 내부의 싸움 없이 절반쯤은 의원내각제 방식의 다수파와, 대통령의 긴급명령권까지 발동하여 1932년까지 상당히 조용히 정부를 이끌었다. 속으로는 저 위대한 외교의 승리를 호주머니에 챙겨 넣고, 원래 자신의 의무였던 국내 정치의 변화를 시작할 수 있으려니 하는 희망을 품은 채였다.

하지만 슐라이허가 참을성을 잃었다. 그는 힌덴부르크를 설득하여 브뤼닝을 밀어내고 국내 정치 노선을 더욱 강력하게 추진해서 브뤼닝이 원래 했어야 할 일, 또 브뤼닝 자신도 하고자 했던 일을 서둘러 완수할 총리를 임명하려 했다. 새로운 권위주의 헌법으로 넘어가는 일 말이다. 슐라이허가 찾아냈다기보다 거의 만들어낸 인물이 프란츠 폰 파펜Franz von Papen이었다. 그는 그때까지 대부분의 도이치 사람들에게 알려지지 않은, 프로이센 의회의 우파 중앙당 의원이었다. 파펜은 중산층 출신 브뤼닝과는 달리, 옛날 빌헬름 황제 시대의 전형적인 귀족 계층을 대표하는 인물이었다. 그는 베를린 신사들의 클럽Herrenclub에 가장 중요한 인맥을 두었다.

새로운 총리는 1932년 6월에 '남작들의 내각'이라는 별명이 붙은 정부를 구성하고, 완전히 새로운 방식으로 통치를 시작했다. 파펜은 브뤼닝과는 반대로, 즉시 쿠데타를 시작했다. 맨 먼저 의회를 해산했다. 7월 말에 선거가 있었고, 나치당이 이번에는 유권자의 37퍼센트를 얻어 도이칠란트 제1정당이 되었다. 공산주의자들도 강력해졌다. 1932년 7월의 의회는, 시민 계층과 사민당이 아무리 대규모 정당연합을 해도 정부를 구성할 다수가 되지 못한 최초의 의회였다. 이제는 혁명적이고 국가를 부정하는 두 개의 정당, 곧 우파 나치당과 좌파 공산당이 연합하면 다수가 되기는 하지만, 그래봤자 서로 별 쓸모가 없는 상황이었다. 그런 측면에서 파펜은 자기들이 의도하는 국가 쿠데타에 아주 다행스런 조건을 찾아냈다. 의회가 정부를 구성할 수 없다는 것이 아주 분명하게 눈에 보였다.

의회가 파펜에게 미리 압도적 다수로 불신임을 발설하지도 않았는데, 의회는 곧바로 해산되었다. 이번 해산은 명백한 헌법 위반이었다. 헌법대로라면 의회의 불신임 결의를 통해 실각한 총리는 물러나야 하는 것이기 때문이다. 파펜은 물러날 생각 따위는 없었다.

이것은 파펜이 범한 첫 번째 헌법 위반이 아니었다. 그는 지난 7월 총리로 임명된 직후에, 이른바 '프로이센 타격'을 수행했었다. 그는 바이마르 정당연합이 계속 정권을 잡아온 합법적인 프로이센 정부를 중단시킨 것이다. 군대를 동원해 장관들을 근무처에서 쫓아내고, 스스로 프로이센의 전권 위원이 되었다. 이는 이미 작은 규모의 쿠데타로서, 역사적으로 보면 프로이센의 독립을 진짜로 끝낸 사건이었다. 이어서 파펜이 중요하게 여긴 문제는, 의회가 해산된 시기를 이용하여 원래 의도한 국가 쿠데타를 수행하는 것, 곧 헌법 48조를 이용해서 민주주의 헌법을 군주제 헌법으로 바꾸는 일이었다. 파펜은 정말로 그럴 생각이었고, 힌덴부르크도 그 과정에서 그를 엄호할 각오였다. 하지만 이번에는 슐라이허가 파펜에게서 떨어져 나갔다.

파펜, 힌덴부르크, 그리고 슐라이허의 군주제 혁명 이념에는, 작지 않은 약점이 하나 들어 있었다. 왕위에 오를 후보가 보이지 않는다는 점이었다. 이미 늙어버린 빌헬름 2세 황제를 네덜란드의 망명지에서 도로 불러들이기란 불가능한 일이었다. 네덜란드로 도망쳤다는 사실이 군주제 지지자들 사이에서도 황제에 대한 존경심을 없애버렸기 때문이다. 그를 도로 왕좌에 세운다면 힌덴부르크가 가장 좋아했겠지만, 일단 불가능해 보였다.

황태자는 일찌감치 도이칠란트로 돌아와 사인私人이 되어 있었다. 더는 황제가 될 수 없었다. 그의 아들들은 아직 어리고 알려지지 않았다. 당시 도이칠란트 전체에서 어쩌면 훌륭한 군주로 보일 만한 단 한 명의 인물이 있었다. 바이에른의 왕세자 루프레히트 폰 바이에른Rupprecht von Bayern이었다. 그가 바이에른의 왕이 된다면, 바이에른 사람들 사이에서 아마도 열렬히 환영받았을 것이다. 하지만 그를 새로운 도이치 제국 황제로 만든다면, 이는 왕정복고와 동시에 왕조의 교체까지 단행하는 일이 될 것이다. 그것은 불가능해 보였다. 마지막으로 생각된 해결책은, 이전의 적들의 표까지 얻어서 그 사이 새로 선출된 대통령[=힌덴부르크]이 제국의 대리 황제가 되는 것이었다. 말하자면 복원된 황태자 아들의 섭정이 되는 것이었다. 하지만 늙은 힌덴부르크를 생각해보면 이는 장기적 해결책이 아닐뿐더러, 감히 공개하기도 어려운 일이었다. 그렇게 되면 매우 늙은 힌덴부르크가 죽은 다음은 어떻게 될지도 모르면서, 오로지 그에게만 의존한 쿠데타를 관철시켜야 한다는 뜻이었다. 그것도 나치당의 강력한 민중운동과, 공화파 잔당과, 똑같이 강력해진 공산주의자들에 맞서서 해야 하는 일이었다. 그것은 아마도 군대를 동원해서야 가능한 일이었을 것이다. 그런 군부 쿠데타를 일으켰다가는, 우파와 좌파의 끔찍한 동요를 계산에 넣어야 하는 상황이었으니—여기서 슐라이허는 계획을 포기했다. 그는 모든 사람에 맞서는 정권을 원하지 않았고, 파펜과 마찬가지로 저 막강한 민족주의-사회주의 운동이 군주제 복원을 받아들이거나 견딜 리가 없다는 사실도 이미 알고 있었다.

히틀러는 오로지 자신이 모든 권력을 갖기를 원했다. 그를 선택한 1,300만 유권자도 왕조와 옛날 빌헬름 체제의 복구를 원하지 않았다. 그들은 무언가 새로운 것, 왕조 비슷한 어떤 것을 원했다. 근본적으로 그들 대부분이 이제 곧 정말로 생겨나게 될 바로 그것을 원했다고 본다면 아주 부당한 일만은 아닐 것이다. 즉 히틀러의 독재 말이다. 1932년의 여러 선거들, 먼저 힌덴부르크에 맞서 히틀러가 대통령에 출마했다가 패배한 선거, 이어서 7월 31일의 의원 선거, 마지막으로 11월에 치러진 두 번째 의원 선거에서, 민족주의-사회주의당은 이제 더는 '11월 범죄자들'만을 상대로 하지 않았다. 그보다는 오히려 옛날 권력층이었다가 다시 권력을 잡은 계층, 모든 '남작들'에 대항하는, 그리고 파펜에 대항하는 선거전을 펼쳤다. 민족주의-사회주의당은 언제나 우파와 좌파 사이를 오갔다. 1932년에 그들은 무엇보다도 인기에 영합하는 그들의 '좌파적' 측면을 드러냈다. 1932년 11월 베를린 교통 파업에서 그들은 공산당과 힘을 합쳤다. 이 시기에 나온 사진 한 장에는 괴벨스Paul Joseph Goebbels와 울브리히트Walter Ulbricht가 같은 연단에 모습을 보이고 있다.

슐라이허는 국방군이 이들의 결속에 맞설 힘이 없다고 보았다. 그 밖에도 그 사이에 그의 생각들이 바뀌었다. 장군은 똑똑한 젊은 저널리스트들로 이루어진 '두뇌 집단'을 두었는데, 이들은 당시 널리 읽

히던 월간 「행동」Die Tat지를 발행하고 있었다. 그들의 영향 아래서 그는 새로운 개념을 얻었다. 이는 단순히 복고적이던 1929년의 생각들을 본질적인 측면에서 벗어나는 개념이었다. 이제 미래의 정부 기반으로 그의 생각에 나타난 것은 더는 의회 정당들의 결속이 아니라, 군대와 노동조합과 청소년 연맹 사이의 결속이었다. 그 밖에도 그는 민족주의-사회주의당을 갈라놓으려 했다. 민족주의-사회주의당의 핵심 조직자인 그레고어 슈트라서Gregor Strasser를 내각에 받아들이고, 당의 일부도 함께 데려오게 할 셈이었다. 슐라이허의 눈앞에 오가던 개념은, 일종의 단체들의 국가 또는 신분 국가로서, 히틀러 정당을 궁지에 몰아넣을 도이치 파시즘 같은 것이었다. 슐라이허의 이 새로운 계획에서 군주제 복원은 극히 불확실한 역할만을 했다. 어쩌면 속으로 이미 그것을 포기했던 것인지도 모른다.

어쨌든 슐라이허는 지금 11월 말에 파펜의 국가 쿠데타 계획에 동참하지 않고, 파펜을 그대로 몰락시켰다. 이어서 힌덴부르크는 (몹시 못마땅해하면서) 국가 쿠데타를 연기하고 슐라이허를 총리로 임명했다.

하지만 슐라이허의 짧은 총리 재직 기간에, 높이 날아오르던 그의 계획들은 모조리 실패로 돌아갔다. 이 정치적인 장군이 막후에 머물러 있는 여러 해 동안 그는 도이칠란트의 가장 막강한 실세로 보이더니, 막상 공개적인 정치 무대에서는 도이칠란트 역사상 가장 운 나쁜 총리가 되고 말았다. 단 한 가지도 되는 일이 없었다. 노동조합들은 반발하고, 그레고어 슈트라서는 거부했으니, 청소년 연맹만으로 국가를 만들 수는 없었다. 심지어는 국방군에도 반反슐라이허 그룹이 생겨났다. 11월 선거에서 200만 유권자를 잃은 나치당은 도로 강해졌고, 공산당도 역시 매우 강력했다. 슐라이허는 11월에 자기가 가로막은 일을 1월 말에 도로 진행하는 수밖에 없었다. 의회를 해산하고 자기가 의회 없이 정부를 이끌어갈 것을 허락해달라고 힌덴부르크에게 간청했으니 곧 쿠데타를 하려는 것이었다. 힌덴부르크는 2개월 전에 파펜에게 허용했던 일을 이제 슐라이허에게 거절했다.

그 사이 파펜은 힌덴부르크의 마음에서 슐라이허를 몰아내고 계속 힌덴부르크의 마음을 얻으면서, 아무 일도 안 하고 가만히 있지는 않았다. 그는 어떻게든 히틀러를 통제해볼 속셈을 계속 품고 있었다. 1932년 8월에는 심지어 히틀러를 부총리로 지명할 생각까지 했었다. 그 과정에서 그는 히틀러를 단순히 얕잡아보았을 뿐만 아니라, 완전히 잘못 평가했다.

파펜은 히틀러를 귀족의 관점에서 바라보았다. 히틀러는 재능이 있는 평민, 벼락 출세자이니, 이른바 '남작들의 내각'에 청강생으로 참석시켜주면 몹시 기뻐할 거라고 여긴 것이다. 그는 히틀러의 훨씬 더 큰 계획들과 훨씬 높은 명예욕을 전혀 이해하지 못했다.

히틀러는 파펜의 너그러운 제안들을 거절했다. 자기가 총리가 되어야겠으며, 그것도 대통령의 권한을 모조리 장악한 총리가 되어야겠다고 고집했다. 히틀러는 자신만의 쿠데타를 원했던 것이다.

파펜은 그 사이 히틀러에 대한 평가를 전혀 바꾸지 않은 채, 꼭 필요하다면 그것도 받아들일 수 있다고 생각해두었다. 권력의 실세는 여전히 대통령이니, 파펜은 명목상 히틀러가 총리고 자신이 부총리라 하더라도, 대통령이 자기편이라고 확신했던 것이다. 그가 좋아하던 표현대로 히틀러를 '포위할' 수만 있다면, 히틀러가 자신의 추종 세력을 즉시 입각시키겠다고 고집하지만 않는다면, 그리고 그가 민족주의자들과, 또 어쩌면 중앙당과도 일종의 연합정권을 이루기로 한다면야, 안 될 게 뭐겠어?

그래서 1933년 1월 말에 민족주의-사회주의당과 도이치 민족주의당의 연합정권이 성립되었을 때, 어떤 평론가가 깜짝 놀라고 경악해서 파펜에게 비난 섞인 질문을 던졌다. "뭐라고요, 히틀러를 권좌에 앉혔단 말입니까?" 파펜은 몹시 거만하게 이렇게 대답했다. "당신이 잘못 생각하신 게요. 우리가 그를 참가시킨 거지." 그는 얼마나 잘못 생각했던가!

히틀러 시대

도이치 제국의 마지막 시대를 히틀러 시대라 불러야겠지만, 이것은 1차 대전 이전의 시기를 황제 시대라고, 그리고 바이마르 공화국의 마지막 국면을 힌덴부르크 시대라고 부르는 것과는 전혀 다른 의미를 지닌다.

황제와 힌덴부르크는 분명 각자 자기 시대를 대표하는 인물들이기는 했다. 그래도 도이치 제국의 국내 정책과 대외 정책을 자기들 생각대로 결정한 사람들은 아니었다. 그런 말은 비스마르크에게는 어느 정도 들어맞는다. 그래도 비스마르크조차, 히틀러가 존속하는 12년 동안 그랬던 것처럼, 자기 시대에 제국을 그토록 완벽하게 장악하고 아무런 저항도 없이 자기 생각대로 통치하지는 못했다.

히틀러의 권력 장악은 그가 1933년에 제국총리로 임명되었다는 것으로 끝나지 않는다. 오히려 당시 많은 사람들이 저 기묘한 히틀러-파펜 정부가 이전의 정부들처럼 재빨리 소진되고, 다시 전혀 다른 어떤 것이 나타나리라고 예상했다. 그렇게 되지 않는 것을 보고 많은 사람들이 매우 놀랐고, 그들 대부분은 좋아하기까지 했다.

히틀러는 제국총리로 임명되고 난 다음 1933년 2월부터 7월까지 4개월 만에 정치권력을 거의 완벽하게 장악했다. 그러고 잠깐 멈추었다가 다시 그때까지는 아무도 상상조차 하지 못했던 종류의 권력, 곧 완벽한 전권全權을 장악했다. 따라서 권력 장악은 두 단계를 거쳐 이루어졌다.

첫 번째 단계는 1933년 처음 절반의 기간에, 정치 영역을 말끔하게 정리한 일이었다. 지난 3년 동안 있었던 정치적 생명체, 곧 바이마르 의회 민주주의 잔재와 새로 나타난 권위주의적 대통령제가 혼합된 정권이 1933년 1월 30일에도 그대로 존재하고 있었다. 이것은 1933년 7월 14일에는 완전히 사라졌다. 정당들은 존재하지 않았고, 대통령제 정권이나 의원내각제 정권도 없어지고, 그 사이에 새 총리 혼자서 자기 당을 이끌고 통치했다. 그동안 숨이 멎을 정도의 사건들이 진행되었는데, 물론 수많은 법률 위반과 끔찍한 일들과 비열한 일들도 행해졌다.

오늘날까지도 완전히 밝혀지지 않은 결정적인 사건은, 1933년 2월 27일의 의회 건물 화재 사건이다. 히틀러는 이 방화 사건을 핑계로 삼아 물론 파펜의 동의로, 대통령에게서 긴급명령권의 서명을 받아냈다. 그리고 이번의 긴급명령권은 그동안의 모든 긴급명령권을 훨씬 넘어섰다. 헌법은 대부분 효력을 잃고 기본권은 삭제되었으며, 멋대로 사람들을 체포할 가능성이 열렸다. 그리고 이런 체포를 위한 준비는 이미 이루어져 있었다. 다음 날인 2월 28일 체포가 시작되었다.

여기서 도이치 정치에 새로운 요소가 도입되었으니, 바로 국가에 의한 합법적인 테러였다. 이 테러는 처음에 상당히 선택적으로 적용되었다. 곧바로 체포되거나 아니면 체포를 피해 도망쳐야 했던 최초의 희생자는, 새로 집권한 세력 사이에서 각별히 미움을 받던 공산주의 정치가와 몇몇 좌파 정치가, 그리고 특히 좌파 언론인과 작가들이었다. 처음 몇 주 동안 아직 전체적인 테러는 없었다.

그런데도 2월 28일의 이 테러는 이미 결정적인 효과를 냈다. 한 주 뒤에 치러진 선거에서 당선된 81명의 공산주의 의원들은 새로운 의회에 출석하지 않았다. 3주 뒤에 의회가 새로 열렸을 때, 그들은 모두 이미 수용소에 있거나, 지하로 잠적했거나, 아니면 망명했다. 그것은 선거 결과를 상당히 지워버렸다.

이번 선거는 정부에 매우 실망스런 결과를 불러왔기 때문이다. 민족주의-사회주의당은 도이치 민족주의당과 합쳐도 겨우 과반을 넘는 52퍼센트 정도를 득표했다. 민족주의-사회주의당 혼자만 따지면 겨우 49.3퍼센트 득표였다. 절대 다수의 표를 얻으리라는 희망은 무산되었다. 하지만 공산당 의원들이 사라지고 나자 나치당은 갑자기 절대 다수파가 되었고, 시민 계층 정당들과 힘을 합치면, 심지어 의회 자체를 없애는 헌법 개정에 필요한 2/3 의석이 되었다.

3월 23일에 의회가 의회주의 헌법을 없애는 문제를 다루게 되었을 때, 이 2/3 의석이 성립되었다. 사민당을 제외한 모든 정당들이 이른바 전권 위임법에 찬성했다. 이는 정부가 말하자면 합법적으로, 의회의 협조 없이 법을 만들 권한을 갖는 것으로, 앞으로 4년 동안 유효했다. 이것은 2월 28일의 쿠데타 이후 두 번째 국가 전복 쿠데타였다. 여기서부터 다음 단계까지는 가까운 길이었다. 바로 6월과 7월에 시행된 모든 시민 계층 정당들의 완전한 자진 해산과, 사민당 및 공산당의 금지였다.

이 기간에 극히 특이한 일은, 시민 정당들이 실제로도 더는 활동하고자 하지 않고, 말하자면 정치적 무無의 상태로 되돌아가게 된 것을 만족스럽게 여겼다는 점이다. 이는 당시 '민족주의 봉기' 또는 '민족주의-사회주의 혁명'이라 불리던 것, 즉 1933년 3월 5일의 의회 선거와 그해 여름 사이에 도이칠란트에 나타난 완전한 분위기 전환과 관계가 있다. 이것은 탐색하기가 매우 어렵지만, 그래도 그것을 경험한 사람은 누구나 기억하는 일이다. 당시의 분위기는 제대로 정의되거나 경계를 정하거나 확실하게 잡히거나 하지 않는다. 그냥 공중에 떠도는 '가스 형태의' 성격을 지녔지만, 그런데도 몹시 중요한 것이었다. 1914년 8월의 분위기와 똑같이 1933년의 분위기도 큰 의미를 지녔다. 이런 분위기 전환이야말로 앞으로 나타나는 총통 국가의 진짜 권력 기반이기 때문이다. 이것은 매우 광범위하게 퍼져 있던 감정, 민주주의에서 구원되고 해방되었다는 감정이었다. 국민의 다수가 원치 않는다면 민주주의란 게 대체 무엇인가? 당시 대부분의 민주주의 정치가들은 다음과 같은 결론을 내렸다. 우리가 권좌에서 물러나자, 우리가 정치적 삶에서 물러난다. 우리가 없어져야 한다. 1933년 6월과 7월에 민주주의 정당들은, 1918년 11월에 도이치 영주들이 보인 것과 똑같이 행동했다.

나 자신 아직도 분명히 기억하는데 '민족주의 봉기'는 두 가지 뿌리에서 자라 나왔다. 첫째로는 1933년 이전 몇 해 동안의 정치적 불확실성에 대한 피로에서 나왔다. 사람들은 자기가 대체 어디 있는지 알고자 했고, 확고한 손길과 확고한 의지를 지닌 한 남자가 정상頂上에 있기를, 질서가 잡히기를 원했다. 하지만 사람들은 파펜이나 슐라이허 같은 정상을 원하지 않았다. 이것이 바로 이런 분위기가 생겨난 두 번째 뿌리였다. 말하자면 1918년에 이미 생명이 다해 사라진, 옛날 군주 시대 상류층의 대표자를 원하지 않았다. 그들은 정말로 새로운 무언가를 원했다. 정당들이 없는 민중 통치, 인기 있는 지도자(마침 히틀러에게서 보이는), 그리고 무엇보다도 사람들은 도이칠란트가 1914년처럼 다시 하나가 되고, 위대하고 강력해지기를 원했다. 1914년에 황제가 이렇게 말했었다. "나는 정당들을 모른다, 오직 도이치 사람들만을 알 뿐." 이제 사람들은 정말로 정당들을 원하지 않고 도이치 사람들만을 원했다. 히틀러가 정당들을 없앴을 때, 3월 5일 나치당이 얻은 유권자 수를 훨씬 넘어서는 시민 계층 유권자의 압도적 다수가 그에게 찬성했다.

이런 분위기가 옛날 시민 계층 정당들의 대표들에게 저항하기 힘든 인상을 주었다. 바이마르 공화국의 마지막 장관의 한 사람, 그 사이 그냥 좌파자유주의-민주주의 정당의 의원이 된 디트리히Hermann Dietrich는 양심에 따른 숙고를 거친 다음 전권 위임법에 찬성표를 던졌다. 그는 1945년 이후에, 이런 찬성표를 던진 뒤에 유권자에게서 받은 것 같은 압도적인 지지의 편지들을 전에는 한 번도 받아본 적이 없었노라고 썼다.

이것은 하찮은 일처럼 보인다. 하지만 1933년 3~7월에 일어난 일의 증상으로 생각할 수는 있다. 이 시기에 일어난 그 온갖 불법에도 불구하고, 강제수용소 설치나 마구잡이 체포에도 불구하고, 그리고 분명한 반유대주의 정책의 처음 징후들에도 불구하고, 광범위한 주민 계층 사이에서 하나의 확신이 만들어졌다. "지금은 위대한 순간이다. 민족이 다시 하나가 되는 순간, 신이 보내신 한 사람, 민중 한가운데서 일어선 지도자를 찾아낸 순간이다. 그가 기율과 질서를 찾을 거고, 민족 전체의 힘을 하나로 모아, 도이치 제국이 새롭고 위대한 시간을 맞이하게 해줄 거다."라는 확신. 히틀러가 정치 장면 전체를 실질적인 저항도 없이 깨끗이 청소해버리고, 자신의 대열 밖에 있는 그 누구도 자신의 의지에 맞서 저항하거나, 계획을 무산시킬 사람이 없는 상황을 만들도록 해준 것은 바로 이런 분위기였다.

그것은 오늘날까지 제대로 설명되지 않은 하나의 과정이다. 1933년 초에서 여름까지 실제로 민족 집회 비슷한 어떤 것이 열렸다는 사실을 사람들이 너무나 기꺼이 잊어버렸기 때문이다. 사람들은 꼭 민족주의-사회주의당을 따랐다기보다는, 지도자[=총통]•의 뒤를 따랐다. 당시 벌써 그는 지도자라는 호칭으로 불리고 있었다. 이와 동시에 일어난 것이 바로 '획일화'[=관제화] 과정이었다.

원래 정당 밖에 존재하던 정치적, 또는 비정치적인 모든 조직들, 대규모 기업 연합, 노동조합을 포함하는 각종 이익단체부터 가장 작은 협회에 이르기까지, 온갖 조직들은 이 몇 달 동안에 획일화되었다. 그러니까 자신들의 지도부를 교체하여 나치 색채를 지니고, 당시 도이칠란트에 넘쳐흐르던 나치 운동에 동참하고 합류한 것이다.

이 몇 달 동안에 그때까지는 민족주의-사회주의와 거리를 두었던 수많은 사람들이, 입당入黨의 문이 닫히기 전에 몰려들어와 당에 가입했다. 이른바 '3월 전사자들'이다. NSDAP는 정말로 당의 문을 닫아걸고, 1933년 중반부터 4년 동안 새로운 당원을 받아들이지 않았다. 1937년에 잠깐 두 번째로 당의 문이 열렸고, 나중에 한 번 더 수많은 새로운 당원을 받아들였다. 그중에 많은 사람들은 기질로 보면 전혀 나치에 맞지 않았지만, '현실이라는 발판 위에 서서' 경력을 만들려고 하던 사람들이었다. 우리가 경멸할 수는 있어도, 인간의 본성에 들어 있는, 그리고 1930년대에 도이치 사람들을 정치적으로 완전

• 도이치 말로는 안내자, 지도자를 뜻하는 Führer. 예를 들어 여행 안내자는 Reiseführer라고 한다. 이 말이 히틀러에게 쓰일 때는, 처음에는 단순한 정치가를 넘어서는, 그야말로 민족의 지도자라는 의미로 쓰였다. 우리나라에서는 일본말의 영향으로 '총통'으로 번역되어 쓰인다. 1934년 히틀러가 (의원내각제) 총리와 (대통령제) 대통령의 권한을 한 손에 움켜쥐면서 나온 '총리대통령'을 줄인 말.

히 통합된 민족으로 만들어준 정서였다.

권력 장악의 두 번째 단계. 정치의 풍경이 말끔하게 정리되고 히틀러가 오직 자신의 정당만을 도이칠란트의 유일한 정당으로 남겨둔 상황이 어떻게 보였던가? NSDAP는 유일한 정치 세력이었으나, 유일한 실세는 아니었다. 히틀러의 체제는 당으로만 구성되지 않았다. 히틀러 체제는 여러 민족주의-사회주의 조직체들을 결합한 것이었는데, 이 조직체들 중 월등하게 가장 중요한 것이 바로 당의 군사 조직인 돌격대SA였다.

이 시기 테러의 도구가 바로 돌격대였다. 돌격대가 최초의 수용소들을 세우고 운영했는데, 그러면서 돌격대는 독자적인 테러의 모습들을 발전시켰다. 돌격대는 위에서 내려온 명령에 따라서만 체포한 것이 아니라, 기분에 따라 멋대로, 상당수는 개인적인 원한에 따라 사람들을 체포했다. 매우 많은 잔혹 행위와 적지 않은 살인을 자행한 테러 통치 일부가 히틀러의 손에서 벗어나 있었다.

돌격대 말고 당시 도이칠란트에는 또 다른 세력이 있었으니, 정치적 세력은 아니었으나 대신 더욱 현실적인 세력, 바로 국방군이었다. 국방군은 처음에 히틀러의 총리 임명을 지지했다. 더는 슐라이허 장군이 아니라, 블롬베르크Werner von Blomberg 장군과 라이헤나우Walther von Reichenau 장군이 중심이 된 새로운 군 지도부가 나치를 후원했고, 나치 운동을 자기들의 목적에 이용하려고 했다. 그래서 이 그룹은 힌덴부르크가 1월에 히틀러를 총리로 지명하는 것을 지지했다. 그렇기는 해도 여전히 군대는 국가 속의 낡은 국가였다. 민족주의-사회주의에 호의를 가진 동맹 파트너이긴 해도, 절대로 종속되지는 않았다.

국방군과 돌격대 사이에 갈등이 나타나면서 히틀러를 대단한 곤경에 빠뜨렸다. 1차 대전의 말단 장교들이 지휘하는 대중조직인 돌격대가, 이제는 새 나라의 새 민족주의-사회주의 군대가 되고자 했다. 돌격대는 스스로 새로운 국방군으로 변신하면서 옛날 국방군 지휘부를 무력화하고, 그들의 일부는 받아들이고 일부는 아마도 퇴역시킬 계획을 세우고 있었다. 돌격대가 거대하고 혁명적인 새로운 나치 군대가 된다, 이것이 아마 히틀러에게도 마땅한 일이었을 것이다. 돌격대는 그 자신의 조직체의 하나이고, 물론 매일 손수 지휘를 하지는 못하더라도, 그가 돌격대 최고 지휘자였기 때문이다. 그러니까 그로서는 단순히 동맹만 맺은 정도가 아니라, 자기가 정치적으로 완전히 지배하는 군대를 얻는 셈이었을 것이다.

그런데도 히틀러는 국방군의 편을 들었다. 두 가지 이유에서 그랬던 것 같다. 그중 작은 이유는, 히틀러가 처음부터 대규모 군비 확장과 뒷날의 전쟁을 계획하고 있었다는 점이다. 그가 1933년 2월 초에 총리로 지명된 직후, 맨 먼저 대화를 나눈 그룹이 국방군 장교들이었다는 것은 결코 우연이 아니었다. 대규모 군비 확장과 뒷날의 전쟁을 위해 히틀러는 멋대로가 아닌 군사적으로 1등급인 도구가 필요했다. 그것이 바로 국방군이었다. 돌격대는 대체로 사회적으로 상류층이 아닌 수백만 열광적인 단원들을 거느리고 있었지만, 국방군에 철저히 스며 있는 군사적 정신이나 전통이 없었다. 하지만 히틀러가 국방군과 돌격대의 갈등에서 국방군의 편을 든 데는, 또 다른 더욱 중요한 이유가 있었던 것 같다.

늙은 힌덴부르크 대통령은 아직 살아 있었지만, 히틀러 이전 시대에 누렸던 정치적 실세가 더는 아니었다. 이제 그는 정말로 늙어서, 1934년 초에는 자신의 영지인 노이데크Neudeck로 물러나 죽기만 기다리고 있었다. 누가 그의 후임이 될 것인가? 히틀러는 자기가 그 후임이 되어서, 총리와 대통령의 직함을 하나로 묶는 권력 장악을 완성하기로 굳게 결심한 터였다. 하지만 그러려면 국방군이 자신을 방해하지 않아야 했다. 그러니까 히틀러는 자신이 대통령으로 취임하는 것을 허용한다는 협정을 군대와 맺어야 했다. 그런 협정은 결국 국방군이 새 대통령인 히틀러에게—이전에 힌덴부르크에게 그랬듯이—직접 종속된다는 의미였다. 결국은 옛날 도이치 전통에 따라 국가원수가 군대의 최고 명령권자였기 때문이다.

국방군은 히틀러에게 목숨처럼 중요한 이 사업을 할 각오가 되어 있었다. 물론 돌격대가 물러나고, 국방군을 대체하겠노라는 돌격대의 계획을 무산시키고, 앞으로는 돌격대를 테러 도구로 쓰지 않는다는 조건 아래서였다. 이것은 히틀러를 매우 고통스런 상황으로 몰아갔다. 아주 많은 정황으로 보아, 힌덴부르크가 죽은 다음 돌격대가 의도한 '두 번째 혁명' 곧 군사혁명을 할 것이라는 희망을 그가 자신의 전투부대에 불어넣어 주었기 때문이다. 히틀러는 이 딜레마에서 벗어날 단 하나의 길을 찾아냈다. 돌격대 지도부를 없애는 것이었다. 그리고 1934년 6월 30일에 그 일을 단행했다. 돌격대 지도부에 그 어떤 동정심을 느끼지 않는다 해도, 이 이야기는 매우 특별한 불쾌감을 만들어낸다. 히틀러는 힌덴부르크의 죽음이 예견되던 1934년 7월 한 달 동안, 돌격대에게 휴가를 주기로 돌격대 지도부와 약속했다. 휴가 직전인 6월 30일에, 그는 비스 호수 온천지Bad Wiessee에서 나머지 모든 일을 상의하기 위해 돌격대 지도부와의 회합을 약속했다. 돌격대 지도부는 6월 29일에 비스 호수 온천으로 와서, 다음 날 아침에 도착하기로 되어 있는 히틀러를 기다렸다. 히틀러는 예정보다 몇 시간 일찍 같은 날 밤에 엄청난 경찰 병력을 거느리고 도착했다. 돌격대 회의에 참석하기 위해서가 아니라, 온천에 모인 돌격대 지도부를 모조리 체포하기 위해서였다. 그들을 뮌헨 또는 베를린으로 호송하여, 고발도 심문도 질문도 없이 그대로 총살해버렸다. 그리고 나중에 돌격대가 쿠데타를 계획했었다는 매우 간단한 이유를 내놓았다. 실제로 '룀 쿠데타'라는 용어가 오늘날에도 이런저런 도이치 역사책에 출몰한다.

하지만 룀 쿠데타라는 것은 존재한 적이 없었다. 돌격대 '참모총장'인 에른스트 룀Ernst Röhm은, 장차 군사 쿠데타를 준비하기로 히틀러와 합의를 보았다고 믿고 있었기 때문이다. 쿠데타는커녕 그는 잠자다가 기습을 당해서 자신이 이끄는 돌격대 지도부 대부분과 함께 살해당하고 말았다. 1934년 6월 30일의 여러 사건들은, 며칠 뒤에 국가의 정당방위라는 명분으로 내각의 승인을 받았다. 이날 밤의 사건들은, 1938년부터 1945년까지 도이칠란트 전역에서 벌어진 살인을 동원한 테러 정치, 전제정치를 최초로 맛보게 해준 일이었다.

국방군은 히틀러와의 약속을 지켰다. 힌덴부르크는 8월 2일에 죽었고, 같은 날로 히틀러는 그의 뒤를 이어 대통령이 되었다. 국방군은 최고 사령관 히틀러에게 그가 요구하는 대로, 개인적인 충성 맹세를 했다. 이로써 히틀러는 정치 무대 바깥의 군사 무대에서도 군부의 권력을 빼앗아, 자신을 정치적 독재자만이 아니라 일종의 최고 전쟁 지휘자로 만들었으니, 곧 새로운 황제가 된 것이었다.

돌격대 지도부를 무시무시하게 학살한 일도 대부분의 대중만이 아니라 옛날 상류층의 승인을 받았다. 물론 정당들을 없앴을 때 사람들이 보인 것 같은 열광은 없었지만, 상당한 만족감과 안도감이 나타났다. 돌격대는 그다지 인기가 없었던 것이다. 도이칠란트의 지도 계층의 눈에, 돌격대는 프롤레타리아 깡패 집단이었고, 평범한 시민 계층 사람들도 그들의 예측할 수 없는 잔인한 기습, 예를 들면 사업장 기습 같은 것을 두려워했다. 이제 그들이 그런 짓을 못 하게 만들었다는 것, 지도자가 여기서도 다시 질서를 세웠다는 것, 마침내 정상적인 상태가 돌아왔다는 것을 사람들은 환영했다. 그 과정에서 히틀러가 사용한 끔찍한 방법들도 그대로 받아들여졌다. 마찬가지로 몇몇 유명한 보수 인사들, 그들 중에 히틀러의 전임 총리인 슐라이허 장군과 그 부인까지도 이번 기회에 함께 살해되었다는 사실도 그대로 받아들여졌다. 히틀러의 범죄에 대한 도이치 국민의 죄를 물으려 한다면, 바로 이 지점이 그 죄를 찾아내야 할 자리이다.

이 두 번의 정치적 쿠데타 행위, 1933년 3~7월의 쿠데타와, 1934년 6~8월의 쿠데타에 뒤이어 평온한 시기가 찾아왔다. 1934년 가을부터 1938년까지는 '그 좋던' 나치 시대였다. 이 기간에 이전의 테러는 제한되었다. 수용소는 계속 있었지만, 들어간 사람보다 나온 사람이 더 많았다. 삶은 정상으로 돌아온 듯이 보였다.

동시에 히틀러의 경제 기적도 이 기간에 일어난 일이다. 1933~1937년 사이에 대량 실직 상태를 완전고용 상태로 바꾸어준 경제의 활성화인데, 이로써 히틀러는 옛날 사민당 추종자 거의 전부와 옛날 공산당에 표를 찍은 사람의 상당수를 자기편으로 돌려놓거나, 적어도 중립으로 만들었다.

정말로 좋은 양심으로 그렇게 주장할 수 있을까? 도이치 대중이 이 기간에 어디까지 정말로 히틀러의 편이었던가 하는 것은, 물론 답을 알 수 없는 질문이다. 그가 자유로운 투표에서 절대적 다수의 표를 얻은 적은 한 번도 없었다. 그리고 1933년 11월과 1936년 봄, 1938년 봄에 치러진 국민투표와 의회 경신 투표에서 얻은 99퍼센트는, 아예 아무 의미도 없다. 그때는 진짜 투표가 없었다. 그냥 눈에 띄지 않으려고 '투표'하러 가서 투표용지를 집어넣기만 하면, X표를 했든 안 했든 어차피 차이도 없었다. 그런데도 당시를 경험한 사람들은, 히틀러가 1933년 말부터, 늦어도 1934년 말부터는 절대 다수의 후원을 받았다는 사실, 다수의 사람들이 그의 통치에 동의하고 승인하고 결과에 만족했다는 사실을 부인하지 못한다. 시민 계층 사이에서는 성공적인 군비 확장과 점점 더 성공적인 외교상의 저항의 몸짓이, 그리고 노동자 계층에서는 주로, 아무도 진짜로 기대하지 않았던 경제적 번영과 완전고용이 결정적인 일이었다고 할 것이다.

이 시기에 도이치 제국은 대체 어떤 국가였는가? 자주 이야기되지만, 정당政黨 국가는 아니었다. 오늘날의 도이치 민주공화국〔=동독〕이나 소련 같은 국가가 아니었다. 그러니까 구조화가 이루어진 정당 하나의 지배를 받는 국가는 아니었다. 나치 정당은 중앙위원회도 정치국도 없었고, 히틀러는 정당 협의회를 소집하여 문제를 논의한 적도 없었다. 해마다 가을이면 뉘른베르크에서 매우 화려하게 전당대회가 열리곤 했지만, 그런 화려한 과시 말고는 보통 전당대회라 부르는 요소가 없었다. 당대표가 당 출신 의원들과 함께 모여, 당의 정강을 논의하고 결정하는 회의가 없었던 것이다. 뉘른베르크에서 그런 회의가 열린 적은 한 번도 없었다. 나치 전당대회는 당원들과 그 밖에 다른 조직체들의 퍼레이드 대회였다. '돌격대의 날', '친위대의 날', 심지어는 '근로봉사의 날'이라는 것도 있었고, 1934년 이후로는 '국방군의 날'이라는 것도 있었다. 모든 조직들, 국가 속의 모든 국가들—이라 부르고 싶다면—이들이 매우 인상적인 시위를 했고, 그런 기회에 오직 히틀러만, 그리고 언제나 다시 히틀러만 연설을 했다. 그 자신은 어떤 말도 듣지 않았다. 당이 국가를 통치한 것이 아니었다. 히틀러가 주로 당을 통해 통치했다.

'주로'라고 말한 것은, 다른 모든 정당들이 사라진 뒤로 민족주의-사회주의당도 이 나라에서 진짜로 중요한 역할을 하지 않았기 때문이다. 관구 지도자와 제국 지도자들, 당의 최고위원들의 이름이 거의 모두 잊히고, 제3제국 시대에도 상당수 대중에게 그들의 이름이 거의 알려지지 않았다는 것은 정말 특이한 일이다. 히틀러의 제3제국은 정당 국가가 아닌 총통 국가였던 것이다.

또한 오늘날 자명하게 여겨지는 것과도 반대되는 것으로, 원래 의미에서의 전체주의 국가도 아니었다. 오히려 그와 반대였다. 히틀러의 국가에는 이전의 도이치 제국보다 훨씬 더 많은 국가 속 국가들이 있었다. 교수를 지낸 에른스트 프렝켈Ernst Fraenkel은, 망명지에서 『이중 국가』The Dual State라는 책을 썼다. 이 책에서 그는 제3제국에서 적어도 두 개의 국가가 존재했음을 매우 섬세하게 표현했다. 즉 자의恣意 및 테러 지배의 국가와 나란히, 오래되고 습관이 된 관료 국가, 심지어는 법치국가가 있었다는 것이다. 당시 집세 분쟁을 벌이는 사람이나 이혼소송을 하려는 사람은, 옛날의 법전과 오래된 소송절차에 따라 극히 정상적으로 진행되는 자신의 권리를 얻었다. 나치 당원이든 아니든, 그런 것은 아무 역할도 하지 못했다. 이것은 단순히 법무부 영역만이 아니라, 수많은 다른 국가 부처의 영역에서도 마찬가지였다. 모든 일은 오래된 질서에 따라 진행되었다. 특히 돌격대 테러가 잠잠해진 다음, 1934년 말 이후로는 일종의 정상 상태가 나타났다.

물론 총통이 더 큰 정치 행위를 계획하면 언제든 중단될 수 있는 정상 상태였고, 그는 실제로 언제나 자신의 도구를 찾아내곤 했다.

일반 징병제를 도입한 뒤로 방위군이라는 명칭으로 불리게 된 군대는, 전이나 지금이나 여전히 특별한 국가 속 국가였다. 시인 고트프리트 벤Gottfried Benn은 당시 군의관이라는 자신의 옛날 직업으로 되돌아가 있었는데, 이것을 귀족적 형식의 이민이라고 불렀다.

귀족적이라는 점에 대해서는 의견이 다를 수 있지만, 어쨌든 이민은 아니었다. 하지만 그것은 일종의 은둔 방식이었다. 옛날의 전통과 관습들이 오랫동안 그대로 남아 있던 국가 속 특별 국가 속으로, 그 틈새 속으로 은둔했다고 말할 수 있을 것이다. 예를 들면 방위군에서는 1944년까지 히틀러 경례를 하지 않고, 그냥 손을 모자에 갖다 대는 옛날 군대 방식 경례를 했다.

그런 틈새들이 존재했다는 것은 절대로 히틀러의 실수가 아니었다. 사람들은 나치의 활동을 일종의 '운동'이라고 규정해왔다. 하지만 비록 이상하게 들릴지라도, 1933년 이후로는, 히틀러 자신이 진짜 운동이었다. 히틀러는 통치자가 되고서 전체 제국보다, 그리고 전체 국민보다도 더 많이 가동했다. 그는 확고한 국가 질서를 만들어낸 적이 없으며, 헌법을 뒤에 남긴 것도 아니고, 그가 생명을 불어넣은 수많은 기관과 조직들은 서로 협조한 적도, 서열 관계를 맺은 적도 없다. 그는 모든 것을 계속 움직이게 하려고 일부러 그렇게 안 했다. 히틀러에게 도이치 제국은 최종적인 것이 아니었다. 제국은 그가 물려받아 지켜야 할 그 무엇이 아니었다. 히틀러에게 제국은 그냥 엄청난 영토 확장을 위한, 그리고 새로 만들어낼 권력체를 위한 발판이자 출발점이었다. 그런 〔미래〕 권력체의 법적인 내부 조직을 미리 예측할 수가 없었다. 그래서 제3제국 내면의 카오스가 나타난다.

수많은 특수 역할들로 나뉜, 전체주의 아닌 이런 국가가, 그런데도 어떻게 히틀러의 통치 아래서 총통 국가로 남아 있었던가? 그 모든 '권위주의적인 무정부 상태'(당시 사람들의 말대로)에도 불구하고 최고 권위가 계속 존재한 것은 대체 무슨 까닭인가? 그 최고 권위는 자기가 필요하다고 여기는 시간과 장소에서, 언제라도 자기 의지를 관철시킬 수가 있었다. 이것은 짧게 두 마디 말로 답할 수 있다. 곧 선전과 테러를 동원해서였다. 이 두 가지 도구가 히틀러의 나치 제국 마지막까지 가장 중요한 통치 수단이었다. 이것이 히틀러 국가를 그 이전의 도이치 제국 시대의 국가와 구분해주는 것이다.

먼저 테러부터 관찰해보자. 히틀러 제국의 전 기간에 걸쳐 수용소가 존재했다. 그 어떤 체포 명령도 없이 멋대로, 사후 증명이나 고발도 없이, 사람들은 나쁜 운명이 기다리는 수용소에 수감될 수가 있었다. 돌격대가 힘을 잃은 다음 수용소는 히틀러가 만들어낸 다른 테러 단체, 곧 친위대SS=Schutzstaffel가 운영했다. 히틀러는 1934년 6월 30일에 매우 영리하게 행동했다. 손을 더럽히고 싶지 않아 이 불쾌한 임무를 몹시 꺼리는 방위군에게, 돌격대 지도부의 총살형을 맡기지 않았다. 그는 방위군의 무기와 꼭 필요한 운송 수단을 공급받아,

그때까지는 돌격대의 특수부대로 존재하던 자신의 또 다른 작은 군사 조직인 친위대를 그 임무에 투입했다. 그러자 친위대가 새로운 돌격대가 되었지만, 그러면서도 돌격대와는 전혀 다른 것이 되었다. 친위대는 돌격대와는 반대로 한 번도 압도적인 프롤레타리아 조직이었던 적이 없었다. 친위대는 처음부터 나치 조직체 안에서도 일종의 귀족단체로서, 종족적으로도 특별히 선별된 부대였다. 친위대의 척도는 1800년에 이르기까지의 혈통 증명서였다! 물론 친위대도 자기들만의 특별한 기능이 있었다. 돌격대는 국방군이 되려고 했었다. 그것은 거절되었고, 돌격대는 이 목적을 이루지 못한 다음 무의미한 역할로 주저앉았다. 친위대는 다른 것을 기도했다. 친위대는 제국의 경찰이 되려고 했고, 히틀러가 그것을 허용하면서 실제로 성공했다. 히틀러 통치의 처음 몇 년 동안 각 주에 맡겨져 있던 경찰 임무가 이제 중앙 조직이 되었고, 경찰 조직의 핵심은 안전중앙본부라는 이름의 관료 조직이 되었다. 친위대는 재빨리 이 안전중앙본부를 완전히 꿰차버렸다. 친위대 지도부의 가장 중요한 인사들이 경찰로 자리를 옮겼으며, 원래 경찰관이었다가 그대로 남은 사람들은 각각의 직위에 맞는 친위대 서열을 부여받았다. 친위대와 경찰이 합쳐져서 하나의 조직이 되고, 이를 통해 국가에서 분명히 느낄 수 있는 세력, 전에는 한 번도 존재한 적이 없는 세력이 되었다.

나아가 친위대는 극도로 확장되었다. 친위대가 그 자체로 이미 무시무시한 경찰 기능과는 별도로 수행한 테러 기능은, 그 일을 위해 특별히 훈련된 부서에 맡겨졌는데, 이른바 '해골'Totenkopf 부대였다. 이 부대가 돌격대를 대신해서 수용소 소장직과 수용소 관리를 떠맡았다. 이들은 예전처럼 예측할 수 없거나 기율이 없지 않은, 예전보다 훨씬 더 규율이 있고 냉정한 수용소 관리 체제를 도입했다. 그렇다고 더 인간적인 것은 아니고 오히려 무시무시한 형벌 규칙을 지닌, 훨씬 더 가혹한 관리 체제였다. 평범한 규칙 위반에 대해서도 일상적인 매질이 형벌로 주어졌고, 규칙 위반으로도 자주 멋대로 사형을 당했다.

하지만 이 모든 일은 준비가 필요했다. 1934년에만 해도 친위대는 아직 상대적으로 규모가 작은 부대였다. 이 부대는 여러 해 뒤인 1938년 이후에야 비로소 두려움을 불러일으키는 권력 단체, 테러 단체가 되었다. 방위군도 은밀히 조금 더 키워놓았다 해도, 1933년 초의 10만 국방군에서 히틀러가 전쟁을 위해 필요로 하던 강력한 군대가 되기 위해서는 역시 여러 해가 필요했다.

이 두 가지 일, 한편으로 군대 확장과 다른 한편으로 친위대 조직 정비가 여러 해나 걸리는 일이었기에, 1934년부터 1938년까지는 어느 정도 정상적인 겉모습이 생겨났다. 히틀러 통치의 처음 2년 동안 강력하게 맛보았던, 그러고는 1938년 이후로 다시 널리 퍼지게 되는 히틀러의 원래 모습들이 이 기간에는 배후로 물러났던 것이다.

앞에서 히틀러의 두 가지 통치 도구가 테러와 선전이라는 말을 이미 했다. 테러는 친위대를 거느린 힘러Heinrich Himmler에게 맡겨졌다. 그런 점에서 힘러는 히틀러의 오른팔이었다. 선전은 1933년 3월에 아무것도 없는 상태에서 새로 만들어진 '국민 계몽과 선전부'에 맡겨졌다. 괴벨스가 이 선전부를 이끌었는데, 그는 히틀러의 왼팔, 그것도 없어서는 안 되는 왼팔이라 부를 만한 사람이었다.

괴벨스는 힘러가 나치 시대 마지막 무렵에 치고 올라간 것처럼 히틀러 바로 아래, 거의 독립된 권력 위치까지 올라간 적이 없었다. 그는 언제나 히틀러의 의지를 집행하는 인물로 남았다. 그리고 힘러는 여러 번이나 그랬지만, 괴벨스는 히틀러의 정책, 국내 정책에도 영향을 미치지 못했다. 하지만 괴벨스는 히틀러의 국가 속 가장 중요한 국가 하나를 이끌었다. 그는 히틀러에게서 합법적으로 승인을 받아, 오늘날 우리가 미디어 영역이라 부르는 것, 곧 여론과 전체 분위기에 영향을 미칠 수 있는 모든 것을 독점했다. 당시 그것은 무엇보다도 신문과 라디오(아직 텔레비전이 없었으므로)의 영역이었지만, 또한 극장, 영화, 특정한 방식으로 서적 생산과 문학도 포함하였다. 괴벨스는 자신의 임무를, 순수하게 기술적인 관점에서만 보면, 경탄할 수밖에 없을 정도로 매우 세련된 방식으로 수행했다.

괴벨스는 전 국민이 나치 이념을 고백하게 하려 하지 않고, 그냥 자신의 미디어를 동원해서 도이치 국민에게 총통 통치 아래, 나치의 상징 아래 재건된 건강한 사회를 보여주려고 노력했다. 이것은 괴벨스의 영화 산업에서 특히 분명하게 드러났다.

선전부 장관은 이따금 대규모 자금을 투자해서 몇 개의 선전용 영화를 제작하기는 했으나, 이것은 다섯 손가락으로 헤아릴 정도다.

전체 영화 생산은 명랑하고 해롭지 않은, 그 밖에도 기술적·예술적으로 잘 만들어진 오락 영화들로 채워졌다. 그러니까 영화관에서 늘 보는 그런 영화들이었다. 위대한 남자들의 마음을 사로잡는 젊은 아가씨들, 사랑 이야기, '하일 히틀러'라는 인사를 하는 법이 없고, 도대체 제3제국이 있었다는 것조차 알아챌 수가 없는 그런 영화들. 이런 영화들을 보면서 관객은 자기들이 구하는 것, 전에도 늘 찾던 것, 즉 사적인 소망의 꿈이 실현되는 것을 보았다.

괴벨스가, 스스로 반反나치라고 느끼고, 또 기질적으로도 반나치인 사람들의 자발적인 협조를 받아 선전의 큰 부분을 해냈다는 것은 매우 주목할 만한 일이다. 제3제국의 배우와 감독들은 대부분 당시 사람들이 '반대파'라고 부르던 사람들이었다. 말하자면 제3제국을 무시하는 영화를 만들면서, 많은 이들이 심지어 일종의 저항을 한다는 망상까지 지녔다. 이렇게 해롭지 않은, 그리고 민족주의-사회주의 요소가 전혀 없는 것을 만들어서 도이치 국민을 기만하는 괴벨스의 작업을 함께 하고 도와주었다는 것, 그러니까 모든 일이 그냥 조금만 나쁠 뿐이고, 근본적으로는 여전히 극히 정상적인 삶을 산다는 느낌을 만들어내고 있다는 것을 깨닫지 못했던 것이다. 그렇다고 그들을 비난할 수는 없다. 그들도 다른 사람처럼 돈을 벌어야 했으니까. 그리고 제3제국에서 정직한 일을 해서 돈을 벌려고 하는 다른 사람도 모두 이런저런 방식으로 제3제국의 일을 함께 했다. 다만 오늘날 수많은 배우들의 회고록에서 보는 것처럼, 마치 자신이 저항운동에 도움을 준 것처럼 묘사하는 것은 지나친 일이다.

괴벨스의 언론 정책도 영화와 아주 비슷했다. 괴벨스는 시민 계층의 신문들을 금지하지 않았다. 예전의 사민당과 공산당 신문들만 모조리 금지당했다. 시민 계층 신문들은 계속 놓아두었다. 그가 이 신문들을 나치화했다고 말할 수도 없다. 나치 언론인 한 명이 일종의 감시인처럼 편집부에 파견되었다. 하지만 이런 감시인이 거기서 하는 역할은 보통은 극히 부차적인 일이었다. 도이치 알게마이네 신문, 프랑크푸르트 신문, 베를린 일간지 등 대규모 시민 계층 신문의 옛날 편집진은 유대인만 빼고는 대체로 그대로 남았다.

또한 그들은 그동안 늘 쓰던 대로 기사를 썼고, 또한 그렇게 써야만 했다. 제3제국에서는 일단 언론의 다양성이 있었다. 프랑크푸르트 신문을 읽는 사람은 〔나치 기관지〕「민족관찰자」를 읽는 사람과는 전혀 다른 어조와 양식으로 서술된 것을 읽었다. 「민족관찰자」도 또한 계속 존속하는 나치의 투쟁지들, 이를테면 친위대 기관지인 「검은 단체」나 중부 프랑크 출신의 편집증적인 반유대주의자 슈트라이허Julius Streicher의 기관지인 「폭풍」과는 달랐다. 신문의 독자는 자기가 원하는 방식으로 사태를 바라볼 선택권을 가졌고, 자신의 정서에 맞는 것을 계속 공급받을 수가 있었다.

괴벨스는 오로지 상대적으로 소박한 개입만을 했다. 매일 선전부에서는 국장이 주재하는, 아주 드물게 장관인 괴벨스 자신이 주재하는 회의가 열렸는데, 각 신문사는 꼭 편집장이 아니라도 편집자 한 사람을 보내서 이른바 '전달 사항'을 받았다. 이 전달 사항은 각 신문에 모든 세부 사항을 규정해주는 것이 아니었다. 이미 말했듯이 각 신문은 자신의 원래 양식을 그대로 유지할 수 있었고, 심지어는 유지해야만 했다. 하지만 전달 사항이란, 일정한 소식은 빼거나 눈에 띄지 않게 보도하고, 또 다른 소식들은 대대적으로 드러내도록 하는 일이었다. 자주는 아니고 위기 상황에서 특정한 경우에, 편집진은 논설에서 어떤 노선을 따라야 하는지 지시를 받기도 했다.

그러므로 언론의 완벽한 획일화란 없었다. 언론은 다양한 모습을 유지했다. 하지만 언론이 넘어서면 안 되는 경계선이 주어졌고, 이런 식으로 나치 당원이 아닌 대중에게도 괴벨스와 히틀러가 중요하게 여기는 것이, 참을 만한 형태로 전달되었다. 이는 거의 천재적인 여론 조종의 방식으로서, 지도부의 생각만큼 성숙하지 못한 사람들을 아직 준비도 안 된 온갖 이념들로 강제로 몰아가지 않으면서, 천천히 공공 분위기를 조종하는 일이었다.

1934년부터 1938년 사이에는 히틀러가 아직 진짜 모습을 드러내지 못한 만큼, 당연히 선전도 상당히 가벼웠다. 이 시기에는 나치 반대자들도 싫어도 다음의 고백을 하지 않을 수가 없었다. "그는 원하는 것을 할 수 있다. 그는 원하는 것을 알고 있을 뿐만 아니라 그것을 할 수 있고 성공한다. 그가 성공했다는 점을 인정해야 한다. 또 그가 우리를 부자로 만들고, 위대하고 강력하게 만들었다는 점도 인정해야 한다. 그는 도이칠란트가 다시 힘이 있다는 걸 온 세상에 보여주고 있으니까."

히틀러는 이 시기에 세 가지 아주 큰 성공을 했다. 첫째로는 완전고용의 부활이었다. 히틀러가 직접 개입하지 않은 채 다시 국가 속의 한 국가에 주어진 일이었다. 무엇보다도 히얄마르 샤흐트Hjalmar Schacht의 공로인데, 그는 원래는 민주주의자였다가, 히틀러 치하에서 최초의 중앙은행장, 이어서 재무부 장관을 역임했다. 샤흐트는 외부와는 엄격히 차단된 국내 경제정책을 통해, 즉시 느낄 정도의 인플레이션을 만들어내지 않는 정도로 대출을 늘려서 경제 활성화를 이루려 했고, 실제로 성공했다. 1936년부터 1939년까지 생각지도 못한 정도로 경제적 호황기를 누렸다. 이 기간에는 경제의 두 주체인 기업가와 근로자 모두가 상황이 분명히 좋았다. 적어도 경제 위기와 브뤼닝이 펼친 디플레이션 정책의 시기보다는 훨씬 좋았다. 이 점을 얕잡아 보아서는 안 된다. 이른바 시대의 날씨를 결정하는 것은 바로 경제 상황이니까. 히틀러 시대 중기에는 날씨가 좋았다.

히틀러가 이 시기에 자랑할 만한 두 번째 큰 성공은 군비 확장 문제였다. 국방군 안에서 히틀러의 나머지 정책에 대해 존재했을 법한 온갖 의혹을 그는 이런 방식으로 중화하였다. 군비 확장이 옛날 국방군의 장교 그룹에는 얼마나 대단한 직업적·개인적 승진을 뜻하는 것이었을지 생각해야 한다. 이제 새로 만들어진 백만 대군에서 옛날 국방군 소위들은 대거 대령이 되었고, 대령들은 장군이 되었으며, 장군들은 원수가 되었다. 줄여 말하자면 모두의 형편이 아주 좋아졌다. 그것도 오로지 물질적인 측면만이 아니었다. 그들 모두가 직업적으로 매우 만족감을 느꼈으니, 마침내 다시 자신들의 능력을 펼칠 수가 있게 된 것이다. 그들은 강력한 해체와 재건을 겪는 군사 기업에서 일하고 있었다. 이런 상황에서 사람들은 반대 활동을 펼치지 않고, 보통은 불만스럽게 여겼을 것들도 그냥 꿀꺽 삼키게 마련이다.

예를 들면 1935년에 방위군에는 아리안족 조항이 도입되었다. 물론 유대인 장교들이 많지는 않았지만, 대신 유대인 할머니나 어머니를 둔 장교들은 상당히 많았다. 하필 바로 앞의 몇 세대 동안 군대 귀족과 유대인 자산 귀족 사이에 자주 혼인이 맺어졌기 때문이다. 이런 결혼에서 태어난 불운한 후손들은 이제 방위군을 떠나야 했다. 그것은 분노와 원한의 혈투를 만들어냈다. 하지만 받아들여졌다. 군대가 다시 저 황제 시대처럼 크고 강력해져서 진짜 전쟁 도구가 되었다는 것이 더욱 중요했기 때문이다.

히틀러의 세 번째 성공은, 괴벨스의 판매 전략 덕분에 광범위한 대중 사이에서 엄청난 인상을 만들어낸 것으로, 바로 외교정책이었다. 히틀러가 외부에 보이기 시작한 도발적 태도는 슈트레제만이나 다른 공화국 정부의 태도와는 완전히 달랐다. 그들도 수정주의 정책을 취했고 심지어 큰 성공도 거두었지만, 언제나 겉보기에는 적응과 화해라는 모토를 내걸고 한 일이었다. 이제 그런 일은 끝났다. 히틀러는 세계를 향해 끝까지 버티기로 성공을 얻는 것을 중시했다.

그것은 1933년에 벌써 시작되었다. 도이칠란트가 겨우 7년 전에 시작된 국제연맹에서 보란 듯이 탈퇴한 것인데, 그러니까 사람들 말대로 문을 쾅 하고 닫으며 나와버렸던 것이다. 히틀러는 대중심리로 보아 매우 영리하게도, 이를 계기로 최초의 국민투표를 했으며, 이는 만장일치 찬성을 얻은 최초의 국민투표이기도 했다.

그런 다음 1935년에는 일반 징병제의 재도입을 선포했다. 도이칠란트는 앞으로 36개 사단으로 이루어진 평화 부대를 가질 것이다. 베르사유 조약과 10만 군대 시대는 끝났다는 선포였다. 동시에 도이칠란트가 그 사이 다시 공군을 보유하게 되었다고 세계에 밝혔다.

1936년에는 단순히 베르사유 조약만이 아니라, 1925년에 자발적으로 맺은 로카르노 조약도 도이칠란트 쪽에서 깨뜨리는 대담한 일격이 뒤따랐다. 방위군이 비무장 라인란트 지역으로 진군한 사건이다. 이번 히틀러 외교정책은 1938년 이전의 유일한 위기를 만들어냈다. 한순간 프랑스가 도이칠란트의 조치에 맞서, 동원령과 더불어 역시 라인란트 진군으로 대응할 것처럼 보였다. 많은 방위군 장군들이 처음부터 그것을 걱정했고, 그래서 라인란트 진군을 말렸었다. 히틀러는 프랑스가 행동하지 않을 것이라 고집했는데, 정말로 그의 생각이 맞았다. "우리는 이제 다시 무엇이든 해도 된다. 다른 놈들, 예를 들어 프랑스 놈들은 감히 우리에 맞서 자기들의 이익을 수호하지 못한다." 이런 감정이야말로, 히틀러가 효과 풍부한 외교적 몸짓으로 국내 정치와 대중심리에서 얻은 모든 성공 중에서도 가장 핵심적인 성공이었을 것이다.

그런 다음 1938년에, 아무도 기대하지 못한 엄청난 성공들이 거듭 나타났다. 아무 저항도 전투도 없이 오스트리아에 진군했고, 이어서 오스트리아를 합병했다. 이는 이전 수정주의자들의 꿈의 목표 하나를 이룩한 일이었다. 이어서 물론 처음에 전쟁의 위협을 동반하는 위기를 겪고 나서, 1938년 가을에 뮌헨 협정이 나왔다. 프랑스와 영국은 이 협정에서, 주로 도이치 주민들이 살고 있는 이른바 주데텐 지역Sudetengebiete을 도이치 제국에 양보하라는 압력을 프랑스의 동맹국인 체코슬로바키아에 행사했다.

"그런 것을 우리는 감히 희망조차 해본 적도 없었다. 이 남자는 그냥 무슨 일을 해도 성공한다. 그는 신이 보낸 사람이다." 이런 엄청난 성공을 거둔 뒤에 도이치 대중 사이에 나타난 분위기는 이런 것이었다. 그러니 히틀러 정책의 다른 요소들이 전혀 인기가 없었다는 것은 별다른 역할을 하지 못했다.

이제는 이 다른 요소들에 대해 이야기할 차례다. 히틀러는 처음부터 두 그룹의 주민을 잔인하게 박해했다. 하나는 공산주의자들이고, 또 다른 하나는 유대인이었다. 1933년 초에 공산당이 600만 유권자의 지지를 얻은 대중정당이었기 때문에, 히틀러의 반공 사상은 인기가 없을 수밖에 없었다. 이들이 1933년 이후에 대체 어디로 갔는지 물을 만하다. 그들은 실은 어디에도 없었다.

공산당의 적인 시민 계층 사람들과 사민당도 1933년 초에는 어느 정도 심술궂은 희망을 품고서, 적어도 공산당만은 어떤 형태로든 히틀러에 맞서 저항을 감행하리라 기대했다. 시민 정당들과 사민당은 더는 저항을 위해 떨쳐 일어설 수 없게 되었으니 말이다. 그리고 히틀러가 늘 분명하게 협박하기는 했지만, 공산주의자들이 싸움도 저항도 없이 그의 손에 완전히 파괴되지는 않을걸, 하고 은근히 기대했다. 어쩌면 그 어떤 형태로든 저항을 통해 내전 비슷한 결과를 불러올지 모른다고도 예측했다(이런 예측은 물론 다시 두려움을 불러일으켰다).

하지만 그런 일은 없었다. 의회 건물 화재 사건 이후로 공산당 지도부 인사들은 외국으로 도망치거나 지하로 잠적하지 않은 경우에는, 주로 수용소에 수감되었다. 전국의 당 사무소들은 갑자기 수색을 당하고 점거되고 직원들은 체포되었다. 공산당은 분명히 선포할 필요도 없이 공개적으로 추방당한 셈이었다. 이는 100퍼센트 성과를 거두었고, 공산당의 저항은 느낄 수도 없었다.

단순히 공산당을 지지했던 유권자와 느슨한 공산당 추종자들 아마도 수백만 명이 다음 몇 달 동안 공산당에서 떨어져 나갔다는 사정도 함께 작용했다고 나는 믿는다. 공산당이 금지되었다는 사실이 물론 시민 정당들에게는 나쁘지 않았고, 어느 정도까지는 사민당에도 그랬다. 사민당은 공산당과 자체 내전을 벌여왔으니 말이다. 한 가지만은 인정해야 한다. 모든 시민 계층 정당들이 흔적도 없이 사라지고 사민당이 망명지에서만 겨우 정당으로 존재하는 동안에도, 도이칠란트 안에서는 끔찍한 희생을 내면서도 히틀러 시대 전체를 통해 공산당 간부정당만이 최소한도의 정당 조직의 명맥을 유지했다는 사실을 말이다. 이런 인간적인 업적에 경탄을 보내야 한다. 물론 같은 호흡으로, 그런 업적이 제3제국 기간에 아무런 작용도 하지 못했다는 사실도 말해야 한다. 작은 공산당 그룹들과 아주 작은 다른 그룹들이 거듭 결성되어 이따금 작은 활동을 펼쳤다. 대개는 우체국이나 전화박스에 팸플릿을 남기는 정도였다. 하지만 그것은 아무 효과도 내지 못하고 순교자들만 만들었다. 전체적으로 보아 히틀러의 반공주의는 그의 대중심리적 성공에 방해가 되지 못했고, 전체 주민 다수가 그의 정책을 받아들이고 그의 업적에 경탄하는 일에도 거의 해가 되지 않았다.

반유대주의는 사정이 달랐다. 호엔촐레른 황제들의 도이치 제국은 반유대주의 국가였던 적이 없었다. 그리고 하르덴베르크•와 비스마르크의 프로이센에서 도이치 제국이 나왔는데, 이런 프로이센은 특히 반유대주의가 아니었다. 도이치 국민 사이에도 물론 '관습적인' 반유대주의는 있었다. 유대인이 항상 인기가 있었던 것은 아니고, 지방에서는 자주 사회적으로 고립되었다. 그들이 특정한 직업 분야(법률가, 의사, 언론인, 출판인, 작가 등)에서 큰 성공을 얻은 것에 대한 일정한 원한이 있었지만, 이런 반유대주의는 표피적이고, 전체적으로 보면 그다지 해롭지 않았다. 그런 데다가 이런 사고방식이 다수의 것이 된 적은 없었다. 주민들 사이에는 유대인을 대하는 세 가지 태도

• 카를 아우구스트 폰 하르덴베르크(Karl August von Hardenberg, 1750~1822): 프로이센의 정치가. 총리가 되어 행정 개혁, 농업 개혁, 영업의 자유를 실현하여 국가를 근대화하는 데 힘썼다.

가 있었다. 첫째로는 유대인의 해방과 동등권을 완전히 인정하는 입장으로, 1811년에 하르덴베르크의 표어가 이것을 보여준다. "동등한 권리, 동등한 의무." 둘째 방향은, 세례 받고 기독교로 개종한 유대인과 개종하지 않은 유대인, 또는 옛날에 이주한 유대인과 새로 들어온 유대인을 구분하는 태도였다. 한편은 받아들이고 다른 편에는 제약을 가하는 것이다. 마지막으로 공공연히 선포한 반유대주의가 있었다. 이것은 모든 유대인, 또는 적어도 기독교로 개종하지 않은 유대인과 새로 이민 온 유대인을 일종의 열등한 권리를 지닌 시민으로 만들려는 입장이었다. 이 방향의 극단적인 대표자들은, 모든 유대인을 외국인법 아래 두자는 데까지 나아가기도 했다. 하지만 유대인을 근절하려는 방향이 광범위한 주민 사이에 나타난 적은 없었고, 공공연한 반유대주의자들 사이에서도 그런 생각은 없었다. 히틀러에게서 일찌감치 나타나서 마지막에 끔찍한 방식으로 실현된 유대인 근절 사상은, 히틀러 이전 도이치 사람들에게는 완전히 낯선 것이었다.

히틀러는 이 영역에서 단계적으로 앞으로 나아갔다. 먼저 유대인을 특정한 임무와 직업에서 제외시켰다. 그나마 처음에는 전쟁 참가자나 전사자의 아들들을 예외로 인정해주었다. 그런 다음 이런 금지는 다른 직업군으로 확장되었다. 이어서 1935년에 유대인에게서 정치적 시민권을 박탈하는 '뉘른베르크 법'으로 최초의 거대한 일보를 내디뎠다. 유대인과의 혼인이나 사랑의 관계가 처벌로 금지되었다. 이것은 이미 강력한 일보였다. 이것이 인기가 있었다고 할 수는 없다.

하지만 어쨌든 받아들여졌다. 이것으로 전통적인 반유대주의의 가장 과격한 요구들이 법적인 형식으로 이미 성취된 만큼, 이로써 히틀러의 반유대주의 정책이 끝에 도달했으려니 하는 생각에서였다.

사람들은 스스로 이런 식으로 위안을 얻었다. 이제부터 유대인은 자기들이 어디에 있는지, 자기들이 더는 정치적 권리를 갖지 못하고, 특정한 직업을 갖지 못하거나 예외적으로만 가질 수 있으며, 또한 유대인 아닌 사람과 혼인이나 사랑의 관계를 가질 수 없다는 것을 알겠지. 뭐 좋아, 그것만 해도 이미 너무 멀리 나간 것이긴 하지만, 그래도 히틀러가 가져온 그 모든 긍정적인 것들, 완전고용, 군대 재무장, 저항적인 외교정책 승리, 다시 일깨운 민족의 자부심 등, 이런 것들을 생각하면, 그럭저럭 받아들일 만하지.

히틀러의 유대인 박해에서 도이치 사람들의 죄는, 이렇게 받아들인 것, 점점 더 끔찍해지는 일들을 받아들인 것이라고 할 수 있다. 그들에게 정상참작을 해줄 수 있다면, 민주주의 정치생명이 모조리 사라진 뒤로, 그들에게는 자신의 반감을 정치적으로 드러내고 관철시킬 그 어떤 방책도 없었다는 점일 것이다.

오직 개인적으로만 히틀러의 유대인 법에 반발할 수가 있었다. 도이칠란트에서 유대인과 결혼하는 것이 이제는 불가능했다. 이런 혼인을 성립시켜줄 호적 사무소가 이젠 없었기 때문이다. 하지만 여전히 형벌을 각오하고 유대인과 함께 살 수가 있었고, 나중에 진짜 색출이 시작되었을 때는, 유대인을 감추어주거나 그들이 도망치는 것을 돕거나, 다른 방법으로 개인적인 도움을 줄 수 있었다. 실제로 그런 일들이 있었다. 수백만 건은 아니라도 몇천 건 정도는 되었다. 하지만 하고 싶다고 해도, 그 이상 할 수 있는 일이 없었다. 히틀러의 국가 운영에서는 반유대인 정책 같은 이런 요소들에 맞서 효과적인 방식으로 투쟁할 길이 없었다.

그런데도 히틀러의 반유대주의는, 1930년대에 도이치 국민의 다수를 차지한 충성스런 총통 신도와, 여전히 적지 않은 '반대파' 소수를 구분하는 핵심 요소였다. 물론 공개적으로 드러낼 수도 없었고, 정치적으로 표현하거나 관철할 수는 없었지만, 이런 사람들은 함께 모이면 히틀러와 그보다 더 많이 당을 비난하고, 제3제국 전체를 저주하면서 예전의 신념에 충실히 머물려고 했다.

뒷날 히틀러가 지옥에 떨어진 다음에, 자신이 '국내 이민자'라거나 '저항'을 했다고 기꺼이 밝히는, 상당히 많은 수의 이런 '반대파'가 있었다. 하지만 이 두 마디 말을 매우 조심스럽게 써야 한다고 나는 믿는다.

극히 작은 영역에서, 그것도 일정한 시기에만 저항이 있었다. 정부기관, 특히 군대와 함께 일하는 작은 그룹에서만 나타났다. 이런 기구 말고는 실제 효과적으로 저항할 길이 달리 없었기 때문이다. 예를 들면 교회의 일부가 행하고, 공산주의자들이 수행한 저항은, 제각기 자기들의 일을 어떻게든 계속한 것으로, 실질적인 성과는 전혀 없었다. 교회도 공산주의자도 총통 국가의 정책에 영향을 미칠 만한 지렛대가 없었기 때문이다. 그런 지렛대는 오로지 한 그룹만이 손에 쥐고 있었다. 방위군 장군들, 특히 육군 장군들이었다. 장교들의 모반이 두 번 있었다. 1938~1939년 전쟁이 다가올 때와, 1943~1944년 패배가 다가오고 있을 때였다. 이들 중에서 하나만, 곧 1944년 7월 20일 슈타우펜베르크Claus von Stauffenberg 백작의 유명한 암살 및 쿠데타 시도만 실행되었다. 잘 알려져 있다시피 이는 실패로 돌아갔다. 전체 육군 지도부의 지지를 받지 못하고 소수파가 수행했다는 것이 실패의 적잖은 이유였다. 참가자 중 정부의 보복을 받지 않은 사람이 거의 없었고, 이 소수의 사람들은 높은 존경을 받았다. 하지만 이들도 실질적인 효과를 내지는 못했다.

국내 망명도 비슷했다. 외국으로의 망명도 물론 있었다. 하지만 그것은 전혀 쉬운 일이 아니었다. 당시 도이칠란트 밖에는 경제 위기가 나타나 있었고, 망명자를 받아들여 그들에게 일자리를 내주려는 나라가 거의 없었기 때문이다. 하지만 국내 망명도 많은 사람들이 의도했던 일이지만, 그것도 특이한 방식으로 불가능했다. 여기서 한 가지 예로, 뒷날 연방공화국 대통령이 된 하인리히 뤼프케Heinrich Lübke의 예를 들어보자.

뤼프케는 예전에 중앙당 정치가였던 사람으로 자신의 관점에 충실하게 머물렀지만, 물론 1933년 이후로는 어떤 형태로도 정치 활동 기회가 없었다. 그래서 원래 전공인 토목 기사 일로 돌아갔다. 그러니까 전혀 비정치적인 직업이었다. 이것은 국내 망명이라 부를 만하다.

뤼프케는 자신의 옛날 신념에 충실하기 위해, 활동적인 정치가라는 나름 두드러진 지위에서 극히 이름 없는 중산층 생존 방식으로 되돌아간다는 사회적인 강등을 받아들였기 때문이다. 하지만 그것은 정말로 망명이었던가? 토목 기사라 하더라도 여전히 제국의 이익을 위해 일해야 했다. 예를 들면 전쟁이 나자 강제로 징집된 외국인 노동자들을 위한 막사를 짓는 데 동참해야 했는데, 그 일로 그는 뒷날 격한 비난을 받았다. 내 의견으로는 이는 부당한 비난이다. 그도 어떻게든 살아야 했기 때문이다. 적어도 뤼프케는 영화나 신문, 라디오, 극장, 또는 문학으로 괴벨스가 의도한 사업에 동참하던 많은 '반대파'보다는 스스로 국내 망명을 했다고 느낄 이유가 더 많다.

한 번 더 문학으로 돌아가자. 어쨌든 문학이 가장 적게 규제를 받았기 때문이다. 상당수 유명한 문인들이 망명을 떠났다. 하지만 제3제국 안에서도 나치에 진저리치는 사람에게는, '반대파'가 쓴, 제3제국을 벗어나려는 것을 분명히 알아볼 수 있는 문학이 있었다. 시간을 초월한 목가牧歌, 어린 시절의 추억, 자연 묘사들이 제3제국 시대만큼 그렇게 많이 쓰인 때는 없었다. 그것을 읽는 사람은 누구나 작가가 나치가 아니라는 것, 나치에 동참하려 하지 않는다는 것을 알아보았다.

그런데도 그런 작가는 현실에서 나치에 동조한 셈이었다. 그런 작품을 좋아하는 사람들에게, 제3제국에서도 이런 것을 할 수 있음을 보여주었기 때문이다. 괴벨스 아래서 일하는 사람은 누구나, 비록 스스로는 아무리 반대파라고 느꼈어도, 괴벨스의 오케스트라 안에서 작은 악기라도 함께 연주했다. 목가든 구식의 속물근성이든, 어쨌든 정상적인 것에 속하면서 제3제국에 직접 반대하지 않는 것은 모두, 마치 오케스트라의 피콜로처럼 여전히 함께 연주를 한 것이다.

이번 장의 결론으로, 자주 논의되기는 하지만 한 번도 결정되지 못한 질문을 다루어보자. 제3제국은 도이치 제국의 연속인가, 아니면 거기서 벗어난 것인가? 하는 질문이다. 대답은 소박하다. 즉 계속성의 요소와 단절의 요소가 있었다는 것이다. 다만 계속성의 요소가 훨씬 우세했다. 앞으로 보겠지만, 히틀러는 황제 시대 후기와 1차 대전에서 이미 등장한 '세계 강대국이냐, 몰락이냐'의 양자택일을 넘겨받아 끝까지 몰아붙였다. 그러니까 외교정책에서는 완전히 도이치 제국의 연속선에 들어 있었다. 이는 1차 대전의 패배로 한동안 중단되었을 뿐이다.

히틀러 제국의 실제 체제인 국내 정치는 다르다. 히틀러는 첫눈에 완전히 불연속으로 통치한 것처럼 보인다. 1인 독재도, 국가 테러와 홍보 독점의 통치 방식도, 하나만 뺀 모든 정당의 금지도, 도이치 제국의 역사에 전례가 없었다. 다만 눈에 띄는 점은 1933년에 이 모든 것이, 마치 그동안 사람들이 내내 그것만 기다려 오기라도 한 것처럼 기꺼이 받아들여졌다는 사실이다. 비록 전례가 없었다고는 해도, 제국의 역사에서 이미 어떻게든 그럴 준비가 되어온 것이 아닌가? 비스마르크는 독재자는 아니었지만 '그의' 제국의 정책은 초기에, 거의 후기 히틀러만큼이나 무제한 권력의 요소를 지녔다. 그리고 비스마르크는 이로써 의식했든 안 했든, 의도했든 안 했든, 천재적 지도자를 향한 갈망을 자신의 제국에 유산으로 남겼다. 정당에 대한 거부감도 역시 그가 남겼다. 1차 대전의 후반부에, 그리고 바이마르 공화국의 마지막에 이 두 가지가 모두 다시 나타났다. 두 번 다 힌덴부르크가 이 은밀한 희망의 핵심적 상징 인물이었다. 하지만 힌덴부르크는 자기를 향한 이런 희망들을 한 번도 이루어주지 못했다. 1916~1918년에도, 1930~1932년에도 못했다. 히틀러는 1933년에 재빨리 그 소망을 이루어준 것으로 보였다. 그 후로 여러 해 동안 그는 민족의 염원을 초과 달성하기까지 했다. 이런 염원의 내용은 언제나, 민족의 통합(과 통일), 민족의 위대함이었고, 이 두 가지는 궁극적인, 거의 종교적인 목표였다. "너는 아무것도 아니다, 민족이 전부다." 이런 히틀러의 표어는 초기 민족주의 운동 다수를 위한 표어였다. 도이치 제국의 시민이 정치적인 생각을 할 때면 언제나 이것이 핵심 코드였다. 그렇게 보면 히틀러는 제국 역사의 연속선에 선다. 비록 그의 통치 방식이 이전에 있었던 것, 이전에 시도된 것을 모조리 훨씬 넘어서는 것이라 해도 그렇다.

히틀러 제국의 사회에서 한 가지 주도적인 변화가 있었지만, 여기서도 결국은 계속성이 압도했다. 연속선상에서의 변화라고 말할 수 있을 것이다. 옛날 지배 계층은 정치적으로 광범위하게 힘을 빼앗겼지만, 사회적 지위는 뺏기지 않았다. 대지주는 여전히 대지주였고, 대기업가는 여전히 대기업가였으며, 지식인과 문화 엘리트는 망명을 통해 줄어들었다는 점을 빼고는, 여전히 옛날과 똑같이 문화 엘리트로 남았다. 달라진 점은 이런 주도 계층으로 밀고 들어온 세력이었다. 예를 들어 친위대가 경찰을 꿰찼다는 점, 예를 들어 대기업 분야로 나치 벼락 출세자들이 들어왔다는 점이다. 그리고 이전에 흔히 유대인이 이끌던 신문사도 새로운 요소들을 통해 변했다. 히틀러 시대 사회는 벼락 출세자들의 사회였다. 그 밖에도 이런 점은 바이마르 공화국이나 오늘날의 분단된 도이치 국가들에서도 약간 다른 방식으로 그렇다. 연속선에는 단절이 없었다. 군대가 바이마르 공화국 시절 약간 손상을 입었다가, 사회에서의 특권과 명망을 도로 돌려받았다는 것도 연속선상에 있는 것이다.

불연속선의 핵심 요소는 히틀러의 반유대주의였다. 곧 생물학적인 종족 사상인데, 이것은 이전 도이치 제국에서는 아무런 역할도 못했던 것이다. 히틀러에게는 이것이 심지어 통치보다도 더욱 중요했던 것 같다. 도이치 대중에게는, 스스로 유대인이거나 유대인과 가까운 친척 관계가 아닐 경우, 이것은 부차적인 일이었다. 그러니까 도이치 제국이 히틀러 치하에서처럼 계속 통일되고 거대하고 강력하기만 하다면, 이것은 그냥 못 본 척 넘기거나 눈길을 돌릴 수 있는 문제였다. 마지막까지 그랬다. 나는 여기서 이 마지막을 미리 이야기하겠다. 다음 장에서는 2차 대전의 역사를 다루게 되므로, 히틀러의 유대인 박해와 마지막에 유대인 학살까지 거기서 함께 다룰 수 없기 때문이다. 대량 학살은 비록 전쟁 기간에 이루어진 일이기는 했으나 전쟁 행위가 아니었다.

잘 알려져 있듯이 히틀러는 1938년 이후로 유대인 박해를 계속 강화했다. 1938년에 히틀러는 제국 전역에 걸쳐, 위에서부터 기획된 프로그램 한 가지를 시도해보았다. 이 프로그램을 위해 그동안 영향력을 잃었던 돌격대가 한 번 더 등장하여, 히틀러의 반유대주의 선전에 대한 대중의 분위기와 효과를 테스트했다. 테스트 결과는 부정적이었다.

별로 해롭지 않게 들리는 '수정의 밤'•이란 말은, 도이치 사람들이 그에 대해 반응한 방식을 아주 정확하게 보여주는 말이다[=매우 차가운 반응]. '수정의 밤'이란 실제 일어난 일에서 가장 작은 부분에 지나지 않았다. 가게의 쇼윈도가 깨지고 시너고그가 불에 탔을 뿐만 아니라, 유대인 주택들이 파괴되고, 수많은 유대인이 체포되어 수용소로 이송되었고, 적지 않은 사람들이 맞아 죽었다. 이것은 [돌격대가 주도한] 수정의 밤이 아니라 [히틀러의 명에 따른] 대대적인 프로그램이었다.

주민들은 그것을 인정하려 하지 않았다. 그들은 비웃음으로 그

• '수정의 밤'(Kristallnacht)이라는 이름은 1938년 11월 9일, 거리에 어지러이 흩어진 수정[=깨진 유리 파편] 더미에서 유래했다. 11월 7일에서 13일 사이에 유대인 약 400명이 살해당하거나 자살했다. 유대인 회당인 시너고그, 그 밖의 집회실들, 수많은 상점, 가옥, 묘지들이 돌격대에 의해 파괴되었다. 11월 10일 이후로 약 3만 명의 유대인이 수용소에 갇혔고, 약 400명이 체포 과정에서 살해당하거나 죽었다. 이 프로그램은 1933년부터 이미 차별을 받던 유대인들이 경찰 조직에 의해 체계적으로 추적-색출당하는 단계로 넘어가는 과정에 일어난 일이었다. 이어서 3년 뒤부터는 대량 학살로 넘어가게 된다.

일에 거리를 두고, 어디서도 거기 동참하지 않았으며 역겹다는 표명들도 있었다. 동시에 사람들은 가능한 범위에서 이런 수치스런 행위들을 대수롭지 않게 넘기려고 했다. 이는 그냥 '수정의 밤'일 뿐이다. 의심할 바 없이 고약하지만, 절반쯤은 웃기는 방종이니 사람들은 스스로 여기에 대해 책임감을 느끼지 않았다. 또한 전체 나치당에도 책임을 넘기려 하지 않았고, 하물며 총통에게는 전혀 책임을 물으려 하지 않았다. "총통이 알기만 한다면야[그런 일이 일어날 리 없지]!" 하는 반응이었다.

어쨌든 히틀러의 관점에서 보면 이 테스트 결과는 부정적으로 나왔고, 그는 하루 밤낮이 지난 뒤에 이 기획을 중단시켰다. 도이치 민족의 대중, 히틀러에 충실한 대중이 실질적인 유대인 박해에는 동참하려 하지 않는다는 것을 보여준 것이다.

히틀러가 '최종 해결'을 결정했을 때, 바로 이 점에서 중요한 결론을 이끌어냈던 것인데, 그 사실은 자주 간과되곤 한다. 최종 해결은 도이칠란트에서 일어나지 않았다. 유대인 근절 수용소는 폴란드 동부에 있었다. 다른 나라들과 도이칠란트에서 이루어진 일은, 고작 유대인의 수송뿐이었다. 유대인이 이주하는 것일 뿐이라는 설명을 내놓고 벌어진 일이었다. 본격적인 대량 학살, 기계적 수단을 동원하여 수백만의 유대인을 학살한 일은 히틀러 제국의 거대한 일들이나 거대한 범죄들과는 반대로 한 번도 공개적으로 알려진 적이 없었으니, 선전된 적은 더욱 없었다. 탁월한 선전 기계가 이 일에는 가동되지 않았다.

괴벨스가 이끌던 도이치 신문에는 이렇게 보도된 적이 없었다. "유대인은 근절되어야 한다." 그러니 하물며 "유대인은 지금 근절되고 있다."는 보도는 더욱 없었다. 1945년까지도 여전히 낡은 옛 노래가 계속 울려 나오고 있었다. "유대인은 우리의 불행, 우리는 그들을 조심해야 한다."는 노래였다. 신문을 읽고 라디오를 듣는 도이칠란트 대중에게 대량 학살은 없었다.

도이치 여론에 대량 학살을 의도적으로 감춘 일은, 도이치 사람들이 그에 맞서 아무 일도 안 한 것에 대해 어느 정도 변명을 해준다. 내 생각에 더욱 결정적인 또 다른 이유는, 도이치 대중이 어차피 그에 맞설 수 없었다는 것, 특히 전쟁 후반부의 상황에서는 전혀 그럴 수 없었다는 것이다.

도이치 사람들이 유대인의 대량 학살에 대해 알았느냐 몰랐느냐 하는 것은, 오로지 개인적으로만 답변할 수 있는 질문이다. 물론 매우 많은 소문이 흘러나왔다. 사람들이 그런 소문을 믿었는지는 모르겠다. 외국에서도 오랫동안 그것을 믿지 않았다. 그냥 믿기 어려운 일로 생각되었기 때문이다. 심지어는 도이치 유대인들도 오랫동안 그것을 불가능한 일로 여겼다. 그렇지 않았다면 어쩌면 1938년 이후로, 실제보다 훨씬 더 많은 사람들이 제때에 도망쳤을 것이다.

우리는 도이치 제국의 역사에서 유대인 박해와 유대인 근절의 시도를 침묵으로 넘겨서는 안 된다. 그것은 일어난 일이고, 이 나라 역사에는 영원한 오욕이다. 하지만 총통 국가의 많은 요소들과는 달리,

이것을 도이치 제국의 역사에서 그리고 실제 체제의 역사에서 처음부터 존재한 요소들에 포함시킬 수는 없다. 히틀러가 없었어도 1933년 이후에 아마도 일종의 총통 국가가 나왔을 것이다. 그리고 히틀러가 없었어도 아마 두 번째 세계 전쟁이 일어났을 것이다. 다만 수백만 유대인 학살만은 없었을 것이다.

제2차 세계대전

히틀러가 1939년 9월 1일에 시작한 전쟁은 그가 오랫동안 마음에 품고 계획해온 전쟁이 아니었다.

히틀러는 1차 대전에서 상당히 분명한 두 가지 교훈을 이끌어낸 바가 있었다. 첫째 교훈은, 동부에서 러시아에 맞선 세계대전은 승리로 끝났다는 사실이다. 러시아는 1차 대전에서 전쟁 이전에 생각되던 것보다 더욱 취약했음이 드러났다. 러시아는 거의 강제적 평화협정에 조인했고, 전쟁 마지막에 거대한 러시아 영토가 도이치 제국 손으로 넘어왔었다. 히틀러는 이것을 되풀이할 수 있으리라 믿었다. 『나의 투쟁』에 무어라고 썼던가? "여기서는 운명이 직접 손가락질을 해주는 듯하다. 동부의 거대 제국은 무너질 단계에 이르렀다."

동시에 서부전선에서는 주로 영국에 맞선 전쟁에서 패배했다는 사실, 그러므로 영국에 맞선 전쟁은 피해야 한다는 것도 깨달았다. 2차 대전의 사전事前 역사는 1차 대전의 사전 역사를 연상시킨다. 1차 대전에서 베트만 홀벡은, 프랑스와 러시아에 맞선, 그의 생각에 피할 수 없는 대륙 전쟁에서 영국이 중립을 지키는 것을 중요하게 여겼다. 그는 심지어 영국을 자기편 동맹국으로 만들고 싶어 했다. 다시 『나의 투쟁』을 상기시키자면 히틀러는 1차 대전에서 영국의 중립에 대한 희망이 어디서 실패했는지 안다고 믿었다. 히틀러 생각으로는, 도이칠란트가 대륙에서 이미 프랑스와 러시아라는 두 적국 사이에 갇혀 있는 처지에서, 세계정책과 함대 건설을 했기에 영국을 중립으로 만들 수가 없었다. 도이치 제국은 그로써 꼭 필요하지도 않은데, 유럽 바깥의 세계 지배권 전쟁으로 영국을 도발했다. 히틀러는 올바르고도 영리한 생각으로 이번에는 그것을 피하려고 했다. 함대 건설은 없고 세계정책도 없으며 러시아에 맞선 전쟁에 집중할 것이며, 배후를 안전하게 하기 위해 고작해야 프랑스 전쟁을 그보다 앞세울 수 있을 것이다. 그러므로 1933년부터 1938년까지 일관되게 추진한 이 정책에서 히틀러가 실패했다는 것은 주목할 만한 일이며 우연은 아니었다.

히틀러는 1935년에 영국과 함대 조약을 맺었다. 조약에 따르면, 제국의 함대는 영국 함대의 1/3 수준으로 제한된다. 어차피 도이치 함대라는 게 거의 존재하지도 않았으니 뭐 그리 대단한 일도 아니었다. 하지만 히틀러는 아마도 이 조약을 진짜로 여겼던 것 같다. 영국과의 전쟁을 원하지 않았고, 영국을 도발할 생각도 없었다. 도이칠란트가 볼셰비키 러시아를 정복하여 자신의 생존 공간으로 만드는 동안, 영국이 아무 행동도 하지 않고 구경만 하도록 하려는 속셈이었기 때문이다. 히틀러는 리벤트로프Joachim von Ribbentrop를 영국 대사로 파견하면서 다음과 같이 지시했다. "영국의 동맹을 가져오시오."

하지만 영국은 동맹을 원하지 않았고, 도이칠란트가 러시아를 정복하여 굴복시키는 것을 받아들일 각오도 되지 않았다. 그냥 도이칠란트가 전통적인 대륙 중앙의 위치로 만족한다면, 그러니까 프랑스를 보호하고 러시아도 그대로 놓아둔다면, 엄청난 양보를 해줄 각오는 되어 있었다.

근본적으로 따지면 1937~1939년 도이치-영국 협상들은 러시아에 대한 도이칠란트의 대규모 전쟁을 위한 것이었다. 영국은 이 전쟁을 막으려 했다. 영국이 소련에 그 어떤 호감을 가져서가 아니었다. 오히려 영국과 볼셰비키 러시아의 관계는 생각할 수 있는 한 가장 나빴다. 그보다는 영국은 도이치 제국이 소련을 정복한다면, 함대 정책 없이도 초강대 국가가 되어서, 영국과 프랑스가 힘을 합쳐도 맞설 수 없는 나라가 될 것이라고 올바르게 판단하고 있었다. 영국은 도이칠란트의 거대한 동부 정복 전쟁을 어떻게든 매수해서 없애려 하면서, 리벤트로프가 히틀러의 이름으로 아주 공공연히 요구했던, '동쪽에서의 자유로운 손길'을 도이칠란트에 인정해주기를 거부했다. 영국은 대신 자신의 정책을 내세웠으니, 이는 나중에 '유화宥和 정책'이라는 이름으로 유명해진 개념이었다.

영국의 협조로 도이칠란트에는 대단한 양보들이 주어졌다. 먼저 제국과의 합병을 원하는 도이치어 사용 지역들을 차지할 수 있었다.

오스트리아, 체코슬로바키아의 국경 지역, 그리고 단치히까지도. 그에 대한 반대급부로는 영국, 프랑스와 더불어 평화로운 유럽을 위해 협조하고, 무엇보다도 그가 새로 얻은 지역들에서 이 두 나라, 특히 영국과 힘을 합쳐 앞으로 나아가는 것이었다.

1937년부터 1939년까지 이렇게 두 개의 구상이 서로 마주 서 있었다. 히틀러의 구상은 영국이 적어도 선의의 중립을 통해, 동부에서 대규모 도이치 정복 전쟁을 방관하는 일이었고, 영국의 구상은 도이칠란트가 더욱 커지고 더욱 만족해서('유화되어') 평화로운 유럽에 머물게 하는 것이었다.

이것은 단순한 이상주의는 아니었다. 영국은 평화로운 유럽이 절실히 필요했다. 유럽에서 전쟁이 벌어져 영국이 대륙에 참전할 수밖에 없게 된다면, 동아시아, 지중해, 근동에서 대영제국의 취약 지점들이 완전히 노출될 것이다. 그 경우 영국은 국경을 수정하려드는 공격적인 두 나라, 곧 일본과 이탈리아에 맞서 그때까지 유지해온 대영제국을 방어할 힘이 남지 않을 것이기 때문이다.

도이칠란트와 영국 사이에 펼쳐진 이런 외교 전쟁에서 극히 흥미로운 점은, 여기서 처음에는 오로지 도이칠란트만이 무엇이든 얻을 수 있는 상황이었다는 사실이다. 도이칠란트는 평화롭게 영토를 확장하여 대륙 규모의 실질적인 강대국이 될 수 있었다. 히틀러는 1차 대전의 중부 유럽 목표를 두 서유럽 국가의 도움을 받아 현실로 만들고, 두 번째 대전을 피할 방책을 자기 손에 쥔 셈이었다. 하지만 그에게는 그것만으로 충분치가 않았다.

두 개의 대립하는 외교 구상이 맞붙은 이 싸움의 첫 번째 절정이 1938년 가을의 주데텐 위기였다. 체코슬로바키아의 도이치 인人 거주지 문제로서, 겉으로 보면 이 위기는 히틀러의 가장 큰, 게다가 평화로운 승리였다. 영국과 프랑스가 1차 대전에서 체코슬로바키아를 창설한 국가들이고, 프랑스가 아직 체코슬로바키아의 동맹국이었는데도, 두 서방국가는 전쟁 직전까지 밀려간 이 위기가 지나자마자, 뮌헨에서 정상회담을 열어 히틀러에게 '주데텐-도이치' 체코 영토를 넘겨준 것이다.

이미 말했듯이 겉에서 보면, 이것은 그때까지 히틀러가 얻은 가장 큰 승리였고, 도이칠란트 국내에서도 '뮌헨 협정' 이후로는, 위기의 진행 도중에 다시 분명하게 나타났던 히틀러에 대한 군사적 반대파가 처음으로 완전히 무너졌다. 하지만 히틀러는 뮌헨 협정과 그 결과를 특이하게도 패배라고 느꼈다. 체코슬로바키아에 맞선 짧은 연습용 전쟁의 승리가 더 좋았을 것이다. 그리고 뮌헨에서 승리한 쪽은 히틀러의 계획보다는 영국의 유화정책이었다. 당시 영국 총리 체임벌린Arthur Neville Chamberlain은 뮌헨에서 런던으로 돌아가면서, 회의 결과가 "우리 시대의 평화"를 의미한다고 공식적으로 밝혔다.

영국의 계산을 우리는 잘 헤아려볼 수 있다. 남동 유럽의 모든 나라들이 이제 히틀러와 조정을 하려 들 것이고, 히틀러는 어느 정도 평화로운 정복을 통해 자기에게 주어진 관심 지역들을 조직화해야 할 것인데, 그러려면 줄잡아 5~10년은 걸릴 것이다. 이 기간 동안 히틀러는 새로이 큰 규모의 어떤 기획도 수립할 수 없을 것이고, 서방국가들은 조용히 무장을 강화해서 군사적으로 다시 도이칠란트와 대등하게 될 수 있을 것이다.

하지만 히틀러는 이런 시간을 갖지 않았다. 그는 자신의 러시아 계획을 꼭 붙잡고서 이제는 영국 없이, 또는 필요하다면 영국에 맞서 서라도 그 계획을 실천에 옮길 수 있다고 믿었다. 뮌헨 협정 이후로 그는 영국에 대해 어느 정도 경멸감을 품었다. 그렇게 해서 1939년의 위기들에 이르렀다.

이해는 극히 평화롭게 출발했다. 영국에서는 유화정책으로 성공을 거두었다고 믿었다. 하지만 히틀러의 의도는 중부 유럽의 동부와 남동부 지역을 도이칠란트 영도 아래 이끌겠다는 것이 아니었다. 그가 이 지역에서 하나의 목표를 추구했다면, 그것은 자신이 의도하는 러시아 전쟁을 보조해줄 민족들을 얻으려는 것이었다. 이런 보조 민족들 중 으뜸이 폴란드였다.

폴란드는 오늘날에도 그렇지만 당시 도이칠란트와 러시아 사이에 있었고, 그로써 히틀러의 계획에는 방해물이었다. 도이치-러시아 군사경계선이 그 어디에도 없다면, 대체 어떻게 러시아 전쟁을 시작할 수가 있겠는가? 이런 군사경계선은 도이칠란트 입장에서 보면, 가능한 한 동쪽에 있어야 했다. 다른 말로 하자면 폴란드는 동맹국이 되어, 러시아로 향하는 도이치 진군에 편입되어야 한다. 만일 폴란드가 도이칠란트와 25년 동안의 조약을 맺고 단치히를 도이칠란트에 양도한다면, 그리고 명시하지는 않아도 폴란드가 소련에 대한 도이치 전쟁에 적극적으로 동참한다면, 폴란드는 우크라이나에서의 영토 획득을 승인받을 것이다.

폴란드는 이런 조건을 거부했다. 히틀러가 생각을 고쳐먹게 된 까닭은 단치히 문제가 아니라 바로 이런 거부였다. 폴란드를 동맹국으로 만들 수 없다면, 정복하고 점령해서 진군 기지로 만들어야 한다. 미리 의도한 러시아와의 전쟁에 앞서 즉흥적인 폴란드 전쟁이 나타나야 했다. 그리고 이 전쟁은 만일의 경우 영국에 맞서 수행해야 하는 전쟁이었다.

영국이 그 사이에 변화를 겪었기 때문이다. 히틀러 자신이 그런 변화를 불러들였다. 뮌헨 협정에서 영국은 체코슬로바키아의 국경 지대를 도이칠란트에 그냥 넘겨준 것은 아니었다. 이제부터는 모든 중요한 외교적인 결정에서 도이칠란트는 영국과 협의하기로 합의를 보았다. 그리고 영국의 관점에서는 이것이 아마도 뮌헨 정상회담의 가장 중요한 성과였다. 히틀러로서는 바로 이것이 패배라고 느낀 지점이었다. 그는 동부에서 자유로운 손을 원했었다. 그래서 바로 영국에 반발하여 그 어떤 협의나 경고도 없이, 체코슬로바키아의 몸통을 군사적으로 점령하고는 그것을 다시 더 나누었다. 보헤미아-모라비아는 '제국 보호령'이고, 분리되어 남겨진 슬로바키아는 동맹을 맺은 신하 국가가 된 것이다. 그것은 실제로는 아무 의미도 없는 행동이었다.

몸통 체코슬로바키아가 이미 완전히 히틀러의 손아귀에 들어 있었기 때문이다. 그보다는 오히려 '뮌헨 협정'에 대한 히틀러의 보복이었다. 뮌헨에서 자신이 겪은 패배이자 영국의 승리라고 느꼈던 것에 대한 보복이었다.

이 과정은 1939년 3월 런던에 경고를 울렸다. 체임벌린 내각은 '유화정책'을 아직 포기하지는 않았지만 유화정책의 방법을 바꾸었다. 지금까지는 오로지 약속과 양보만으로 유혹했다면 이제는 위협도 동원하기로 한 것이다. 히틀러가 동유럽에서 독단적인 확장 정책을 계속한다면, 이제 영국이 그것을 방해한다는 뜻이었다. 이런 위협의 상징이 1939년 3월 말에 나온, 영국의 폴란드 보장 약속이었다. 폴란드가 러시아에 맞서 동맹을 맺자는 히틀러의 제안을 거절한 다음 나온 약속이었다.

이로써 히틀러는 새로운 상황에 놓이게 되었다. 그 자신이 이것을 다음과 같은 말로 요약했다. 2차 대전이 터지기 3주 전인 1939년 8월 11일에, 당시 국제연맹 위원인 스위스의 카를 부르크하르트Carl J. Burckhardt에게 그가 직접 한 말이다. "내가 시도하는 모든 것은 러시아를 향한 것이오. 서방이 너무 멍청하고 눈이 멀어 이것을 보지 못한다면, 나는 별수 없이 러시아와 상의해서 서방을 먼저 치고, 그런 다음 서방의 패배 이후에 내 힘을 결집하여 소련을 향하는 방도밖에 없지요."

이 말은 2차 대전 발발에 대한 열쇠를 포함하는 말이다. 이것이야말로 즉석에서 나온 히틀러의 새로운 계획이었고, 이 프로그램에 따라 2차 대전의 처음 2년이 진행되었던 것이다. 히틀러는 먼저 소련과 협의하고 소련과 합동으로 폴란드를 쳤다. 그런 다음 소련의 배후 엄호를 받는 가운데 서방을 향했고, 그런 다음에야 처음부터 계획했던 대로, 자신의 '힘을 결집하여' 소련을 향했던 것이다.

하지만 소련은 어째서 이런 정책을 함께했던가? 스탈린은 히틀러의 최종 목적이 소련을 향한다는 점을 모르지 않았고, 히틀러도 스탈린이 그것을 모르게 하려고 특별한 노력을 하지 않았기 때문이다. 히틀러는 1936년 이후로 여러 나라들, 곧 일본, 이탈리아, 몇 개의 작은 국가들과 '반反코민테른'Anti-Komintern(반공산주의 인터내셔널 조약)을 맺었다. 이 조약은 실은 이미 반反소련 동맹이었다. 조약 안에는, 도이칠란트가 소련에 맞선 전쟁을 벌일 경우, 소련과 이미 조약을 맺은 국가들은 선의의 중립을 지킬 것이라는 비밀 조항이 포함되어 있었기 때문이다.

1939년에 스탈린은 전쟁을 피하고 공을 서방으로 떠넘겨서, 도이칠란트가 영국 및 프랑스와의 전쟁에 휩쓸려 들어감으로써, 가능한 한 오랫동안 히틀러를 소련에 대한 전쟁에서 멀리 떼어놓을 기회를 보았다. 이런 전조 아래서 스탈린은 기꺼이 즐거운 마음으로, 히틀러와 함께 소련과 도이칠란트 사이에 자리 잡은 동유럽을 분할했다.

1939년 8월 23일에 도이칠란트와 소련은 상호 불가침 조약을 체결했다. 여기 포함된 비밀 조항들은, 폴란드에 대한 전쟁에서, 소련이

1921년 폴란드에 양도한 폴란드의 동부 지역은 소련으로 반환되고, 나아가 발트 해 연안 국가들과 핀란드에서도 소련이 패권을 갖는다는 점을 인정했다. 약간 모호한 비슷한 약속들이 남동 유럽에 대해서도 이루어졌다.

그렇게 해서 히틀러가 1939년 9월 1일에 시작한 전쟁은 그의 관점에서는 잘못된 전선에서 시작되었으니, 곧 폴란드와의 전쟁이었다. 소련과는 절반의 동맹을 맺은 채 프랑스·영국과도 전쟁을 하게 된 것인데, 이는 히틀러가 늘 계획했던 것이 아니라, 1920년대에 제크트 장군과 국방군이 생각했던 전쟁이었다. 이미 설명했듯이 히틀러는 이 전쟁을 오로지 소련에 맞선 대전쟁의 전 단계로 여겼고, 폴란드와 서방국가들을 차례로 물리친 다음 '집중된' 힘으로 러시아 전쟁을 치를 셈이었다.

하지만 완전히 그렇게 되지는 않았다. 처음에 히틀러는 엄청난 성공들을 거두었다. 놀랄 만큼 짧은 전투 끝에 1939년 9월에 벌써 폴란드가 무너졌고, 긴 휴지기에 한 번 더 온갖 협상들이 오가는 동안 어느 정도는 부수적으로 덴마크와 노르웨이를 점령하고, 1940년 5월과 6월에는 더욱 놀랍게도 프랑스를 겨우 6주 만에 점령했다. 서부전선에서 역시 부차적인 일로서 네덜란드, 벨기에, 룩셈부르크도 기습해서 짧은 저항 끝에 점령했다.

폴란드와 프랑스가 제외된 다음 히틀러는 영국을 어떻게 할 것인가 하는 질문을 떠올렸다. 도이치 제국은 브리튼에 맞선 진짜 전쟁,

곧 영국을 침략, 정복, 점령하기 위해서는, 폴란드와 프랑스 전쟁을 위한 정도의 준비가 되지 않았다. 제국은 대함대를 소유하지 않았고, 그나마 노르웨이 점령 과정에서 함대 일부를 잃었다. 따라서 히틀러는 공중전에서 영국을 제압하는 데 성공한다 해도, 군대를 브리튼 섬에 착륙시킬 수도 없었다.

1940년 8월과 9월에 공중전 시도가 이루어졌지만 아무 성과도 없었다. 영국은 제공권을 지켰고, 그로써 도이칠란트의 영국 침공은 오랫동안 불가능했다. 적절한 준비를 거친 다음 1942년이나 1943년이라면 성공이 확실한가도 의문이었다. 영국도 그 사이에 꾸준히 강해질 것이고, 육상 전투에서도 그럴 것이다.

영국에 대한 공중전에서 도이치 공군이 패배했다는 사실이 앞으로의 전쟁에서 갖는 의미가 흔히 얕잡아 평가되어왔다. 공중전은 그다지 극적인 사건이 아니었기 때문이다. 그것은 도이칠란트에는, 2년 뒤 스탈린그라드에서와 같은 중대한 파국이 아니었다. 그런데도 이것은 중요한 전환점을 뜻했다. 서부전선에서 히틀러의 승리를 불완전하게 만들었기 때문이다. 그런데도 불구하고 계획대로 러시아 전투를 개시한다면, 그는 '결집된 힘으로' 전쟁을 할 수는 없었다. 엄청난 자원을 지닌 매우 끈질긴 적을 계속 서방에 남겨두는 것이기 때문이다. 게다가 미국과 밀접한 관계를 맺고 있는 적이었다.

히틀러는 한동안 영국을 화나게 만들어 전쟁에서 쫓아내려고 절반의 노력을 계속했다. 1940~1941년 겨울과 1941년 봄에, 런던과 다른 대도시에 퍼부은 공습이었다. 하지만 그것은 성과가 없었다. 이는 뒷날 도이칠란트에 퍼부은 영국-미국 합동 공습이 성과가 없었던 것과 같은 일인데, 영미 합동 공습 또한 전략적인 실책이었다.

히틀러는 계속 영국과의 전쟁이라는 부담을 지고 있었다. 그러므로 이런 상황에서 러시아 전쟁을 수행할 수 있는가, 하는 것은 매우 중요한 질문이었다. 오랫동안 오락가락하는 숙고와 격렬한 내부 토론을 거친 다음, 그리고 그 사이 터진 이탈리아-영국 전쟁에 연루되어 시간을 잡아먹은 다음, 러시아 전쟁을 할 수 있다는 결론에 도달했다. 1941년 6월에 그는 1939년 8월에 예고했던 일을 행동으로 옮겼다. 비록 '결집된 힘'은 아니었고, 영국이 아직 전쟁에서 빠지지도 않았건만, 어쨌든 히틀러는 육군과 공군 대부분을 동원하여 러시아를 공격했다.

이제 돌이켜보면 이것이 히틀러가 전쟁에서 범한 최초의 거대한 전략적 실책이었다고, 이 실책 하나만으로도 그가 거의 확실하게 전쟁에서 패배했을 것이라고 말할 수가 있다. 초기에 도이치군이 엄청난 성공을 거두었는데도 불구하고, 러시아가 저 폴란드나 프랑스와 같은 방식으로 패배할 나라가 아니라는 사실이 드러났다. 러시아는 다른 유럽 국가였다면 아마도 쓰러질 수밖에 없었을 만큼 끔찍하게 인명과 영토를 잃어버린 다음에도 여전히, 국민 총동원령을 내려서 그것만으로도 도이치 제국보다 더욱 강한 나라였기 때문이다.

히틀러는 1920년대와 1940년대 사이에 러시아에서 일어난 일을 제대로 보지 못했다. 히틀러가 1920년대 중반에 『나의 투쟁』에서 동쪽의 이 거대한 나라가 무너질 준비가 되었다고 썼을 때 그는 어쩌면 완전히 틀린 것이 아니었을지도 모른다. 1차 대전과, 내전과, 간섭 전쟁이라는 끔찍한 노력과 고통을 겪은 당시의 신생 소련은 정말로 파편더미에 지나지 않았다. 거대하지만 지치고 망가진 나라, 도이치 제국의 공격을 받았다면 정말로 감당하지 못했을 나라였다.

하지만 그 사이 러시아에서 스탈린 시대가 시작되었고, 모든 힘을 전체주의적으로 한데 모아, 1차 대전 때만 해도 압도적으로 농업국가이던 러시아는 채찍질을 받아 엄청난 속도로 중요한 산업국가로 올라서 있었다. 1941년에 히틀러가 공격한 소련은 오늘날과 같은 초강대국은 아직 아니라도, 이미 주목할 만한 규모의 산업국가였다. 옛날 러시아의 힘의 원천인 거대한 영토, 엄청난 인구, 주민들의 위대한 고통 감내 능력과 용감함 등에 새로운 산업화가 접붙여지면서, 그 사이 소련을 옛날 1차 대전의 낡은 러시아보다 훨씬 강력한 세력으로 만들었다.

히틀러는 대규모 전투에서 이기고 엄청난 영토를 정복했지만, 그의 공격은 레닌그라드 앞에서, 모스크바 앞에서, 돈Don 강변의 로스토프 앞에서 더 이상 나가지 못했다. 러시아 군대는 심각한 패배의 몇 달이 지난 다음, 1941~1942년 겨울에 이미 성과가 완전히 없지 않은 군사적 반격을 시작할 수가 있었다.

바로 이 러시아 반격이 시작된 시점, 1941년 12월 초에, 그러니까 빠른 러시아 점령 계획이 실패했다는 것이 드러난 순간, 소련에 맞서 이제부터 길고도 힘든 전쟁을 치러야 한다는 것이 예상되는 이 순간에, 자신의 승리가 전혀 확정적이지 않은 하필 이 순간에, 히틀러는 미국에 선전포고를 했다.

이것은 2차 대전 중 나온 히틀러의 여러 결정들 중에서 가장 큰 수수께끼다. 나도 그에 대한 적절한 설명을 모르겠다. 나는 이미 여러 책에서 여러 가지 해답의 가능성들에 대해 논했고, 또한 역사가들이 이 문제를 다룬 글을 접근이 가능한 범위에서 모조리 읽었다. 그리고 나 자신의 가설이나 역사가들의 가설 어느 것도 나를 정말로 설득한 것은 없다고 고백해야겠다. 여기서 약간 소급해 올라가야겠다. 루스벨트 대통령이 1937년에 그 유명한 '격리' 연설을 한 이후로—이 연설에서 그는 일본, 이탈리아, 도이칠란트 등 공격적인 국가들은 나머지 세계에서 격리되어야 한다고 주장했는데—그는 이 국가들이 시작한 전쟁에 상대국 편을 들어 개입하겠다는 자신의 결심에 대한 신호들도 드러냈었다. 하지만 자신의 이런 의지를 미국 안에서 관철시킬 수가 없었다. 미국 국민이나 의회의 압도적 의견은 고립주의 노선이었다. 구대륙의 온갖 분규를 멀리하고 미국이 협상 국가들 편을 들어 1차 대전에 개입했을 때와 같은 잘못을 되풀이하지 않으려고 했다.

1941년 12월까지 루스벨트는 자기가 의도하는 간섭 정책에 맞선 국내의 이런 고립주의 저항을 깨뜨릴 수가 없었다. 그리고 히틀러가 선전포고를 함으로써 그에게서 이 힘든 작업을 덜어주지 않았더라면,

그 저항을 도대체 깨뜨릴 수나 있는 것인지, 언제 그럴 것인지 예측할 수가 없었다. 일본이 진주만을 공격한 후라고는 하지만, 히틀러는 이제야 겨우 미국이 상당 기간 유럽의 전쟁에 개입하지 못하리라는 희망을 가질 수 있었을 것이다. 미국은 방금 거대한 태평양전쟁에 뛰어든 참이니 미국이 막강한 전쟁 자금을 동원할 수 있다 해도 그 자금을 도이칠란트에는 가장 위험성이 적은 곳, 곧 태평양에서 일본에 맞서 퍼부어야 할 판이었으니 말이다.

하지만 히틀러는 마치 이런 기회를 기다렸다는 듯이 미국에 선전포고를 하고, 그럼으로써 루스벨트가 오랫동안 소망해온 대로, 도이칠란트에 맞서 영국 편을 들어 전쟁을 수행할 수 있게 해주었다. 물론 그래도 여전히 긴 시간이 필요했다. 거의 2년 반의 시간이 걸렸다. 1944년 여름에야 미국은 무장을 갖추고 동원령을 내려 출정해서, 영국군과 힘을 합쳐 영국에서 출발하여 유럽 대륙에 대규모 공격을 감행할 수 있었다. 도이칠란트는 스스로 미국에 선전포고를 함으로써 루스벨트가 원하던 일을 해준 다음엔 패배를 막을 길이 없게 되었다. 그렇다면 히틀러의 이런 수수께끼 행동은 어째서 나온 것인가?

이 질문에는 최종적으로 확실하게 대답할 길이 없지만, 그래도 그에 대한 몇 가지 사색만은 펼쳐볼 수 있다.

1941년 7월에 히틀러는 처음의 큰 성공들을 거둔 다음, 러시아 전쟁에서의 승리를 이미 호주머니에 거머쥔 것이나 다름없다고 믿었다. 이 순간, 그러니까 실제로는 도이칠란트 패배의 첫걸음을 이미 내딛고 난 다음에 히틀러는, 러시아를 정복하여 도이치 생존 공간으로 만든다는 자신의 원래 목표를 훨씬 넘어서는 계획들을 세웠다. 이해 7월에 그는 전년도인 1940년에 러시아 공격 계획을 위해 우선권을 부여했던 육군의 군비를 제한하고, 막강한 함대 무장을 시작하기로 결심한 것이다. 소련은 이미 패배한 것으로 보였으니, 그는 장래의 '세계 번개전'을 준비하려는 것이었다. 미국이 제대로 무장을 갖추기도 전에, 거대한 함대와 공군력으로 미국마저 마비시키겠다는 계획이었다.

이는 자만의 순간에 세워진 계획들로서 제대로 실현된 적은 물론 없고, 엄청난 해군 무장의 실현이라는 1차 단계로의 진입조차 한 적이 없는 일이었다. 1942년부터 러시아 전쟁이 다시 도이치 전쟁 자금 전체를 요구했기 때문이다. 하지만 이런 계획들이 일단 한 번 있었으니, 어쩌면 그것이 1941년 말까지 불확실한 방식으로 히틀러의 머리에 계속 살아 있었던 것인지도 모른다. 어쩌면 그는 정말로 지각없이 경솔한 순간에, 그러니까 1941년 12월에도 아직 이 계획으로 되돌아갈 수 있다고 믿었는지도 모른다. 미국이 완전히 일본에 몰두해야 할 것처럼 보이는 순간이었으니 말이다. 하지만 이것은 그냥 여러 가설 중의 하나일 뿐이다. 어쩌면 가설조차 못 될 수도 있다.

다만 확실한 것은 히틀러가 1941년에, 아직 이기지 못한 영국과 러시아에 대한 전쟁으로 숨이 막히는 상황에서 미국에 선전포고를 하는 끔찍한 실수를 저질렀다는 것이다. 이미 존재하는 적들 편에다가 당시 지상에서 가장 강력한 국가를 덧붙이고, 그로써 도이칠란트의 패배를 피할 수 없는 것으로 만드는 실수였다.

폴란드 기습 이후로는 이미 히틀러가 원한다 해도 전쟁에서 무사히 벗어날 확실한 방도는 없었다. 다른 정부가 들어선다면, 도이칠란트는 벗어날 수 있었을 것이다. 당시 영국 총리 체임벌린이 1939년 10월에 선포한 것처럼, '그 발언을 신뢰할 수 있는' 정부가 들어선다면 말이다. 히틀러는 이미 가능성이 없었다. 하지만 히틀러가 1941년에 먼저 러시아를, 이어서 미국마저 적대국으로 만들기로 한 결정에서, 도이칠란트는 이 전쟁에서 무조건 패배하지 않을 수 없다는 결과가 나온다. 1941년은 진짜 세계대전의 첫해였다. 그 이전까지는 그냥 제한된 유럽 전쟁이었을 뿐이다. 하지만 1941년부터 1945년 사이는 그냥 직선 도로이다. 이런 이유에서 2차 대전의 두 번째 부분은 극히 짧게 설명할 수 있다. 이 순간부터 이미 도이칠란트가 무엇을 기획하든, 종말은 정해져 있었으니까.

1942년부터 1945년 사이에 물론 대규모 전투들이 있었다. 도이치 주민들은, 영국군과 미국군이 한동안 공습으로 유럽에서 지상군의 공격을 대신할 수 있다고 믿고 퍼부은 막강한 공습으로 엄청난 고통을 겪고 심각한 사상자를 냈다. 도이치 점령 지역 주민들에게는 전쟁의 마지막 2~3년이 가장 고약했다. 예를 들어 소련 주민들에게는 도이치 군대가 빠르게 진격할 때보다 느린 퇴각이 훨씬 더 힘들었다. 이들은 그야말로 불타버린 땅만을 뒤에 남기려고 모든 것을 태웠기 때문이다. 그리고 저 끔찍한 '유대인 문제의 최종 해결'도 잊지 않았으니, 이것은 1941년 처음으로 유린된 소련 지역에서 시행되고, 이어서 1942년부터는 유럽 전역의 점령지에서 시행되었다.

1942년과 1943년에도 극단적으로 고통받고 피폐한 러시아가, 일종의 정전협정을 통해 히틀러를 동부전선에서 놓아줄 각오가 된 것처럼 여겨지는 순간들이 있었다. 그가 원래의 국경선이나, 아니면 옛날 제국시대 국경선으로 돌아가기로 약속한다면 말이다. 히틀러는 그런 협정을 맺지 않았고, 근본적으로는 이런 가설적인 가능성들은 잊어도 될 것이다. 이런 가능성들은 실현에 다가간 적이 없으니 말이다.

세계대전의 두 번째 부분에 대해 아직 내놓을 수 있는, 그리고 가능하다면 답변해야 하는 유일한 질문은 다음과 같은 것이다. 승리의 전망이 전혀 없고, 적대국들이 소련 측의 오랜 망설임 끝에 무조건 항복이라는 형식에 합의하고, 1945년에는 마침내 전쟁터가 도이칠란트로 옮겨온 상황에서, 히틀러는 어째서 자살에 이르기까지 베를린의 폐허에서 전쟁을 계속했던가, 그리고 여전히 그의 의지를 좇아 수위를 점점 높이며 테러를 행하는 광신적인 추종 세력을 어떻게 찾아냈던가, 하는 것이다.

그에 대해서는 두 가지 이론이 있다. 하나는 히틀러가 정말로 마지막까지 '최종 승리'를 믿었다는 것이다. 그는 정치가로서의 개인적인 경력에서 이미 여러 번이나, 언뜻 보기에 전망이 없는 상황에서도, 마치 기적을 통한 것처럼 모든 것이 자기에게 유리하게 변하는 것을 체험했다. 어쩌면 지금도, 예를 들어 서방과 동방이 승리의 순간에 서로 싸움질을 하지나 않을까? 어쩌면 어느 한편과 평화조약을 맺고 다른 편과 싸우는 것이 가능하지 않을까? 많은 것이 히틀러가 오랫동안 정말로 이런 희망에 매달렸다는 것을 알려준다. 그는 1944~1945년에도, 공개적으로는 아니라도 장군들에게 행한 비공개 연설에서, 자기가 거미줄 속에 숨은 거미처럼, 서방국과 소련 사이에 새로운 전쟁이 터지도록 길을 닦고 있다는 말을 자주 했다.

하지만 그는 거미줄 속의 거미처럼 앉아 있었던 게 아니라, 파리처럼 붙잡혀 있었다. 히틀러가 보지 못한 것은, 앵글로색슨 계통 국가들과 러시아 사이에서 전후 규칙들을 두고 벌어진 거대한 분규 등의 이데올로기 대립은, 도이칠란트가 양대 전선에서 계속 싸우면서 그들 사이의 격리벽으로 존재하는 동안에는 터져 나올 수가 없었다는 것, 특히 전쟁으로 발전될 수는 없었다는 사실이다. 서방국가와 소련 사이에 생각할 수 있는 제3차 세계대전이라는 결말에 이르려면, 먼저 도이칠란트가 정복되고 점령되어야 했다. 두 막강한 세력이 도이칠란트의 심장부에서 서로 만나고 직접 부딪치면서 마주 보아야 했다. 이런 대립의 상황이 미루어지는 한, 두 세력 사이의 공공연한 갈등의 폭발도 방해를 받았다. 도이칠란트가 전쟁을 계속하는 한, 이런 갈등은 그냥 잠복 상태에 있었다. 마지막까지 질질 끌면서 지속된 도이칠란트의 저항을 통해, 히틀러가 그토록 바라던 것도 방해를 받은 것이다. 연합군의 분열을 내다보던 히틀러의 계산은 착오였다. 그런 계산이 정말로 있었다면 말이다. 히틀러가 마지막까지 약속하던 최종 승리를 그 자신이 정말로 믿었다고 입증되지는 않으니 하는 말이다. 전쟁을 극단까지 계속하겠노라는 히틀러의 결정을 또 다른, 심리적인 방식으로 설명할 수도 있다. 이런 설명도 몇 가지 타당성을 갖는다.

히틀러의 내면에는 공명심 강한 영웅 노래 요소가 있었다. 믿을 만한 전승에 따르면 '최고원수' 괴링Hermann Göring이 1939년 8월에 그에게 이렇게 말했다고 한다. "사생결단만은 하지 말지요." 그러자 그가 대답했다. "나는 평생 판돈을 몽땅 거는 게임을 해왔소." 이 이야기가 맞다면, 그는 자신에 대한 진실 한 가지를 말한 것이다. 그는 언제나 전체와 초超거대를 지향한 사람이었다. 그의 본성으로 보아 그러지 않을 수가 없었다. 그는 도이칠란트를 세계 강대국, 그야말로 유일한 강대국으로 만들 수 없다면, 하다못해 도이치 역사상 최고의 파국이라도 마련해줄 각오가 되어 있었다. 히틀러가 이런 파국을 마지막에 의식적으로 원했다는 징후들이 있다.

처음으로 실패의 가능성이 드러난 1941년 말에 벌써, 그는 외국 외교관들을 개인적으로 접견한 가운데 이런 발언을 했다. "도이치 민족이 자신의 생존을 위해 스스로 피를 흘릴 만큼 충분히 강하고 또 희생의 각오가 되어 있지 않다면, 이 민족은 스러져서 더욱 강한 다른 세력에게 파괴되어야 합니다. 나는 도이치 민족을 위해 단 한 방울의 눈물도 흘리지 않을 것이오." 도이치 정치가의 입에서는 참으로 다시 나올 수 없는 발언이었다.

전쟁 마지막에 실제로 히틀러는 동료들이 경악하는 가운데, 군사적 패배를 도이치 민족 전체의 몰락으로 만들려는 시도를 했다.

1945년 3월 18일과 19일에 나온 저 유명한 '네로 명령'이 그것인데, 여기서 히틀러는 제국에 아직 남아 있는 모든 자원을 주민의 생존에 꼭 필요한 것까지, 적의 손에 떨어지기 전에 모조리 파괴하라고 지시했다. 당시 군비 장관이던 슈페어Albert Speer가 이 명령을 상당히 성공적으로 가로막았다. 하지만 히틀러의 사고에서 이 명령은 극히 특징적인 것이다. 그는 분명 자기가 가장 위대한 승리의 제공자가 아니라면, 적어도 도이칠란트에 파괴의 제공자라도 되겠노라 생각했으니 말이다.

히틀러는 언제나 파괴라는 카테고리로 생각하기를 좋아했다. 유대인을 파괴하려 했고, 소련을 파괴하려 했다. 이제는 이른바 역사적 대히트를 남기려고 도이칠란트의 파괴를 바라는 지경에 이르렀다. 이것은 입증되지는 않는 일이지만, 입증된 히틀러의 여러 발언들 덕분에 설득력을 얻는다.

도이칠란트는 늦어도 1944년 여름 이후로는 완전히 패배하여 전망이 없는 위치에서 말하자면 그야말로 '영웅적으로' 마지막까지 계속 싸웠고, 문자 그대로 서방국가들과 소련의 지상군 공격과 공습 사이에 끼여서 파괴되었다. 마지막에는 도이칠란트에서 점령되지 않은 지역이 전혀 남지 않았다. 도이치 방위군은 조건 없이 항복했다. 히틀러가 자살하기 직전에 임명한 마지막 내각 인사들은 체포되었다. 세 나라, 미국, 소련, 대영제국은—프랑스는 나중에 합류—1945년 6월 5일에 도이칠란트의 주권적 통치자가 되었다.

그들은 점령 지역에 대해 미리 합의를 해두었다. 도이칠란트 전체의 행정은 연합군 관리위원회에 의해 이루어졌다. 이런 형태로 몇 년이 지속되었으니, 나라는 외국 세력들의 무제한 강제력 아래 놓였고, 4개 승전국이 도이칠란트 정책에 합의하지 못하면서 다시 나라가 나뉘어야 했다.

도이치 제국의 이런 분할, 그 붕괴는 1945년에는 아직 일어나지 않았다. 당시 3개 핵심 국가는 포츠담 회담에서 도이칠란트를 경제적 통일체로 취급하고, 그 자체의 정부 아래서 어느 정도 정치적 행정 체계를 인정해주기로 합의했다. 그러다가 프랑스의 이의 제기로 그것이 무산되었다. 오늘날에도 많은 도이치 사람들이 이런 이유에서 도이치 제국이 아직도 존속하고 있다는 주장을 한다. 하지만 1945년 이후에도 여러 가지 큰 변화들이 있었고, 이런 변화들을 무시할 수는 없다. 그것을 자세히 들여다보면, 도이치 제국이 이제 더는 존재하지 않는다는 것을 분명히 깨닫게 될 것이다.

도이치 제국의 사후事後 역사

1973년에 연방헌법재판소는 도이치 제국이 아직 존속한다는 명제를 다루었다. 비록 행동 능력은 없으나 국제법상의 국가 주체로 남아 있다는 것이다. 이 명제는 1945년도를 기점으로 삼는다. 1945년 이후로 도이치 제국의 그림자에 질질 끌려온 40년 이상의 역사가 흘렀다. 오늘날에는 그것이 아무리 추상적이라도, 도이치 제국의 존재 형태가 남아 있다는 이런 주장을 진지하게 내놓을 수는 없다고 나는 생각한다.

1945년에 도이치 제국이 4개 승전국의 권력 아래로 넘어갔을 때, 제국은 이런 권력의 대상으로서 실질적으로 존재하고 있었다. 1945년의 본질적인 변화라면, 도이치 제국이 정치적 사건의 주체에서 그 대상이 되었다는 것뿐이다. 무조건 항복이란 오로지 방위군 차원에서 이루어진 일이었다. 원래 무조건 항복을 했어야 할 주체, 곧 제국 정부가 공식적으로 통치권을 (처음에는 3개였다가 4개가 된) 승전국에 넘기는 일〔=통치권 양도〕은, 기술적인 실책으로 인해 제대로 이루어지지 않았다.

물론 도이치 제국에서 승전국에게 통치권을 넘기는 일이 완전히 계획대로 이루어지지는 않았다 해도, 실질적으로는 이루어졌다. 1945년 5월 23일에 되니츠Karl Dönitz가 이끄는 몸통 정부가 체포된 뒤로, 6월 5일에 승전국이 도이치 통치권 전체를 일방적으로 떠맡았을 때 이루어진 것이다. 도이치 제국은 그 뒤로 거의 3년 동안 승전국의 통치 대상으로서, 말하자면 4개 승전국의 나라로서, 외국인 정부의 통치 아래 계속 존속했다.

이 제국의 지속 여부는 승전국들이 이 나라를 통일체로서 통치하고 관리하려는 의도가 지속된다는 것에 달려 있었는데, 사정이 그렇지 않았다. 미리 내다볼 수 있는 일이었지만 연합군은 일종의 반反히틀러 연합이었기에 히틀러의 투쟁을 통해서만 서로 결합되어 있었고, 이 투쟁이 끝나고 나서 겨우 3년 정도 더 유지되었다.

어쨌든 이 3년 동안에 부분적으로 오늘날까지 지속되는 규칙들이 만들어졌다는 것만은 확실하다. 4개 승전국들 사이에서, 서방국가들의 점령 지역과 동부 지역이 주州 단위로 세분되었다. 서방 지역에서는 이런 목적으로 새로운 주들이 만들어졌다. 예를 들면, 노르트라인-베스트팔렌, 니더작센, 슐레스비히-홀슈타인 주들이다. 승전국들의 원래 의도에 따르면 이 모든 주들은 느슨하거나 긴밀한 연방 또는 국가연합으로, 일종의 도이치 연방으로 다시 합쳐질 예정이었다. 당시 창설된 주들은 아직 존재하고 있으며, 남서부에서의 변화를 거쳐 오늘날에도 도이칠란트 서부에 그대로 남아 있다. 바로 연방공화국〔=서독, BRD〕을 구성하는 주들이다. 민주공화국〔=동독, DDR〕에는 더 이상 주들이 없다.

마찬가지로 모든 정당들도 4대 승전국이 통치하는 나라로 돌아왔다. 이들은 오늘날에도 두 개 도이치 국가에서 정부를 구성하는 정당들이다. 당시 맨 처음에는 4개 정당이 있었다. 공산당, 사민당, 자유민주당, 기독교-민주당 등이 4개 점령 지역 모두에 존재했다. 승전국들은 이들 정당들이 뒷날 어떤 형태로든지, 전체 도이칠란트의 정치적 생명을 결정해야 한다는 생각을 분명히 지녔다.

연방공화국에는 이들 4개 정당이 오늘날까지 그대로 남아 있다. 공산당은 일시적인 금지 기간을 거쳐 지금은 아주 작은 정당이다. DDR에는 사민당이 없다. 그곳에서는 공산당이 정권을 잡았지만, 다른 정당들도 존재는 한다. 다만 그들의 존재를 알아채기가 어려울 뿐이다. 다른 정당들은 모두 공산당에 매우 강하게 의존하고 있지만, 어쨌든 인민의회에 독자적인 조직으로 등장한다.

그 밖에는 이 4대 승전국이 통치하던 나라에서 남은 것이 별로 없다. 4대 승전국의 나라였다고 말할 수 있는, 3년 또는 4년의 단계에서 역사가 머물지 않았기 때문이다. 도이치 제국의 사후 역사를 결정하는 큰 분기점들은, 도이치 제국이 그때마다 존재를 차츰 잃어가다가 마지막에 더 이상 존속하지 않게 되는 지점들이다. 이는 1949년, 1955년, 1961년, 1971~1972년이다. 그리고 많은 독자에게는 놀라운 일이겠지만 1975년이다.

1949년에 무슨 일이 있었나? 내 생각으로 이해에 도이치 제국 사후 역사에서 가장 깊은 분기점이 나타났다. 2차 대전이 끝나고 거의 만 4년이 지난 시점에서, 오늘날 도이치 사람들이 살고 있는 두 도이치 국가들이 성립되었다, 곧 서쪽에는 3개 서방국가 점령 지역의 통합으로 생겨난 도이칠란트 연방공화국Bundesrepublik Deuschland, BRD이, 동쪽에는 예전 소련의 점령 지역에서 나온 도이치 민주공화국Deutsche Demokratische Republik, DDR이 나타난 것이다. 그 성립의 역사는 여기서 서술하지 않는다. 다만 한 가지만 지적하기로 한다.

연방공화국의 성립은 진행에 어려움이 전혀 없지는 않았다. 서방국가 총리들은, 새로운 헌법, 즉 오늘날 연방공화국의 기본법을 제정할 의회 위원회의 소집을 망설였다. 서부 도이치 국가를 세우기를 주저했던 것이다. 이런 조치가 동부 도이치 국가의 성립을 전제로 했기 때문이다(동쪽에서 실제로 아무런 마찰도 없이 이루어진 일). 이런 장애의 표현이 바로 많은 논란이 있는 기본법의 전문前文이다. 이 전문에서 기본법의 제정자들은 이른바 양심의 가책을 증언했다. 그들은 새로운 서부 도이치 국가를 세우고 싶지 않았던 것이다. 그들은 전체 도이치 국가, 도이치 제국이 1945년의 줄어든 국경선 안에서나마 다시 세워져야 한다고 굳게 믿었고, 이런 소망을 에두른 문구로 표현하였다. 그리고 기본법 제정 작업에 동참이 거부된 사람들[=소련의 지배를 받는 도이치 사람들]을 위해서도 작업했으며, 전체 도이치 민족이 자유로운 자기규정을 통해 통일과 자유를 완성하라고 촉구하였다.

연방헌법재판소는 이 전문에서 두 가지 결론을 이끌어냈다. 첫째로 재통일의 호소, 둘째로 도이치 제국이 계속 존속한다는 것이다. 내 눈에는 이 두 가지 모두 과잉 해석으로 보인다.

기본법의 전문에는 장래의 연방공화국 정부가 도이칠란트의 재통일을 위해 노력할 의무가 있다는 말이 들어 있지 않다. 기본법의 아버지들이 이 말을 하고자 했다면, 그들은 그 말을 했을 것이다. 하지만 기본법 전문에는 도이치 민족을 향한, 민족의 통일과 자유를 완성하라는 막연한 요구만이 들어 있다.

거기에는 또한 우리가 지금 억지로 하고 있는 모든 일에도 불구하고, 도이치 제국은 계속 존속한다는 말도 들어 있지 않다. 이 말도 하고자 했다면, 했을 것이다. 반대로 전문에는 어떤 의미에서 도이치 제국이 더는 존속하지 않는다는 사실이 포함되어 있다. 불확실한 미래에, 도이치 민족의 자유로운 결정에 의해 새로운 나라가 건설, 즉 '완성'되어야 하기 때문이다.

게다가 여기에는 '도이치 제국'이라는 말이 들어 있지 않다. 도이치 통일은 자유롭게 이루어져야 한다. 어떤 국가 형태인지에 대한 언급은 없다. 그 말이 오로지 옛날 도이치 제국을 뜻할 수밖에 없다는 해석은, 내 생각으로는 기본법 전문의 원래 내용을 넘어서는 것이다. 그런데도 이런 해석은 오늘날에도 도이치 국내 정책에서 어떤 역할을 하고 있다. 그것을 무어라 해석하든 간에, 연방공화국의 건국자들이 도이칠란트의 서부에 실질적으로 새로운 국가를 세웠다는 것은 확정된 사실이다.

연방공화국은 새로운 국가이다. 이 나라는 지리적인 관점에서만 과거 도이치 제국의 부활이 아닌 것만이 아니라, 과거 도이치 제국에서 단편으로 남은 잔재도 아니다. 도이치 제국에는 존재하지 않았던 몇몇 주州들도 함께 국가의 기반으로 삼았기 때문이다. 이들 몇몇 주에서는 그 또한 도이치 제국에는 존재하지 않았던 당들, 곧 기독교 민주주의 동맹 내지 기독교 사회주의 동맹CDU/CSU이 가장 강력한 정당이다. 또한 연방공화국은 과거 도이치 제국의 헌법이나 바이마르 공화국의 헌법을 따르지 않고, 완전히 새로운 윤곽을 지닌 헌법을 내놓았다. 그렇게 생겨난 새로운 국가인 것이다.

그리고 소련 점령 지역에서 생겨난 국가도 똑같이 새로운 국가이다. 이에 대해 상세한 근거 제시를 할 필요도 없다. 이 나라는 처음부터 도이치 제국의 국가 형태와 비슷한 점이 없고, 도이치 제국을 그 어떤 형태로라도 계속한다는 주장도 하지 않았기 때문이다.

그렇다 해도 새로운 두 도이치 국가 어느 쪽이든, 스스로가 앞으로 재건될 더욱 완전한 도이치 국민국가의 핵심 국가라고 주관적으로 느끼거나 또는 주장하는 것을 막지는 못한다. 동부 국가는 당시에 서부 국가가 '분단시킨 자들의 국가'라는 입장을 표명했다. 연방공화국은 자신이 더 나은 복지와 더욱 자유롭다는 점을 들어 천천히 동부 국가의 주민들을 끌어들이고, 이런 식으로 일종의 재통일을 달성하려는 의도를 드러냈다. 당시 완전히 비현실적인 것만도 아닌 생각이었다. 실제로 동부 국가에서 연방공화국으로의 대규모 이민 행렬이 있었기 때문이다. DDR은 '공화국 도주'를 통해 1949년부터 1961년까지 수백만 명의 주민을 잃었다. 하지만 그렇다 해도 국가의 존립 자체를 잃어버리지는 않았다.

그런데도 두 도이치 국가의 재통일 가능성이 한 번 더 정치 무대의 배경에 등장한 것처럼 보이는 막간극이 있었다. 1952년 3월에 스탈린은 3개 서방 승전국 측에, 이미 나뉜 국가 건립을 취소하자는 제안을 해왔다. 도이칠란트는 오데르-나이세 국경선에 이르기까지 자유선거를 통해 재통일되어야 한다. 전체 도이치 정부에 평화 계약의 의무를 부과하고, 이 정부에 자체 군대를 승인해준다. 모든 점령군은 1년 이내에 점령 지역에서 물러난다. 그리고 다음이 가장 중요한 것인데, 점령군은 도이칠란트와 어떤 동맹도 맺어서는 안 되고, 도이칠란트 또한 그런 동맹을 맺으려 해서는 안 된다는 의무를 지닌다. 그러니까 스탈린의 제안은 도이칠란트를 재통일하는 대신 중립화하자는 것이었다.

어쨌든 이 제안을 두고 3년 동안 논의가 이루어졌다. 1954년 베를린에서 4개국 외무장관들이 협상을 벌이기도 했다. 서방국가들, 특히 미국이 처음부터 매우 악의적인 시선으로 그것을 바라보았다. 그리고 흥미롭게도 당시의 연방공화국 정부도 즉시 그것을 거부했다. 아데나워Konrad Adenauer 정부의 이런 태도에 대해 연방공화국 안에서, 특히 본질적으로 언론계에서 일정한 민족주의 반대 여론이 있었지만, 이 또한 맥 빠진 여론이었다. 사민당에서 이따금 내놓은 입장은 고작해야 러시아의 제안을 적어도 '고려'는 해봐야 한다는 정도였다. 하지만 이런 입장이 관철되지는 않았고, 1953년과 1957년의 선거에서 아데나워가 압도적 다수로 지지를 얻었다. 연방공화국 최초의 총리인 그는 소련에 대한 악의적 정책으로 적어도 서부 주민들, 당시에는 아마도 동부 주민들까지도 주민 다수의 지지를 받았다. 설사 이것이 재통일 가능성을 희생시키는 것이었다 해도 그렇다.

1952년 '3월 메모'에 대해서는 도이칠란트가 결정권을 갖지 못했고, 궁극적으로 연합군의 일이었다. 미국 주도하의 서방국가들은 도이칠란트의 재통일에 동의할 각오가 되어 있었다 해도, 스탈린이 핵심적으로 의도했던 도이칠란트의 중립화는 어떤 경우라도 논의 대상이 아니었다. 돌이켜보면 합당한 이유에서 그랬던 것을 알 수 있다.

도이칠란트의 중립화는 유럽 대륙에서 북대서양 조약 기구NATO가 본질적으로 프랑스를 기반으로 삼는 수준으로 물러난다는 의미였다. 곧이어 드골 치하의 프랑스가 북대서양 조약 기구의 군사 조직에서 탈퇴하지 않았다 해도, 그래서는 나토의 유지가 어려웠을 것이다. 상황으로 보자면 도이칠란트가 중립화하면 장기적으로 미국은 유럽에서 철수하게 되고, 그것은 다시 소련이 그 힘을 통해 유럽 대륙을 멋대로 움직이는 유일한 패권을 갖는다는 의미가 되었을 것이다.

이렇게 따지면 사후에라도 이렇게 말하지 않을 수가 없다. 나 자신도 그렇지만, 당시 전혀 다른 의견이었다 해도 스탈린의 제안을 거부한 당시 덜레스John Foster Dulles와 아데나워의 정책이 그럴 만한 근거가 있었다는 사실을 인정하지 않을 수 없다고. 하지만 좋은 이유로든 나쁜 이유로든, 현실은 힘의 정책으로 보아 모스크바에 유리한, 따라서 아마도 철저히 진지한 의도에서 나왔을 소련의 제안이 거부되었다는 것이다. 그리고 소련도 중립화의 관철을 고집하지 않고, 1949년에 이루어진 분단에 확고한 성격을 부여하고, 동독을 확고한 동맹 체제 안에 받아들일 각오가 되었다. 이는 서방국가들이 당시 연방공화국에 대해 마찬가지 의도를 지녔고, 1955년에 실제로 그렇게 했던 일이기도 하다.

그러므로 1955년은 도이치 제국 사멸의 역사에서 두 번째로 중요한 연도이다. 1949년에 두 개의 도이치 국가가 건국되었다. 1955년에는 서로 적대적인 진영에, 매우 확고한 동맹과 군사 조직에 편입됨으로써 이런 분할이 매우 단단해졌다.

하지만 1955년 이후에도 연방공화국에는 재통일, 그것도 동부 국가가 스러지면서 연방공화국에 편입된다는 의미에서의 재통일이 실현될 거라는 희망이 남아 있었다. 이런 희망의 실질적인 기반은 베를린의 위치였다. 베를린은 당시 아직 4개 승전국의 열린 공동통치 지역으로, 1950년대 내내 동부에서 연방공화국으로의 주민 이동이 벌어지던 곳이었다. 물론 동쪽 진영에서 이런 약점을 지속적으로 그대로 놓아둘 리 없다는 것이 예견되었다.

정말로 베를린에 희망을 세우고자 했다면, 서방측에서 이 약점을 의미 있게 방어할 방도를 적절히 생각했어야 했다. 어느 날 갑자기 공격받으리라는 것이 예상되었으니 말이다. 이 공격은 1958~1961년의 베를린 위기로 이어졌고, 서방에서 그에 대한 방어 계획이 없었다는 사실이 드러났다. 게다가 다음과 같은 사실도 드러났다. 정확하게 베를린 위기의 시기, 곧 1958~1961년에 그 이후로 두 강대국과 양대 진영의 상황을 결정한 일, 곧 이른바 원자폭탄 대치가 이루어졌다는 사실이다. 그때까지는 이 새로운 종류의 파괴 무기 분야에서 미국이 압도적인 우위를 지켜왔었다. 하지만 그 사이 러시아가 이를 따라잡았다. 러시아도 이제 원자폭탄을 탑재한 로켓으로 미국 본토를 공격할 가능성을 지니게 된 것이다. 갑자기 미국과 러시아 두 강대국은 이런 새로운 종류의 상호 파괴 위협으로 인해 마비되었다. 양측 모두 상대방에 대한 전쟁을 수행할 수 없게 된 것이다. 베를린을 둘러싼 힘의 시험은 바로 이런 배경을 두고 벌어진 일이었고, 그를 통해 1961년에 베를린 장벽이 건설되면서 베를린의 이주 통로가 막히는 결과가 나왔다.

1961년은 이런 맥락에서 도이치 제국의 사후 역사에서 세 번째로 두드러진 연도이다. 두 나라의 건국에도 불구하고, 단일국가, 그것도 서방세계 국가를 이룰 수 있으리라는 마지막 희망은 사라졌다. 1961년부터는 두 도이치 국가의 존재가 흔들릴 수 없다는 것, 강대국들에 의해서도 더는 진지하게 흔들릴 수 없다는 것이 분명해졌다. 그 이후로 도이치 사람들은 그때까지 재통일이라고 부르던 것에 대한 전망을 갖지 못하게 되었다. 이제부터는 도이치 상황을 참을 만하게 만들려는 온갖 시도는 오로지, 더는 없앨 수 없게 된 두 도이치 국가의 관계를 개선하는 것에만 한정되었다. 연방공화국에서 이런 인식이 정부 정책이 되기까지는 거의 10년 정도가 걸렸고, 그런 다음에도 '새 동방 정책'은 또다시 10년 동안이나, 그 옛날 바이마르 공화국이 그랬던 것처럼 한 발로만 서 있었다. 그러다 1969년에 집권한 사민당-자유당 연합정권이 드디어 이 '새 동방 정책'을 공공연히 표명했다. 기독교-민주당 연합 야권은 1972년에도 여러 동방 조약의 추인에 동의하지 않았고, 1982년 스스로 집권할 때까지도 계속 거부의 자세로 남아 있었다. 그러다가 1980년대에 이르러서야 기독교-민주당 연합정권도, 지속성이라는 명분으로 전前 정권의 동방 정책을 받아들였다.

'새 동방 정책'이란 표현은 1970년에 맺은 모스크바-바르샤바 조약에서 얻은 것으로, 우리의 문맥에서 가장 중요한 것은 1972년 연방공화국과 민주공화국〔=동독〕 사이에 맺은 이른바 '기본 조약' Grundlagenvertrag이다. 이 조약에서 양국은 제각기 주권을 가진 국가임을 서로 인정했다. 물론 기본법 전문前文에서 '민족 문제'라 표현된 것은 그대로 괄호 안에 담아둔 상태였다.

당시 빌리 브란트Willy Brandt 총리 아래서 이루어진 연방공화국 정부의 이런 조약들의 방향에 따라, 1971년 9월에 또 다른, 매우 중요한 4개 승전국 협정도 이루어졌다. 4개국 협정에서는 오로지 4개국만이 결정권을 가진 도이칠란트 문제, 곧 베를린의 지위 문제가, 의도적으로 서로 다르게 해석할 수 있는 방식으로 극히 조심스럽게 표현되어, 실질적인 해결에 이르렀다.

전체 도이치 문제에서 베를린 협정이 지닌 의미는, 베를린에 대한 결정권을 지닌 4개국이, 이제 지속적으로 인정받은 두 도이치 국가의 상황에 맞추어 베를린의 상황을 결정했다는 점이다. 이것은 극히 섬세하게 균형을 맞춘 조약문 형태로 이루어졌다. 베를린 거주민의 일상생활을 위해서는, 이후로 동베를린은 민주공화국의 수도가, 서베를린은 어느 정도 특수성을 부여받은, 본토에서 분리된 연방공화국의 영토가 되었다. 그에 반해 법적으로는, 소련의 관점에서 서베를린은 3개 서방국가의 주권 아래 있는 특수 영토이고, 서방국가의 관점에서는 전체 베를린이 4개국 책임 아래 있는 특수 영토이다. 4개국 어느 나라도, 그러니까 서방국가들도 서베를린을 연방공화국의 일부로 보지 않았다. 4개국 모두가, 그러니까 소련도 서베를린이 도이칠란트 연방공화국과 결합되어 있음을, 또는 결속을 맺고 있음을 인정했을 뿐만 아니라 앞으로도 지속적으로 그러리라는 점에 합의를 보았다. 정치적으로 보면 베를린 협정은, 소련과 서방국가들이 각자의 법적 지위를 더는 권력 시험의 대상으로 삼지 않겠노라는 합의에 이르렀다는 의미였다. 이것은 분단된 도시에서의 삶을 의심의 여지 없이 한결 편하게 만들었다. 2차 대전을 통해 생겨나 3년 동안 지속된 저 '4개국의 나라'가 이제 줄어들어 베를린에 그 마지막 영토를 남기고 있다고 말할 수 있을 것이다. 1971년의 베를린 협정을 통해, 이 마지막 영토에서 장차 전체 도이치 문제에 연루되거나 합병이 이루어질 수 없도록, 이 영토는 캡슐에 싸여 불임不妊으로 만들어졌다.

두 도이치 국가들이 서로를 대하는 태도도 1970년대 초부터 달라졌다. 1972년의 기본 조약과 더불어 연방공화국은, 그때까지 지녀온 민주공화국DDR을 인정하지 않은 채 '혼자 대변한다는 주장'을 포기하고, 일정한 유보 조항을 둔 채, DDR과 국가 대 국가로 교류하기 시작했다. 그리고 1년 뒤에 두 도이치 국가가 함께 UN에 가입했다. 이것의 의미도 자주 얕잡아 평가되곤 한다. 이를 통해 비로소 두 도이치 국가는 국제법 공동체의 일원으로서 전 세계 국가들의 인정을 받았다. 그 이후로 두 나라는 UN에서 주권을 가진 독립국가로서 제각기 움직이고 있다.

마지막으로 이런 맥락에서 주목할 만한 사건인데, 1971년에서 1975년 사이에 열린 헬싱키Helsinki 회의였다. 소련, 미국, 캐나다를 포함하여, 전체 유럽 국가들, 즉 NATO 회원국 모두와 바르샤바 조약기구 회원국 모두, 유럽의 중립국 모두가 전후 최대 규모인 이 국제회의에 참가했다. 헬싱키에서는 빈 회의의 1816년 종결부에 비할 만한, 유럽의 평화 규칙 같은 것이 협의되고 결정되었다.

헬싱키 협약 대단원의 1부는 우리에게 가장 중요한 것으로, 이들 35개 참가국이 상호 동등한 주권을 가진 국가라는 점을 인정하고, 각 참가국의 국내 사건에 개입하지 않을 것을 보장하였다. 이로써 유럽에서 정치적 정상 상태 및 평화 상태가 전체적으로 인정되었다. 이것은 또한 자연스럽게 연방공화국과 DDR에도 타당하다. 도이치 제국의 부활, 또는 두 도이치 국가의 장래 통일에 대해 헬싱키 협약은 언급하지 않았다. 그리고 이로써 1945년 이후로, 도이치 제국이 점차 소멸해 가는 30년 과정이 종결되었다고 볼 수 있게 되었다.

1975년 이후로 이 점에서 변한 것이 없다. 두 도이치 국가들의 관계에서는 재통일이 아니라, 두 도이치 국가의 조심스런 관계 개선과 정상화가 중요한 것이지만, 그에 대해서는 아직 아무런 협약도 이루어지지 않았다.

여기서 멈추면서, 이런 상황에서 가까운 미래에 무슨 변화가 일어날 전망이 있는가 하는 질문을 내놓으려 한다. 오늘날의 상황은, 1952년에 러시아가 내놓은 재통일 및 중립화 제안과 같은 것을 한 번 더 성취 가능한 제안으로 내놓을 수 있을까? 현실의 상황을 냉철하게 바라본다면 그 대답은 '아니'가 된다.

1952년에는 두 초강대국의 관계가 아직은 유동적이었다. 전시戰時의 협동이 한 번 더 이루어질 것인지, 혹은 전쟁이 끝나면서 나타난 대립이 지속될 것인지가 아직 완전히 결정되지 않았었다. 하지만 그 사이에 더 긴장된 상태로든 완화된 상태로든, 두 나라의 대립이 지속적이라는 사실이 분명해졌다. 그리고 이런 사정은 원자력의 균형이 공포를 만들어내면서 이 대립이 전쟁으로 터지는 것을 가로막는 한에는, 앞으로도 그대로일 것이다. 양대 초강대국에게 확실한 파괴를 뜻하는 이런 전쟁을 그 어느 쪽도 감행할 수 없기 때문이다. 이로써 이들의 운신의 폭은 매우 제한되었고, 1975년 이후로 모든 것이 규정되고 고착된 곳, 즉 유럽과 도이칠란트에서는 더욱 그렇다. 한쪽이 뒤로 한 걸음 물러나면 다른 쪽이 앞으로 한 걸음 나온다는 뜻이다. 그래서 양쪽 다 전혀 움직이지 못하는 것이다.

1952년 이후로 또 다른 변화도 있었다. 당시 DDR은 소련과 동유럽 동맹 체제에서 아직은 없어도 되는 상황이었다. DDR은 모스크바에서 아직도 외교적으로 조종할 수 있는 것, 즉 담보물이었다. 당시에는 충분히 가능한 일로 보였는데, 만일 미국이 유럽 대륙에서 철수한다면, DDR이 없어도 소련의 영향권은 기본적으로 유지될 수 있을 뿐만 아니라 거의 확실하게 더욱 확장될 수가 있었다. 하지만 동부 블록, 특히 폴란드의 독립 노력에 직면한 오늘날, DDR은 소련에게 없어서는 안 되는 나라가 되었다. 물론 이런 관계는 역으로도 성립된다. DDR에게도 소련의 보호 동맹이 꼭 필요하다.

미국과 연방공화국에 대해서도 비슷한 말을 할 수가 있다. 1952년에는 미국이 프랑스에 유럽에서의 좁은 교두보만을 유지하는, 줄어든 NATO를 아직은 생각할 수가 있었다. 하지만 프랑스가 NATO의 군사 조직에서 탈퇴하면서, 옛날처럼 독자적인 강대국 정책을 추진하게 된 후로는, 연방공화국을 상실한다면 NATO의 종말을 뜻한다. 적어도 유럽 대륙에서는 그렇다. 그래서 오늘날 연방공화국은 미국에 없어서는 안 되는 중요성을 갖게 되었다. 이것은 역으로도 마찬가지다. 미국의 보호 동맹이 없이는, 핵무기가 없는 연방공화국은 핵무기로 무장한 동유럽 블록의 압박과 소용돌이에 무방비로 노출될 것이기 때문이다.

다른 말로 하면 이렇다. 두 도이치 국가와 이들을 건설한 국가들 사이에는, 건설 당시보다 오늘날 훨씬 견고하고 확고한 관계가 성립되어 있다. 〔두 나라가〕 이렇게 서로 대립하는 의무에서 벗어나는 일은, 설사 원한다 해도 오늘날 거의 불가능한 일이다.

아직도 연방공화국의 여러 그룹들 사이에서, 소련이 1952년에 내놓은 것 같은 제안이 오늘날 다시 나온다면, 당시와는 전혀 다른 반향을 얻을 것이라는 망상이 돌아다니고 있다. 오늘날 그런 제안은 서방 세력에 의해 핸드키스와 더불어 받아들여질 것이란다. 실은 그렇지가 않다. 어쩌면 〔통일된〕 중립국가라는 게 도이치 사람들 자신에게는 받아들일 만한 일이 되었을 수도 있다. 오늘날 통일된 도이칠란트라면 당시와는 달리, 진지한 경제 강국이 될 것이기 때문이다. 하지만 그럴수록 두 강대국과 각각의 동맹 체제가 그것을 받아들일 가능성이 줄어든다. 정밀하게 바라보면 두 도이치 국가에도 통일은 오늘날에도 여전히 실질적인 문제가 되지 못한다. 분위기 탓이 아니라 아주 확고한 정치적 이유에서 그렇다.

두 도이치 국가는 시간이 흐르면서 점점 더 확고하게 〔나토와 바르샤바 조약 기구라는〕 거대한 두 개의 동맹 체제에 묶이게 되었다. 이 동맹 체제는 이들이 각기 군사 조직을 가졌을 뿐더러 제각기 거대 제국을 포함하는 것이기에, 비스마르크 시대 유럽의 동맹들보다 훨씬 더 큰 무게를 지니고 있다. 그리고 이로써 어떤 종류가 되었든 전체 도이치 국가의 부활, 또는 새로운 건국의 전망은 사라졌다.

하지만 우리는 이 문제를 두 번째 관점에서, 즉 유럽의 관점에서 다시 바라볼 수 있다. 도이칠란트의 분단은 유럽의 분단과 함께 무너질 것이다. 곧 동쪽과 서쪽의 유럽 전역에서 다시 독립국가의 열망이 움직이고 있으며, '유럽의 유럽화'라는 것은 장기적으로 보면 도이칠란트 통일로 연결될 것이고, 그래야 한다는 말들이 거듭 나오고 있으니 말이다.

하지만 도이치 사람들이 그토록 소망하는 재통일에 대해, 현재 두 나라와 이웃인 국가들의 이해관계를 살펴보면, 좌절시키는 사실을 만나게 된다. 서쪽 블록이든 동쪽 블록이든, 그런 재통일을 원하거나 아니면 기꺼이 받아들일 수 있는 유럽 국가가 하나도 없다는 사실이다.

모든 유럽 국가들은 옛날 도이치 제국에 의해 고약한, 아니 끔찍한 경험들을 했다. 특히 가장 중요한 두 이웃 나라인 프랑스와 폴란드에서는, 만일 인구 8,000만의 새로운 강대국이 자기들 사이에 다시 나타난다면, 곧바로 온갖 경종이 요란하게 울릴 것이다. 이탈리아 외무장관 안드레오티Giulio Andreotti는 연방공화국에 우호적인 인물인데, 1984년에 그가 경솔하게 내뱉은 말("두 개 도이치 국가가 있고, 앞으로도 그렇게 남아야 한다.")은 유럽의 모든 이웃 나라들이 속으로 생각하는 것을 정확하게 보여준다.

그리고 마지막으로, 두 도이치 국가가 이미 40년 동안이나 제각기 발전해서 오늘날 그대로 남아 있는 판에, 이 두 국가의 재통일은 대체 어떤 모습이 될 것인가? 기묘하게도 여기서 상상력이 멈추어버린다. 두 도이치 국가 중 하나가 사라지면서 다른 편으로 흡수되는 방식의 통일은, 아직도 상상해볼 수는 있다. 물론 그것은 전쟁을 전제로 할 것이며, 이런 방식의 통일은 오늘날의 상황에서는 다시금 대량 살상을 만들어낼 것이다. 하지만 이제껏 존속해온 두 도이치 국가가 [전쟁 없이] 서로 녹아 하나로 기능하는 국가가 되는 재통일 방식은 지금으로서는 상상할 수가 없다. 이론적으로도 상상하기 어려운 일이다.

지난 42년의 역사는 도이치 제국에서 점차 멀어져 온 역사이다. 1945년에 존재한 4개 승전국의 대상으로서의 도이치 제국의 그림자는, 착실하게 한 걸음씩 완전히 존재하지 않는 쪽으로, 다시는 회복될 수 없는 쪽으로 진행되어왔다. 그 역사를 돌아보면 그것이 정말로 탄식할 일인지 의문이다. 그것 말고도 그 모든 행위와 고통, 단절과 공포로 이루어진 도이치 제국의 역사는, 우리가 그로부터 멀어져 온 기간보다 겨우 두 배 정도 오래 존속했을 뿐이다. 그리고 이렇게 멀어지는 기간은 해마다 점점 늘어나고 있다.

후기와 감사의 말

나이와 질병으로 인해, 여러 해 동안의 연구와, 살아 있는 증인으로서 수십 년 경험의 결실인 이 책을 올바른 글의 형태로 만들 수가 없었다. 나의 벗 아르눌프 바링Arnulf Baring 교수가 내 이런 약점을 도와주러 달려왔다. 그와 그의 석사 제자인 폴커 차스트로Volker Zastrow는, 11회에 걸친 장시간의 모임을 통해 이 책의 11개 챕터를 내게서 구두로 전달받고, 이어서 함께 토론을 벌였다. 이 토론의 내용은 바링의 소망에 따라 밝히지 않기로 했다. 대신 군다 에른스트 여사Frau Gunda Ernst가 작업한 내 발표의 녹취록을 가지고, 폴커 차스트로가 훨씬 더 많은 노력을 기울였다. 그가 내용을 건드리지 않은 채, 자유로운 발표에서는 없을 수가 없는 반복과 편안한 발언 방식들을 모조리 제거하고 나서야 비로소 읽을 만한 텍스트가 되었다. 나는 이 텍스트를 다시 한 번 철저히 검토하고, 여러 모로 보충하거나 교체하였다. 그 결과 나온 것이 이 책이다. 그 모든 노력에도 불구하고, 독자가 원래 상태가 말로

된 것이고 글로 작성된 것이 아니라는 것을 눈치챌까 봐 두렵다.

거의 모든 역사책에 감사의 인사를 드린다. 아르눌프 바링과 폴커 차스트로에게 빚진 감사의 마음은 전혀 다른 영역에 속한다. 그들의 '조산助産 작업'(바링의 표현)이 없었다면 이 책은 아예 태어나지 못했을 것이니 말이다. 그런데도 이것은 좋든 나쁘든 나의 책이다. 여기서 발언된 것이나 또는—자주 일부러—발언되지 않은 그 어떤 것에 대해서도 조산 작업을 한 두 사람의 책임은 없다. 그리고 모든 오류, 결핍과 약점은 오로지 내 자신이 짊어져야 하는 부담이다.

베를린, 1987년 8월

S. H.

1990년의 후기

이 책은 1987년에 나왔는데, 1990년의 사건들을 통해 책의 결론 부분이 반박된 것으로 보이게 되었다. 나는 이 사건들을 예측하지 못했으니 기대는 더욱 못 했으며, 또한 다른 누구도 1987년에 그것을 예측하거나 기대했다는 사람을 보지 못했다. 나는 1987년에 DDR의 국가주석이, 국가원수에게 주어지는 온갖 예우로 〔연방공화국 수도이던〕 본Bonn에서 영접받는 것을 본 기억이 난다. 당시 총리는 1990년에 DDR이 연방공화국에 가입하는 것을 유도한 사람과 동일인〔=헬무트 콜Helmut Kohl〕이었다.

오늘날에는 내가 1987년에 했던 것처럼, 망원경을 통해 도이치 제국을 관찰하는 일을 더 이상 할 수 없게 되었다. 그보다는 오히려, 도이치 제국이 전혀 다른 국가 이름으로나마, 우리들 사이에 다시 있게 된 것인지를 진지하게 물어야 한다. 역사가 코앞의 시기에 대해서는, 어쩌면 바로 코앞이기에, 얼마나 내다보지 못하는지에 대한 강력한 경고이기도 하다. 그런데도 이 책을 아무런 수정이 없이 계속 독자에게 내놓기로 한다. 두 가지 이유가 있다.

첫째로는 8,000만 인구를 가진 거대한 도이치 국가의 예상치 못한 부활은, 이것이 성공한다면, 지금까지의 역사, 곧 비스마르크에서 히틀러에 이르는 변화의 역사를 가능하면 명료하게 기억에 되살려낼 계기를 마련해주는 것이기 때문이다. 이 역사는 과거의 모습 그대로 남게 되었으며, 도이칠란트가 아주 잽싸게 완전히 변화된 얼굴을 세계에 보여줄 수 있다는 역사의 교훈은, 그 어느 때보다도 더욱 살아 있는 것이 되었다.

둘째 이유로는 1990년의 역사도 마찬가지로, 바로 코앞의 일도 내다볼 수가 없다는 것이다. 1990년 10월 3일의 축하 연설과 온갖 머리기사들은, 도이치 통일이 이 날짜로 '완성된' 것이라고들 했다. 하지만 실제로는 새로운 통일은 아직 전혀 완성된 것이 아니다. 이것은 부자 나라와 가난한 나라의 순수하게 형식적인 일시적인 통합일 뿐으로, 하필 1990년에 완전히 새로운 대량 실업 사태까지 직면한 공동체이다. DDR은 1990년에 연방공화국에 가입했다지만 아직 존재한다. 하지만 현재 존재하는 나라는, 경제적으로 소박하게 번성하면서 국가적으로 어떻게든 기능하던 1987년의 DDR은 아니다. 이것은 경제적으로 파산하고, 국가적으로 파괴된 나라이다. 연방공화국이 자신의 새로운 구성 요소를, 12개월 이내에 이루어진 이런 파국에서 구해낼 수 있는지(그럴 마음이 있는지), 또는 스스로 그 일로 무리하다가 자신도 DDR의 파국에 함께 끌려들어 가지나 않을지는 아직은 미지수다. 적어도 1990년까지 본Bonn의 입버릇이던 '도이치 문제'는 아직도 여전히 미지수로 남아 있다. 어쩌면 이제야 비로소 새로운 '도이치 문제'가 될 수도 있다.

슈말칼덴(Schmalkalden) 전쟁(1546~1547)

마르틴 루터가 1517년에 시작한 종교개혁이 한창 진행 중이던 1531년에 개신교 편으로 넘어간 영주들은 슈말칼덴에서 순수하게 방어 목적의 동맹을 맺었는데, 이것이 슈말칼덴 동맹이다. 개신교 성향의 영주들은 교황과 황제가 힘을 합친 가톨릭 연합세력의 공격이 두려웠던 것이다.

당시 신성로마제국 황제이던 카를 5세는 "하나의 제국, 하나의 종교"를 열망했다. 하지만 도이치어 사용 지역의 거의 2/3가 이미 개신교로 넘어간 상태였다. 교황과 합의를 거친 다음 황제는 이른바 '이단자', 즉 개신교도 토벌 전쟁을 시작했다(1546). 작센 선제후와 헤센 영토 백작을 수장으로 하는 슈말칼덴 동맹의 영주들도 군대를 소집했고, 수적으로는 황제군보다 우세했다. 하지만 영주들 사이의 의견이 엇갈리고 실제 전쟁 수행 능력도 뒤졌기에 1547년 4월 뮐베르크Mühlberg 근처 전투에서 황제군에게 대패하고 말았다. 황제는 개신교로 넘어간 지역 일부를 가톨릭 편으로 되찾을 수 있었다.

허나 개신교 세력은 약화되기는 했지만 완전히 파괴된 것은 아니었다. 머지않아 1555년에 아우크스부르크의 제국의회에서 개신교 영주들은 종교의 자유를 부여받았고, 크게 실망한 카를 5세는 이듬해인 1556년에 신성로마제국 제위를 동생에게 양도하고, 스페인 왕위는 아들에게 넘긴 다음 은둔했다가 1558년에 죽었다.

30년 전쟁(1618~1648)

아우크스부르크 제국의회에서 가톨릭과 개신교의 대립은 임시 봉합이 이루어졌다. 하지만 1555년 이후로도 유럽 여러 나라에서 내전 또는 국제전의 양상으로 종교전쟁이 계속되었다. 여기에는 영토 또는 세력의 확보라는 종교 이외의 목적들도 들어 있었다. 이렇게 16세기 내내 계속되던 종교 갈등은 루터가 종교개혁을 시작하고 약 100년이 지난 1618년에 '유럽판 세계전쟁'으로 폭발하게 된다.

보헤미아의 왕으로서 1619년부터 신성로마제국의 황제가 되는 페르디난트 2세는, 중부 유럽에 황제가 지배하는 가톨릭 중앙집권 국가를 세우려는 생각을 품었다. 이 또한 실현 가능성이 약한 생각이었다. 그 자신의 영토인 보헤미아 지방은 전통적으로 개신교도가 많은 지역인데, 이곳의 개신교도들은 프라하에 온 황제의 특사特使를 거부했다. 황제는 가톨릭 영주들의 군대를 동원하여 보헤미아를 평정하고 심각한 보복을 했다.

그러자 개신교 영주들도 이에 맞서 일어났다. 보헤미아 전쟁에 이어서 덴마크-네덜란드가 개신교 편을 들어 참전하고, 뒤이어 스웨덴도 개신교 편으로 참전했다. 마지막으로 프랑스가 개신교 편으로 참전하게 된다. 이 전쟁은 단속적이긴 하나 30년 동안 도이칠란트 영토에서 계속되었다.

가톨릭 편은 황제를 주축으로, 30년 전쟁의 영웅 발렌슈타인Wallenstein이 총사령관이 되어 이들 여러 나라의 군대에 맞서 싸웠다. 하지만 뛰어난 장군이던 발렌슈타인은 그의 벼락출세를 시기한 황제 주변 가톨릭 영주들의 음모와 질시를 받아 어려움을 겪다가 결국 황제의 명령으로 내부자의 손에 의해 암살당했다.

전쟁의 결과는 황제와 가톨릭 측의 패배, 개신교 편을 든 스웨덴과 프랑스의 승리였다. 도이칠란트 영토는 가옥과 농토가 심각하게 파괴되고 인구가 거의 반 가까이 줄어 회복되기까지 약 150년의 시간이 걸렸다. 전쟁이 끝나면서 맺어진 베스트팔렌 조약은 신성로마제국 안에 있던 수많은(300개 이상) 봉건제 국가들과 자유도시들에게 제각기 독립국의 지위를 인정해주었다. 이로써 도이칠란트는 200년 이상이나 유럽 중앙부의 거대한 완충지대 노릇을 하다가, 프로이센의 총리 비스마르크의 주도로 1871년에야 겨우 통일국가를 이룰 수 있었다. 바로 도이치 제국의 성립이다.

7년 전쟁(1756~1763)

프로이센 대對 오스트리아-러시아-프랑스 연합군 전쟁. 1648년 이후로 수백 개 독립국들의 느슨한 연합체인 신성로마제국에서, 합스부르크 가문의 영토인 오스트리아가 가장 막강한 세력이었다. 신성로마제국의 황제를 겸한 오스트리아 왕의 세력은 30년 전쟁의 패배 이후로 차츰 약화되었다. 1701년에 브란덴부르크Brandenburg 선제후는 스스로 '프로이센 왕'으로 즉위하였다. 선제후 국가에서 왕국이 된 것이다. 이로써 프로이센 왕국이 역사에 처음으로 등장하게 된다. 그리고 신성로마제국 안에서 오스트리아에 뒤이어 프로이센의 유럽 강대국 행진이 시작된다. 프로이센을 유럽의 강대국으로 올려놓은 인물이 바로 프리드리히 2세 대왕이다.

그는 1740년에 즉위하자마자 오스트리아가 왕위 계승 문제로 시끄러운 틈을 이용해서 재빨리 군사력을 동원해 경제적으로 알토란 같은 슐레지엔 지역을 차지했다(1차 슐레지엔 전쟁, 1740~1742). 2년 뒤에 다시 프리드리히는 오스트리아의 반격이 두려워 선제공격에 나섰다. 이것이 2차 슐레지엔 전쟁(1744~1745)이다. 전쟁은 무승부로 끝나고 프로이센은 오스트리아와의 협약을 통해 슐레지엔 전체를 오롯이 차지할 수 있었다.

하지만 이 지역은 오스트리아 경제에 너무나 중요했다. 이번에는 준비를 잘 갖춘 오스트리아의 마리아 테레지아 여황제가 프랑스, 러시아, 그 밖에도 제국 안의 여러 영주국들과 연합을 맺고 프로이센을 포위하다시피 공격해 왔다(1756). 이것이 7년 전쟁의 시작. 수적으로나 가능성의 면에서 전혀 전망이 없는 이 전쟁에서 몇 번이나 죽을 고비를 넘기면서 살아남아 승리를 거둔 덕에 프리드리히는 '대왕'이라는 호칭을 얻었다. 그리고 프로이센은 명실공히 유럽의 강대국 대열에 올라서게 된다.

7년 전쟁 이후의 역사는 프로이센이 서서히 강대국으로 일어나고, 오스트리아가 내부에서부터 천천히 몰락하는 과정을 보여준다. 약 100년 뒤 도이치 제국의 성립에서 프로이센이 주역을 맡고 오스트리아는 아예 통일 제국에서 배제되었다. 곧 프로이센 왕국이 확장되어 도이치 제국으로 등장하는 것이다. 이것이 오늘날 도이칠란트의 전신前身.

통일에서 제외된 오스트리아는 제1차 세계대전에서 패배하면서 헝가리와 체코 영토를 잃고 오늘날의 작은 국가로 남게 되었다. 오스트리아 제국의 느리고 질긴 하강의 역사는 원래 대장 국가에서 형님 국가가 되었다가, 동생 국가로 내려앉는 과정을 잘 보여준다. 그 황혼기인 '세기말'과 20세기 초에 오스트리아의 문화는 찬란한 절정을 보여준다.

프로이센 헌법 분쟁(1862)

프로이센의 군대 개혁 문제와 더불어 시작되었다. 1860년에 프로이센은 1815년에 비해 인구가 두 배 가까이 불어났는데도 동일한 수의 병사를 보유했다. 당시 전쟁부 장관은 징집 인원과 군복무 기간을 늘려서 군대를 강력하게 만들자는 군대 개혁안을 내놓았고, 왕은 이에 찬성했다. 이는 막대한 예산이 필요한 일이었다.

당시 자유주의자들이 다수를 차지하고 있던 프로이센 의회는 예산 심의권을 갖고 있었는데, 군대 개혁에 필요한 예산의 승인을 거부하였다. 1862년 3월 갈등의 절정에서 왕은 의회를 해산하고 새로운 정부를 소집하였다. 하지만 5월에 치른 선거에서 진보당은 전보다 더욱 강력한 지지 기반을 확보했다. 9월에도 의회와 왕의 팽팽한 대립은 출구가 보이지 않았고, 이에 왕은 진보당의 지지를 받는 세자에게 왕위를 양도하고 퇴위할 생각까지도 했다. 하지만 왕세자가 이것을 거부하면서 퇴위도 쉽지 않았다.

진퇴양난의 처지에 있을 때 전쟁부 장관이 비스마르크를 추천하였고, 왕은 그다지 내키지 않아 하면서 1862년 9월 23일에 비스마르크를 총리 겸 외무장관에 임명했다. 비스마르크는 총리가 되자마자 왕과 의회 사이에 권력 배분을 놓고 벌어진 갈등을 해결하지 않으면 안 되었다. 여기서 그가 내세운 것이 '틈새 이론'Lückentheorie

이다. 즉 지금처럼 왕과 의회 사이에 헌법 분쟁이 일어나 대립이 팽팽해질 경우 이것을 어떻게 해결해야 하나? 이에 대한 답이 헌법에 없으니 이는 헌법에 틈새가 있는 것이다. 헌법에 규정이 없을 때는 군대의 도움으로 해결해야 하는데, 물론 이는 군 통수권자인 왕이 결정해야 한다는 뜻이다. 비스마르크는 이런 이론을 동원하여 의회를 강요해 왕의 뜻을 관철시켰다. 동시에 그는 당대 수많은 지식인을 적으로 만들었다. 나중에 그는 도이칠란트 통일을 위한 노력으로 자유주의자들의 마음을 어느 정도 다시 얻었다. 당시 자유주의자들은 자유나 민주주의보다 민족 통일이 더욱 중요하다고 여겼기 때문이다.

룩셈부르크 위기(1867)

당시 대공작령이던 룩셈부르크는 도이치 연방의 회원국이었고, 프로이센이 주도하던 관세동맹의 회원국이기도 했다. 또한 룩셈부르크 시市에는 도이치 연방의 요새가 있었는데 프로이센 군대가 여기 주둔했다. 1866년 프로이센과 오스트리아가 전쟁을 벌일 때, 나폴레옹 3세 휘하의 프랑스는 이 전쟁에서 중립을 지키는 대가로 영토의 확장을 원했다. 비스마르크는 도이치 영토가 아닌 룩셈부르크와 벨기에 영토에 대한 프랑스의 확장 정책을 눈감아줄 용의가 있었고, 그것을 두고 프랑스와 비밀 협상을 진행했다. 하지만 동시에 그는 역시 비밀리에 남도이치 나라들과도 프랑스가 공격할 경우에 대비하여 보호 동맹을 체결했다.

1866년의 전쟁이 끝나고 도이치 연방이 해체되자, 나폴레옹 3세는 룩셈부르크의 명목상 영주인 네덜란드 왕에게 돈을 지불하고 룩셈부르크 영토를 차지하려고 했다. 재정 위기를 겪던 네덜란드 왕은 마지못해 1867년 3월 프랑스의 제안에 동의했다. 비스마르크는 프랑스가 룩셈부르크를 차지하려는 합병 노력에 이의를 제기하지 않았다. 하지만 그 사이에 프로이센과 남도이치 국가들 사이에 보호 동맹이 체결된 사실이 알려지게 되었다. 프로이센과 프랑스 사이에 진행되는 골 깊은 갈등에 말려들까 두려워진 네덜란드 왕은 룩셈부르크 판매 문제를 비스마르크의 결정에 맡기기로 했다. 이로써 룩셈부르크 비밀 매매 계약이 일반에 널리 알려지게 되었다. 도이치 여론은 과거에 네 명이나 신성로마제국 황제를 배출한 룩셈부르크 왕가가 자리 잡은 룩셈부르크를 일종의 도이치 영토로 보고 이 매매에 반대하였다. 비스마르크는 국내 여론으로 인해 나폴레옹 3세에게 한 약속을 지킬 수 없게 되었고, 이로써 네덜란드 왕에게 룩셈부르크 매매를 철회하라고 권고했다.

프랑스 여론이 이에 격하게 반발하면서 금방이라도 전쟁이 터질 것처럼 보였다. 결국은 1867년 11월 유럽의 강대국, 곧 프랑스, 영국, 오스트리아, 프로이센, 러시아 대표가 런던에서 협정을 체결함으로써 룩셈부르크 위기는 종결되었다. 런던 협정에서 룩셈부르크의 군주는 그대로 네덜란드 왕이고, 프로이센은 주둔군을 철수시킬 것이며, 또한 앞으로 위기가 닥칠 경우 룩셈부르크는 중립국으로 남기로 결정되었다. 하지만 이 위기는 프랑스와 프로이센의 긴장을 더욱 날카롭게 만들었고, 이는 결국 1870년 전쟁의 발발로 이어진다.

피셔 논쟁

함부르크 역사학자 피셔(1908~1999)가 1961년에 내놓은 연구서 『세계권력 움켜쥐기』Griff nach der Weltmacht와 그 밖에 다른 저서들이 연방공화국〔=서독〕과 다른 나라에서 불러일으킨 논쟁을 가리킨다. 이 논쟁은 거의 25년 정도 계속되었고, 좁은 의미로는 1962년부터 1970년까지 상당히 격하게 진행되었다. 2차 대전 이후 연방공화국에서 가장 큰 역사학 논쟁의 하나.

핵심 문제는 1차 대전 이전과 도중에 도이치 제국의 정치적 전략은 무엇이었고, 도이칠란트의 세계 정책은 장기적으로 계속되었느냐 하는 문제였다. 이는 1차 대전 발발에 대한 도이칠란트의 책임 문제와 함께, 그때의 외교정책이 2차 대전에서도 지속되었는가, 즉 히틀러가 그 외교정책을 물려받았는가를 묻는 것이었다. 1960년까지만 해도 연방공화국의 역사학계에는 다음 세 가지 공리로 정리되는 견해가 지배하고 있었다.

① 1914년 여름 1차 대전의 발발에 대해 도이칠란트는 책임이 없다. 당시 책임 있는 정치가나 군 지휘관은 이 전쟁을 바라지 않았고 의도적으로 유발하지도 않았다. 전쟁은 그냥 '운명'이자 '비극'이었다. 따라서 1차 대전 발발과 황제 시대의 '세계 정책' 사이에는 그 어떤 직접적인 연결점도 없다. 전쟁은 주관적으로는 정직하게 방어 전쟁으로 시작되어 적어도 처음 국면에서는 그렇게 수행되었다.
② 1차 대전 기간에 3차 총사령부(힌덴부르크+루덴도르프) 시기의 범凡도이치 팽창주의와, 군부에 의해 차츰 무력화된 민간 정부 사이에는 화해할 길이 없는 근본적인 대립이 존재했다. 전쟁 목적의 계속성 또는 동질성이라는 말은 아예 성립되지 않는다.
③ 1차 대전 시기 도이칠란트의 전쟁 정책과 뒷날 나치 정권의 외교 노선 사이에는 그 어떤 계속성도 없다.
피셔는 광범위한 자료를 꼼꼼히 조사하여 이 견해들에 의문을 제기했다. 피셔의 저술로 인해 시작된 논쟁이 격해지면서 학자들은 물론 영향력이 있는 유명 정치가들까지 거듭 피셔의 주장에 반론을 내놓았다.
이 책에서 다음에 하프너가 명쾌하게 정리해서 내놓고 있는 논리들은 일부는 직접 피셔의 주장에서 가져온 것이고, 간접적으로는 피셔 논쟁 덕분에 그도 자유롭게 자신의 주장을 펼칠 수 있게 된 것이다.